本书系：

山东省高等学校青年创新团队人才引育计划、山东省社科规划研究项目数字山东专项(20CSDJ62)的阶段性研究成果

新动能培育与实体经济发展路径创新研究

吕臣 王慧／著

U0832818

中国财经出版传媒集团
中国财政经济出版社

图书在版编目（CIP）数据

新动能培育与实体经济发展路径创新研究 / 吕臣，王慧著. --北京：中国财政经济出版社，2020.9

ISBN 978-7-5095-9975-4

Ⅰ.①新… Ⅱ.①吕… ②王… Ⅲ.①中国经济-经济发展-研究 Ⅳ.①F124

中国版本图书馆 CIP 数据核字（2020）第 151971 号

责任编辑：潘　飞　　　　责任校对：张　凡

封面设计：王　颖

中国财政经济出版社 出版

URL：http：//www.cfeph.cn

E-mail：cfeph@cfeph.cn

（版权所有　翻印必究）

社址：北京市海淀区阜成路甲 28 号　邮政编码：100142

营销中心电话：010-88191537

北京财经印刷厂印刷　各地新华书店经销

710×1000 毫米　16 开　16.75 印张　282 000 字

2020 年 9 月第 1 版　2020 年 9 月北京第 1 次印刷

定价：59.00 元

ISBN 978-7-5095-9975-4

（图书出现印装问题，本社负责调换）

本社质量投诉电话：010-88190744

打击盗版举报热线：010-88191661　QQ：2242791300

本书为以下资助项目的阶段性研究成果：

山东省高等学校青年创新团队人才引育计划项目《旅游业投资风险与管理创新团队》（批准号 95）

山东省社会科学规划数字山东研究专项《大数据、人工智能与中小企业深度融合路径与机制研究》（批准号 20CSDJ62）

中国博士后科学基金面上项目《“一带一路”大型旅游投资项目风险防范与预警机制研究》（批准号 2017M620958）

前　言

本书系山东省高等学校青年创新团队人才引育计划项目《旅游业投资风险与管理创新团队》（批准号 95）、山东省社会科学规划数字山东研究专项《大数据、人工智能与中小企业深度融合路径与机制研究》（批准号 20CSDJ62）、中国博士后科学基金面上项目《“一带一路”大型旅游投资项目风险防范与预警机制研究》（批准号 2017M620958）阶段性研究成果，也是山东省高校旅游与资源环境重点实验室资助项目的研究成果。

当今和未来时期，国内外经济发展环境已经并且必将发生深刻变化，中国企业新动能培育与实体经济回归一方面面临倒逼，另一方面也有战略机遇，中国已进入只有加快培育新动能促进实体经济发展路径创新才能实现持续健康发展的关键时期。

一是国外经济社会环境的新变化，已对中国新动能培育与实体经济发展路径创新形成倒逼机制与战略机遇。具体影响如下：

（1）发达国家虚实经济的发展历程与实践经验带来国际竞争的严峻挑战与新的突破机遇。英国曾因“食利”、忽略实体经济而丧失强国地位；日本因产业空心化、房地产泡沫化等原因出现近 30 多年的经济停滞和衰退；德国政府因重视实体经济特别是制造业的发展成为欧洲强国。这些发达经济体对待虚实经济发展的兴衰教训为世界实体经济的发展提供了实践经验，倒逼形成新的突破机遇。

（2）全球发达国家实体经济的回归带来世界经济需求与增长的大调整，对中国新动能培育与实体经济发展形成新的压力。2009 年 11 月 2 日，美国前总统奥巴马提出，美国经济要从过去的债务推动型增长模式转向出口推动型增长模式，发出了向实体经济回归的信号。随后，奥巴马政府围绕着战略调整的大思路在相关领域采取了较为具体的措施，积极推进实体经济回归和制造业回流美国。“让美国再度伟大”（Make America Great Again）是特朗普的竞选口号和施政核心，特朗普政府提出“美国优先”战略，承诺传统工业回归与加强基础设施建设两大目标。特朗普的能源政策无疑将紧密围绕着这一目标展开。能源行业作为美国的传统强项，商业规模和技术水平一直处于世界领先地位。特朗普想要提振实体经济、重塑美国制造、创造更多的本土就业岗位，能源行业将是一个重要的突破口。在国际金融危机以及欧美主权债务危机的影响和冲击下，发达国家经济增长和消费需求放缓，纷纷谋求经济结构的深度调整，实施“再工业化”战略，全球需求结构和供给结构出现明显变化。在全球经济面临下行压力的背景下，发达国家通过提高关税、反倾销税和反补贴税、劳工标准、社会责任等手段实行贸易保护、抑制中国经济发展。未来一段时期，世界各国围绕市场、资源等方面展开的竞争更趋激烈，加上能源资源、气候变化等全球性问题错综复杂，世界经济进入相对低速增长期，倒逼中国新动能培育与实体经济发展路径创新并形成新的竞争优势。

二是国内加快转变传统经济发展方式的新形势，已对中国新动能培育与实体经济发展路径创新形成强烈的倒逼机制与紧迫要求。具体影响如下：

（1）国家实施的四大战略对中国新动能培育与实体经济发展路径创新形成倒逼机制。目前，中国正在加快实施四大国家战略：以加快转变经济增长方式为主线的国家发展全局战略；2020 年初步建成国家创新体系的创新驱动发展战略；国民经济结构调整战略；“2020 年单位国内生产总值碳排放比 2005 年降 40%—45%”的碳减排战略。而上述四大国家战略的实施主体是中国企业，没有中国广大企业新动能培育与实体经济转型升级，上述四大国家战略是无法实现的。由此可见：一方面，中国企业新动能培育与实体经济转型升级战略本身就是国家四大战略的关键内容，并发挥着主体作用；另一方面，国家四大战略又为中国企业新动能培育与实体经济实施转型升级战略提供了明确而清晰的战略思路、战略目标与实现路径，并从国家宏观、中观、微观等层面对中国企业加快实施新动能培育与实体经济转型升级战略形成了强烈的“倒逼机制”与紧迫要求。

（2）中国经济增长方式的转变倒逼中国新动能培育与实体经济发展路径创新，加快企业转型升级和培育新的竞争优势迫在眉睫。传统的低人力成本、高耗能、粗放型的发展方式已难以为继，中国经济增长方式需要转变：由不可持续性向可持续性转变；由粗放型向集约型转变；由出口拉动向出口、消费、投资协调发展转变；由结构失衡型向结构均衡型转变；由高碳经济型向低碳经济型转变；由投资拉动型向技术进步型转变；由技术引进型向自主创新型转变；由第二产业带动向三大产业协调发展转变；由忽略环境型向环境友好型转变；由“少数人”先富型向“共同富裕”转变。经过多年来的持续快速发展，中国已成为具有重要影响力的世界工业大国，但企业大而不强、过度依赖能源资源消耗、各种要素结构性矛盾突出，已成为制约中国企业发展的重要因素。由此可见，中国经济增长方式的转变倒逼中国新动能培育与实体经济发展路径创新、加快企业转型升级和培育新的竞争优势迫在眉睫。

（3）中国各级政府对新动能培育与实体经济发展路径创新提供了广阔空间与政策支持。我国经济正处在转变发展方式、优化经济结构、转换增长动力的攻关期。习近平总书记在党的十九大报告中提出，在中高端消费、创新引领、绿色低碳、共享经济、现代供应链、人力资本服务等领域培育新增长点、形成新动能。当前，我国经济发展已进入新常态，而新常态的一个特征就是动能转化。国务院总理李克强在十二届全国人大四次会议上提出发展“新经济”是要培育新动能，促进中国经济转型。2018 年 1 月，全国科技工作会议在京召开。科技部部长万钢指出，要培育壮大智能化引领的新动能。2017 年 7 月，北京市政府启动实施“智造 100”工程，深入推进智能制造，加快培育经济发展新动能。国家发展改革委批准了《山东新旧动能转换综合试验区建设总体方案》更是走在了中国省市前列。“中国制造 2025”、网约车、共享经济、房屋短租、知识服务平台……一大批有代表性的新产业、新模式、新业态层出不穷，成为拉动经济增长的新引擎。培育壮大新动能有利于推进创新发展、经济转型升级、供给侧结构性改革以及应对新技术革命和激烈的国际竞争，已成为当前和今后相当长时期经济发展的中心工作。因此，中国企业实施新动能培育与实体经济发展路径创新战略应抓住各级政府对其重视的机遇，争取更为广阔的空间与政策支持。

综上所述，当前和未来时期，是中国新动能培育与实体经济发展路径创新的攻坚时期。中国企业通过培育新动能促进创新转型升级战略如能加快推进，就能推动中国经济社会进入良性发展轨道；如果行动迟缓，不仅资源环境难以承载，而且会错失重要的战略机遇期。

中共中央政治局委员、国务院副总理刘延东 2013 年 5 月 30 日在北京主持召开座谈会时强调，高校要聚焦重大问题，服务国家战略，坚持求真务实、奋发有为，多出具有前瞻性、战略性、针对性、可操作性的研究成果，为党和政府科学决策提供高质量的智力支持，努力做改革发展决策方案的建言者、政策效果的评估者、社会舆论的引导者。

正是聚焦中国加快新动能培育与实体经济发展路径创新等重大问题，服务国家战略，笔者通过精心研究与深入实际求真务实地调查风险，撰写了这部具有基础性、前瞻性和针对性的，包含理论、方法、实证分析与对策建议的著作，力争为中国加快新动能培育与实体经济发展路径创新战略决策提供高质量的智力支持。甚感欣慰的是，本书中的一系列研究报告与对策建议已经在国家级核心期刊公开发表，并得到相关政府部门的采用，并为政府决策和企业发展提供了新思路与新途径。

本书由前言与三篇共十章内容组成。第一篇“新动能培育与实体经济发展研究”。第一章“实体经济发展现状与趋势研究”，主要内容有：国内外研究现状；西方国家虚实经济博弈经验教训与理论分析；实体经济发展困境研究；虚实经济关系研究；促进实体经济发展政策支持体系研究。第二章“新动能培育与实体经济发展研究”，主要内容有：战略性新兴产业培育新动能研究现状；发达国家战略新兴产业发展历程与实践经验；培育新动能促进实体经济发展四个精准认识；新动能培育与实体经济发展新动能源泉、政策支持体系等。第二篇“构建‘人才—财税—金融—商会’四位一体的新动能培育与实体经济发展路径研究”。第三章“减税让利政策激励高科技人才共创业、促进实体经济研究”，主要内容有：理论基础研究、科技型中小企业创新环境面临问题研究；中小企业品牌建设态势、影响及应对；发达国家税收优惠政策激励高科技人才共创业经验借鉴研究、对策与建议等。第四章“新型互联网民间金融监管协调机制促进实体经济发展研究”，主要内容有：我国创建互联网民间金融监管协调机制的倒逼机制、文献综述、现状以及原因探析；我国民间金融监管协调机制现状及实践研究；发达国家互联网民间金融监管国际经验；我国民间金融监管协调机制模式创新；构建我国民间金融监管协调机制的政策路径等。第五章“商会组织创新培育、促进实体经济发展的影响研究”，主要内容有：中国商会发展现状；商会组织对社会发展影响、对策与建议等。第六章服务外包企业创新培育、促进实体经济发展，主要内容有：服务外包概述；服务接包企业创新现状；服务接包企业创新理论基础；服务接包企业创新能力提升路径等。第三篇“构建以‘区块链’为核心的新动能培育与实体经济发展路径研究”。第七章“商业地产企业承担社会责任、培育、促进实体经济发展研究”，主要内容有：对中国目前经济社会发展的“两期”论界定；“两期”背景下承担社会责任必要性；承担社会责任能提高其竞争力、对策与建议等。第八章“绿色房地产创新能力培育、促进实体经济发展研究”，主要内容有：理论基础；评价指标体系构建；评价指标体系权重确定、模糊综合评价模型构建；绿色房地产评价实证分析、对策与建议等。第九章“区域创新能力培育、促进实体经济发展研究”，主要内容有：区域创新能力概述；指标评价体系建立；区域城市创新能力评价；泰安市与发达城市比较、对策与建议等；第十章“打造中国产品海外形象促进实体经济发展研究”，主要内容有：研究背景、理论基础；中国产品海外形象发展现状及存在问题；国内外对品牌形象的评价模型与评价指标体系的比较研究；中国产品海外形象评价指标体系构建的战略动因及驱动因素；评价指标体系构建、应用层次分析法确定评价指标权重；对策与建议等内容。

本书主要由吕臣、王慧等负责。吕臣、王慧等负责全书的设计、组织与统撰工作。具体参加本书撰写的成员有（以章节为序）：第一章，吕臣、孟华、张立柱、王慧、邢莉、宋伟、高强、王玉燕；第二章，吕臣、彭淑贞、史卫东、张冬梅、王静、王慧；第三章，王慧、吕臣；第四章，孟华、李鹏、王慧、陈方英、高强；第五章，吕臣、程亮；第六章，赵春霞、王慧、吕臣；第七章，吕臣、彭淑贞、王慧；第八章，刘桂菊、彭淑贞、史卫东、吕臣、刘学诚、侯新平；第九章，吕臣、彭淑贞、王慧；第十章，吕臣、王慧、彭淑贞、李耀奎、史卫东、邢莉、高强。吕臣、王慧等同志对全书初稿进行了组织编辑。

尽管参加撰写本书的专家、学者以及实际部门的工作者都对自己撰写的内容进行了专门的调查研究，但由于面临许多新问题，加之时间紧，水平有限，因此，本书中难免存在许多不妥之处，敬请各位读者批评指正。

吕臣　王慧

2020 年 9 月

目　录

第一篇　新动能培育与实体经济发展研究

第二篇　构建“人才—财税—金融—商会”四位一体的新动能培育与实体经济发展路径研究

第一篇

新动能培育与实体经济发展研究

第一章　实体经济发展现状与趋势研究

从国际经济兴衰发展史来看，实体经济发展与衰退关系到国家的兴盛与没落。英国曾因“食利”、忽略实体经济而丧失强国地位；日本的产业空心化、房地产泡沫化等致使近20年经济停滞和衰退。重视实体经济特别是制造业的发展，通过制订21世纪信息社会行动计划等，把发展先进制造业作为国家经济核心；积极抢占制造业价值链高端，培养行业内“精、专、特、新”型的“隐形冠军”等在经济危机中得到稳定增长。这些都是重视本国的实体经济的具体表现。经济要在未来发展中处于“高、精、专、特”的制高点，必须重视实体经济。

第一节　国内外实体经济研究现状分析与评价

一、国外相关研究动态

国外学者关于实体经济的研究主题主要包括：

1. 资产价格与实际产出、金融市场与实体经济关系以及相互影响。Guttman（1994）通过研究美国1972—1982年萧条期间的重大结构调整，认为这10年美国虚拟资本的爆炸式增长，为其经济结构转变提供了巨大动力。

虚拟经济对实体经济作用机制方面，可追溯至魏克赛尔及凯恩斯的研究，他们在以货币为代表的虚拟资产对实体经济的作用机制方面做出了先驱性分析。魏克赛尔在《利息与价格》中提出了著名的资本累积过程理论，该理论揭示了以利息率为中介的虚拟经济与实体经济的关联方式。凯恩斯将投资者预期纳入分析过程，认为预期的不确定性使投资行为趋于复杂：当资本边际效率高于市场利率，投资扩张；反之，投资缩减，但利率的传导机制并未发生变化。

Carter（1989）、Crotty 与 Goldstein（1993）、Goldstein（1995）、Tobin（1984）和 Zinn（1993）等的研究结论基本一致，认为经济结构转变对实体经济部门造成负面冲击。Binswanger（2003）认为，投机泡沫可以持续的 3 个前提条件是实体经济面临动态无效约束、金融市场的创新发展使得金融约束得以放松以及实体经济中的总需求面临约束。Green（2003）通过研究资金流量、利息率和资产价格之间的密切联系，提出了金融部门发展与实体经济关系的研究思路。Caporalea 和 Spagnolob（2003）通过构建金融市场和实体经济的关系模型，分析了金融危机的产生机制。

2. 金融业对实体经济的影响。Sachs（2004）认为，金融市场与实体经济二者的发展逐渐背离，在宏观经济体系内，实体经济处于首要位置，其次是金融。Krippner（2005）提出，金融化是金融渠道而非贸易和商品生产渠道的一种积累模式，并利用数据分析验证美国经济正深入开展金融化发展模式。Crochane（2005，2006）利用时间序列及横截面数据，通过建立以股票溢价和消费为基础的一般均衡模型，分析金融市场与实体经济间的关系，认为金融市场回报率与实体经济密切相关。

Jacobson 等（2005）从宏观及微观角度具体分析金融市场与实体经济间的相互作用，通过实证分析认为，金融市场与实体经济间具有联动效应，宏观经济政策变动对金融市场波动会造成直观影响，而金融市场的深化发展对实体经济在不同时期具有不同的冲击效应。

Gregoriou 等（2009）运用 ARCH 模型，利用 1980 年 1 月至 2004 年 12 月的月度数据分析美国股市回报与实体经济间的关系，结果显示股市波动情况能较直观反映实体经济变动状况，并对金融部门决策产生影响，进而进一步影响到消费及短期内实际货币供应量情况，其认为消费在短期及长期内都是相较于股市回报更为敏感的经济变量。

Lukas Menkhoff（2004）等总结了 3 类分离假说，进一步拓展了对金融部门与实体经济分离现象的认识，具体如下：第一种观点认为，金融市场具有内在不稳定性及独立信用扩张能力，金融部门与实体经济部门分离是金融发展的必然（Strange，1986；Chick，1993；Schulmeister，1996）。第二种观点认为，金融部门应服务于实体经济，金融与实体经济的分离趋势对实体经济具有根本性破坏作用（Tobin，1984；Schlesinger，1987；Ehrlicher，1989；Hesse 等，1994；Filc，1996；Emunds，1997）。第三种观点介于以上两者之间，认为金融与实体经济分离是金融发展过程中的一种伴生现象，这种现象具有一定程度的破坏性，但破坏性程度取决于政府的政策选择（Tietmeyer，1995；Stottner，1997；Borio 等，1994）。

3. 实证分析实体经济与金融市场关系。Sachs（2004）、Krippner（2005）、Cronchane（2005，2006）、Jacobson 等（2005）通过实证研究得出了金融市场回报率与实体经济密切相关的结论。Hudson（2008）、Gregoriou 等（2009）认为虚拟经济的发展规模须与实体经济发展规模保持在一定的水平范围内，在该范围内发挥虚拟经济对实体经济的促进作用，需防范超出该范围而引发的危机。

二、国内研究动态

国内关于实体经济的研究主题主要有以下几种。

（一）实体经济与虚拟经济管理理论模型的构建与分析

刘骏民（1998，2003，2004）、伍超明（2004）等构建货币、实体经济与虚拟经济三部门关系模型，推导出货币量增长率是实体经济增长率和虚拟经济增长率的函数，通过对虚拟资产收益率和实物资产收益率的差异进行分析，描述虚拟经济与实体经济的经常性背离关系。

伍超明（2004）认为，世界经济虚拟化的趋势使虚拟经济与实体经济背离成为一种常态，由于货币循环流模型中虚拟经济与实体经济资金流量占比和其规模之比不能保证保持相等状态，虚拟经济在促进实体经济增长的同时也带来消极影响。

王爱俭（2003）对于虚拟经济与实体经济的关系作了比较系统的探讨，认为虚拟经济和实体经济对现代经济有双轮驱动作用。

邓瑛（2004）分析了虚拟经济对实体经济的阶段效应，认为虚拟经济在初始、发展、成熟、膨胀等阶段对实体经济的影响分别表现为递增、溢出、异化、挤出等效应。

罗良清（2009）认为，应当保持虚拟经济适度流动性，才能真正实现虚拟经济与实体经济稳定协调发展。

（二）实体经济与虚拟经济关系的实证研究

罗能生（2012）等通过对我国部分地区进行实证研究后认为，虚拟经济与实体经济需要协调发展。

李宝伟等（2002）提出，资产定价的微观基础是分析虚拟经济和实体经济之间关系的重要途径。

彭伟民等（2002）认为，虚拟经济与实体经济关系体现在 3 个方面，即虚拟经济以实体经济为基础，虚拟经济独立于实体经济之外有自己独特的运动规律，以及虚拟资本中的长期资本会以某种方式与产业资本融合。

刘东（2003）认为，实体经济良性运转将有力支撑虚拟经济发展，虚拟经济稳定性最终以虚拟资本是否能够转化为真实的社会财富为基础，虚拟经济发展需要与实体经济发展保持协调关系。

刘霞辉（2004）利用资源转换概率模型分析虚拟经济与实体经济的关系，认为从长期趋势看，任何一方的偏离均对增长无益；从短期趋势看，任何投资的不均衡有可能引起宏观经济大幅波动。

刘金全（2004）通过相关定量研究，进一步分析虚拟经济与实体经济在规模与活性上的相互作用，认为虚拟经济对实体经济产生显著的“溢出效应”，而实体经济对虚拟经济产生显著的反作用。

王国忠等（2005）利用 1919—2004 年美国道琼斯工业平均指数，实证分析虚拟经济与实体经济相关性的时变特征，验证了经济虚拟化后虚拟经济作为与实体经济相对的经济系统的独立性特征。

马卫锋等（2005）在国外学者现有研究的基础上构造我国金融市场化指数，并将其引入标准金融发展和经济增长模型中，研究发现我国金融市场化进程一定程度上正向影响实体经济增长，但金融结构与经济增长呈相反关系。

董俊华（2011）以倒金字塔经济结构为基础，基于 1992—2008 年数据，运用协整检验、格兰杰因果检验和回归分析对我国虚拟经济和实体经济关系进行实证分析，结果表明，实体经济增长是虚拟经济的格兰杰原因，虚拟经济与实体经济需要协调发展。

刘传哲（2010）在对江苏省虚拟经济与实体经济发展现状进行分析的基础上，整体上分析了虚拟经济与实体经济发展协调的状况，对江苏省虚拟经济与实体经济发展情况进行灰色关联，提出发展与实体经济相适应的虚拟经济，并注重虚拟经济自身发展的创新性。

陈文玲（1998）认为，当虚拟经济脱离实体经济过度膨胀时，社会形成虚拟经济的经济泡沫；但把虚拟经济等同于泡沫经济并不确切，只有过度虚拟部分才会形成经济泡沫，决不能抑制虚拟经济的发展。

李晓西等（2000）在分析虚拟经济与实体经济关联的过程中，分析了泡沫经济形态的中介作用，认为泡沫经济主要体现为产品名义价格与基础价格的严重偏离，是虚拟经济过度膨胀与实体经济严重脱离的结果。

（三）发展实体经济的对策建议

毛克贞（2011）在对金融危机产生的深层次原因进行分析的基础上，总结出实体经济的重要性，提出了中国在产业结构中发展实体经济的建议：第一，加快传统产业的改造升级；第二，加快培育战略性新兴产业；第三，重视发展生产性服务业。

张平（2012）认为，我国面临严峻复杂的国际国内经济形势，我国应当积极进行结构性变革，大力发展实体经济。一是实行结构性减税，推进现代服务业营业税改增值税；二是放松管制，让社会资源加快进入现代服务业，增强其竞争力；三是加快推动碳技术研发与应用，努力提升在全球低碳经济舞台上的主动权；四是强化食品安全、产品质量标准制定与管制；五是完善金融制度，使金融有效服务于实体经济发展；六是形成“鼓励脚踏实地、勤劳创业、实业致富”的经济体制与社会氛围。

第二节　西方国家虚实经济博弈经验教训与理论分析

一、日、美等忽视实体经济导致“金融神话”破灭的教训

美国是世界上最先提出“金融立国”的国家，由于凯恩斯不能解决20世纪70年代美国经济的滞涨现象，因此出现了80年代凯恩斯经济学的退潮；同时，里根政府正被巨额财政赤字和经常项目赤字的“双重赤字”所困扰，经济形势并不好。美国的IT泡沫在2000年破灭，美联储前主席格林斯潘迅速放宽了货币政策，使得美国经济起死回生，但这一次美国经济之所以能够复活，是因为有了房地产泡沫，但上述美国经济的一次次起死回生又的确处于美国提出并实行“金融立国”的时期，所以导致了人们认为是“金融立国”政策一次次把美国经济从悬崖上拉回到了又一次繁荣的轨道上。

事实上，以钱生钱、放宽金融限制产生的并不是生产性的财富，美国的“金融立国”在全球金融体系内，更多的是“零和博弈”，即“总量持平游戏”——亏者的钱进了赢者的口袋，赢家的钱一定来自亏者，整个市场或者整个金融体系总是持平的，因为没有生产性的财富出现，即没有实体经济作支撑的虚拟经济的

过度膨胀，最终结果只能是以激烈的、硬着陆的方式使实体经济受到伤害、使金融系统遭受重创，更无“双赢”的可能。美国的次贷危机也就是在“金融立国”的政策指引下，以宽松的货币政策为前提，房贷公司向没有能力还贷的人提供了次级贷款，贪婪的华尔街投资银行将这种次级贷款变成了证券进行打包销售，销给全球根本不可能知道其打包证券真实内容的投资者，从中赚取了手续费和佣金。然而，投机泡沫破灭之后，次级贷款成了呆账，投资银行也随之破产，结果是“两败俱伤”。美国的“金融立国”没能使其国民生活福祉得以提高，也没能解决20世纪70年代美国经济出现滞涨以来的任何问题。

日本一向是以“善于制造”而闻名于世，究竟是什么原因导致了日本的“经济奇迹”，又为何日本经济自泡沫崩溃以来已“失去二十年”有余，这固然与特殊的时代背景有关，而且受各种内外因素的影响，然而，金融立国、以钱生钱、理财充斥日本国内却是发生上述变化的根本原因之一。随之产生的日元升值和低利率催生了巨大的股市和房地产泡沫。当时，许多日本大企业纷纷成立“理财部”，将资金投入股市和房地产业。由于银行与企业交叉持有对方股份和对方股票，一荣俱荣，一损俱损；同时，大量日本企业也交叉持股，很多公司的投资收益比主营业务利润高得多。由于土地价格暴涨，单凭土地抵押就能获得大量贷款，而新增贷款又进一步推动股市和房地产。由于日元升值，日本人进行了大量海外资产收购，主要集中在地产和艺术品。而随着资产泡沫的破灭，日本经济跌入了无底的深渊，出现持续的衰退，而上述的地产和艺术品都不是生产性的财富，后来又都廉价地被买了回去。不以实体经济作支撑，片面强调“金融立国”的日美两国的教训应是对无锡要经济可持续增长必须大力发展实体经济一个有力的证明。

二、德国实体经济发展历程及经验

（一）德国制造业简要的发展历程

从西方历史发展的角度看，德国属追赶型的工业化国家，国家政权强有力地干预经济，主导现代化进程。在西方各国中，德国制造业的发展可谓后来居上，经历了“落后—赶超—再落后—再赶超”的发展历程。

在第一次工业革命期间，德国以铁路建设为龙头，带动煤炭、钢铁、机械等重工业的高速发展，快速实现了工业化。在第二次工业革命期间，德国自然科学的发展和工业生产紧密结合，取得了许多重大成就，推动生产力的巨大发展，西门子、戴姆勒、奔驰等企业由此成为德国制造业的象征。1895 年，德国取代英国，成为世界制造中心。

第二次世界大战结束以来，德国制造业经历了 3 个发展阶段：1945 年至 1966 年的恢复发展和重新崛起时期；1966 年至 1990 年两德统一前的提升发展和转型升级时期；1990 年至今的制造业信息化和新一轮发展时期。20 世纪 90 年代初，德国信息技术落后于美国和日本，1991 年开始实施快速赶超战略，制定一系列相关政策，国家通过推动制造业部门部署全球领先的现代制造业发展战略、实施多技术融合发展、综合运用信息管理技术，提高“德国制造”产品的科技含量，降低管理成本。自 21 世纪以来，德国的制造业技术水平重新领先世界。

（二）德国发展先进制造业的经验启示

1. 把发展先进制造业作为发展国家和地方经济的核心战略。第二次世界大战以来，德国实施“社会市场经济”体制，发挥“有为政府”的作用，开展科学超前规划与政策支持，重点发展实体经济特别是制造业。德国联邦政府从全球科技发展和产业链高端的角度，选择具有未来潜力的产业、科技和产品，制定赶超战略，通过自主创新，逐步超越竞争者。在制造业的不同发展阶段，根据全球科技和经济发展趋势，适时制定、出台了不同的发展策略，如 1999 年出台的“德国 21 世纪的信息社会行动计划”、2010 年出台的“德国 2020 高技术战略”等，既体现了国家的发展意志，又为制造业的良好发展提供了政策保障。此外，政府特别重视为制造业发展提供公平、开放和竞争的市场环境。

2. 把积极抢占价值链高端作为制造业结构调整和产业升级的重要导向。

（1）大力发展高端装备制造业。在 31 个机械制造部门中，模具制造、数控机床、机械搬运、电力传输设备和印刷技术等 17 个领域都保持世界领先的水平。行业始终坚持创新导向，每年的研发（R&D）费用占销售收入的 5% 以上，保证了产品质量性能高、拥有解决问题的专有技术。

（2）密切关注全球产业科技发展，把握全球需求动态，适时制定新的发展战略，维持全球高端价值链。针对高端制造业服务化的发展趋势，实施与高端制造业相关的知识密集型服务战略，终身保修、系统整合和更新服务等策略。德国大型成套设备制造业已经由以制造为中心转向以定向设计制造和全方位营销服务为中心。随着装备工业服务化趋势的发展，在许多企业的销售额中，全球服务的比重在不断提高，服务对行业毛利润率、营业利润率的提高起的作用不断增强。

（3）着力突破制约产业发展的关键领域，占据全球价值链高端。德国制造业企业在发展构成中，重点关注核心技术、关键零部件、基础材料等工业基础，保持制造业的工业整体质量，获取全球核心竞争力。

3. 培育行业内“精、专、特、新”型的“隐形冠军”，提升制造业全球竞争力。德国制造业的支柱是具有创新活力的中小企业，特别是一大批极具全球竞争力的细分行业内的“隐形冠军”。这些企业在几十年到上百年的发展过程中专注于生产单一的专业化产品，不断提高技术质量、灵活应对市场需求变化，并向全球扩展市场。无论是机械制造、汽车零部件、精细化工、电子电气等制造行业的中小企业，还是新兴的风机制造、生物工程、环境工程等领域，均在本行业内处于全球领导地位。以机械制造为例，在印刷机械、卷烟机械、机场行李托运车、家具五金、自动车顶天窗、滤水器、气压弹簧、螺丝和螺母连接件领域，均是该领域的“全球冠军”。根据一项研究统计，德国机械制造领域的“隐形冠军”高达1200项以上。

4. 依托于国内需求基础，促进向全球出口。德国政府始终重视在国内需求基础上，实施对外出口战略。以汽车产业为例，拥有8200万人的德国汽车存有总量高达约5000万辆；德国高端机床首先在本国使用，在不降低本国竞争力的前提下才对外出口。在其他细分的制造业领域，德国制造也多数首先满足国内需求，在此基础上不断改进质量并出口到全球各地；德国内需在GDP所占的比重而言达到56%。德国始终重视通过降低税率和增加个人与企业收入，提振国内消费需求。在此基础上，德国积极推行开放型经济，将高质量产品向全球出口。尽管德国GDP总量长期以来位居全球第3—5位，但其一直保持全球“出口冠军”的荣誉。出口历来占德国GDP的25%以上，拉动了德国经济增长，为德国赚来巨额外汇。特别是近年来抓住新兴经济体工业快速发展的时机，德国在精密机床、深加工产品和配套技术服务等方面对“金砖四国”的出口比重持续上升。

5. 有效的人才队伍培养模式和充足的R&D资金投入，促进制造业可持续发展。德国制造业保持长盛不衰的全球竞争力，除了得益于德国文化中认真、执着和勤奋的精神之外，也来源于德国有效的产业技术人才队伍培养模式、充足的产业R&D资金投入。

德国产业技术人才培养模式和培训体系为制造业发展奠定了坚实的基础。一方面，德国在长期发展过程中，建立起一套完善的工业技术教育体系，提供了从小学到职业学校、从工艺学院到工程技术大学的人才培养体系，为产业发展提供了大量实用性和高技能人才。另一方面，德国高度重视职业培训，制定了《职工技术培训法》。规定企业有义务为青年技术工人提供技术培训岗位，实施“双轨制”或“双元制”技术培训制度，强制要求从事某种专业技术工作的人员需要同时学习理论知识和以学徒身份参加实践；由联邦政府出资，在各州设立跨行业培训中心。

长期以来，德国高度重视“创新立国”，发展制造业中也以科技和工艺立本，其在制造业领域的R&D投入高居全球前列。2001年以来，其用于R&D的费用占销售额的比例达到5.6%。这些研发费用推动德国制造业不断融合产业发展的最新技术，促使德国企业引领全球市场需求的发展模式，按照用户的订单研发、生产专有性的技术密集型产品，并提供高质量的产品售后服务。持续的R&D投入还得益于德国的宏观金融治理体系，德国通过制定相关法律，鼓励德国复兴信贷银行和德国平衡银行两大政策性银行向中小企业放贷，政府设立专项资金资助中小企业参加全球展览会，并针对中小企业实施减免税政策以确保企业有充足的自由资金用于研发。

6. 多层次行业中介服务体系和全球视野运行规则，保障制造业全球领先地位。一方面，德国的商会和行业协会在推动制造业的发展中发挥关键作用；另一方面，中介服务体系遵循全球视野的运行规则。在制造业的标准化战略中，德国有严谨的质量认证和监督体系。德国标准化协会（DIN）每年发布上千个行业标准，其中约90%被欧洲及世界各国采用。这些标准从根本上保证了产品质量，也确保了“德国制造”的优势。在推行“国际化”战略中，商会和行业协会的重要作用得以充分发挥。

7. 良好的社会保障体系、推动创新的收入分配政策和不断完善的公共治理机制，促进德国形成了独特的敬业求精的社会价值和创新文化导向。德国早在“铁血宰相”俾斯麦时期就建立了良好的社会保障体系，长期以来不断完善科研、教育和社会发展的公共治理机制，稳健的金融治理体系，稳定的社会体系和立法体系，从而形成推动创新的收入分配政策体系，激发全社会从事创新活动。这些社会公共机制的建立，不仅为德国社会形成独特的敬业、精益求精精神提供了良好的基础，而且也鼓励企业、政府和全社会上下重视并形成以创新为导向的社会文化。

三、以减税为例，总结西方发达国家实体经济支持经验

诺贝尔经济学奖获得者罗伯特·芒德尔指出，任何一个国家税率一旦超过

30%，人们的注意力就会从如何创造更多收入转向如何避税。减税让利成为世界各国经济快速发展的关键因素。美国每一次减税让利都引起新一轮的经济快速增长（详见表1－1）。目前，俄罗斯、法国、日本、加拿大、澳大利亚、英国等又开始了新一轮的减税计划来促进本国经济发展（详见表1－2）。总结其经验，主要体现在：

表1－1　　美国减税政策的历史演变

时间	减税背景	减税政策	经济效果
20世纪40—70年代	20世纪30年代，席卷整个资本主义世界的经济危机爆发	1962年，公司所得税率从52%降48%	实际GDP以5.5%的平均速度增长
20世纪80年代	20世纪70年代末期美国滞涨经济出现	《1981年经济复兴法案》，大规模减税，扩大税基，降低税率，简化管理等	1983—1985年，GDP增长率分别为3.6%、6.8%、3.4%；失业率从1982年的9.7%下降到1985年的7.2%
20世纪90年代	经济全球化浪潮，国际资本流动加强，税基复杂多变，税收竞争激烈，出现巨额财政赤字	1997年《财政平衡预算法案》和《减税法案》	GDP增长率高于世界同期年增长率（2.5%），就业机会增多，财政赤字削减，财政状况进一步好转
21世纪初	2001年3月，美国重现经济低迷，长达2年的经济增长期结束。税制不公平、偷税漏税严重等现象频繁爆发	2001年《经济增长与减税一致法案》、2003年《就业和经济增长减税协调法案》减税1.35万亿美元	2003年第二季度经济增长2.4%，经济开始复苏，消费、投资、就业、库存等经济指标均有所好转
金融危机后	2007年8月，全球范围内蔓延美国次贷危机，金融市场出现恐慌，国际投资银行纷纷破产	《2008年经济刺激法案》《2008年紧急经济稳定法案》等减税2780亿美元	美国实际GDP以2%左右的平均速度增长

资料来源：叶君，田淑慧．美国减税政策的历史演变及启示［J］．工业技术经济．2010（12）：150－154.

表 1－2　世界各国近年来的减税让利政策

国家	减税政策
俄罗斯	2009 年减税 5500 亿卢布，所得税降至 20%，简化税制；获科研成果机构免税；用于职工培训支出免税；引进国内不能自产的先进技术和设备免增值税；贷款超过 100 亿卢布的企业，缓期征收；企业预付款业务延缓缴纳增值税；提高利息支出计入成本比例；缩短增值税返还出口企业时间
越南	公司所得税减到 25%；2009 年对政府鼓励类商品实行增值税减半；减免 2008 年最后一季度公司所得税 30%；延长部分商品增值税缴税期限；对 10 座以下客车购置税减半
新西兰	规模为 4.8 亿美元的针对中小企业的减税方案，为期 4 年
英国	200 亿英镑减税方案：2008 年 12 月 1 日至 2009 年 12 月 31 日，增值税标准税率降至 15%；公司所得税税率降为 28%，推迟提高年应税所得额不超过 30 万英镑小公司优惠税率期限至 2010 年 4 月 1 日；对公司 2008—2009 年度产生的经营亏损向前结转 3 年，结转额不能超过 50000 英镑；对公司境外股息免征所得税
日本	自 2009 年 4 月 1 日至 2011 年 3 月 31 日，年度所得不超过 800 万日元中小企业所得税税率降至 18%；自 2009 年 2 月 1 日，对亏损中小企业退税
法国	对于中小企业公司税，年营业额低于 5000 万法郎、至少 75% 的股份由自然人控制的企业，对不超过 25 万法郎的那部分利润的税收，2001 年公司所得税降至 25%，2002 年降至 15%，此项举措将使 25 万家小企业受惠

资料来源：根据相关资料整理而得。

（1）健全相关法律规章，为中小实体经济企业发展提供制度保障。以美国为例，20 世纪 80 年代《1981 年经济复兴法案》、1997 年《财政平衡预算法案》和《减税法案》、2001 年《经济增长与减税一致法案》、2003 年《就业和经济增长减税协调法案》《2008 经济刺激法案》《2008 年紧急经济稳定法案》《2008 年延长税收（优惠）和最低选择税减免法案》等法规在信贷、税收、技术开发、商业流通等多方面对中小实体经济企业提供了制度支持，为中小实体经济企业发展提供了制度保障。

（2）降低税率，简化税制，明确减税目标。在美国，1962 年公司所得税率从 52% 降到 48%；2001 年提出 10 年减税 1.35 万亿美元；2003 年提出 10 年减税 3500 亿美元；2008 年提出减税 1680 亿美元及 1100 亿美元等。这些减税政策促进了美国经济快速发展。俄罗斯 2009 年减税 5500 亿卢布，所得税降至 20%，简化税制；越南公司所得税减到 25%；英国制订 200 亿英镑减税方案等。这些国家均降低了本国中小实体经济企业的税率，简化税制，明确减税目标，减轻了中小实体经济企业的经济负担，促进其发展。

（3）成立专门的融资机构，帮助中小实体经济企业解决融资难题。在法国小微企业全部投资中，国家补贴占10%，国家和银行贷款占60%，企业自有资金只有30%；第二次世界大战后美国设立小企业局，专门为小微企业提供融资服务。这些举措在很大程度上解决了中小实体经济企业融资难的问题。

（4）各国均运用减税与建立中小企业投资基金等其他政策“组合拳”。20世纪50年代，日本在减税的同时，实施用于产业政策的租税特别措施，即加速折旧。60年代普遍缩短了设备法定使用年限，出口产业加速折旧，中小企业加速折旧。为实施租税特别措施而减少的财政收入的40%—50%直接用于促进设备现代化和提高企业素质。租税特别措施促进了日本经济在整个20世纪60年代持续高速增长。1955年到1972年，日本平均增长率达到9.1%。

（5）建立完善的针对中小实体经济企业的信用担保机制。美国小企业管理局、英国贸工部“贷款保证计划”、韩国信用担保基金和技术信用担保基金等，均建立完善的针对中小实体经济企业的信用担保机制。

从世界各国经济兴衰发展史来看，实体经济发展与衰退关系到国家的兴盛与没落。英国曾因“食利”、忽略实体经济而丧失强国地位。日本因产业空心化、房地产泡沫化、日元大幅升值等原因，导致20多年的经济停滞与衰退。以智力资源为例，英国在校大学生中只有12%学习工科，且这一比例还在下降；同时，工业等实体经济缺少大量工程师和熟练技术工人。据英国兰德人事服务公司进行的一项最新调查结果显示，在英国各地的559家产业公司中，76%的企业严重缺乏合适的技术工人。在第二次世界大战结束后，由于政府重视工业等实体经济，使得日本在短短几十年间迅速崛起，成为仅次于美国的第二大经济强国。但是，进入20世纪90年代后，日本经济开始进入长达20多年的衰退期，其中一条重要原因就是虚拟经济的过度膨胀。1986年后日本经济进入较快的增长期，日本股价、地价、证券融资额猛增等，远远超过国民经济、企业利润，形成虚拟资本膨胀。进入90年代后，股市、房地产业等造成的“经济泡沫”破灭，金融交易与实物严重脱节，破坏了经济的良性运行，每日金融交易与实物物品贸易有关系的不超过2%。

相反，德国因注重实体经济尤其是制造业发展，其制造业成为经济的“脊梁”，在金融危机和债务危机的双重打击下依然欣欣向荣。

第三节　我国实体经济发展困境研究

一、国际竞争挤占我国实体经济企业国际空间，国内实体经济正在遭遇“生死劫”

美国、英国等西方发达国家一系列“回归”实体经济战略举措浪潮，周边国家靠比较优势逐渐上位，国际竞争格局发生重大变革，正掀起一场围绕实体经济转型升级的激烈竞争，产生“挤出效应”；后金融危机、欧洲危机、人民币升值等导致国际环境恶化，国内企业转型动力不足，我国实体经济企业发展举步维艰。以山东省日照市为例，2007—2013 年，日照市两级法院受理破产案件 73 件，破产行业主要集中在纺织、服饰、电子等传统制造业。国内外新的经济形势使我国实体经济企业生产、经营难上加难。

二、“三贵、三难、二高、一低”严峻形势加速了我国实体经济灭亡，导致我国经济“脱实向虚”

“三贵”是指用工贵、用料贵、间接费用贵；“三难”是指订单难、转型难、生存难；“二高一低”则是成本高、税负高、利润低。以小微企业为例，2012 年上半年，我国小微企业融资总成本中，民间融资成本占比 38.4%，比 2011 年同期增加 20.7 个百分点；融资总成本比 2011 年同期增长 52.4%。调查显示，我国当前约有 45.1% 的小微企业认为税负过高。面向中小企业有所得税、增值税、营业税、流转税附加、印花税、契税等 20 多个税种，行政收费项目多达 69 个大类，加上各种隐性、显性的税，企业平均税负高达 40%。目前，小微企业税收起征点为 2 万元，按平均利润率 10% 来算，每月利润达到 2000 元就要征税，比个人 3500 元征收标准还要低。表 1－3 显示，中国大陆总税率为 63.5%，年缴税项目 7 个，年缴税耗时 398 小时，高于全球平均 277 小时。在总税负率排名中，中国处在 183 个国家中的第 158 位，总税负率低于中国的仅有 25 个国家或地区。美国《福布斯》杂志 2007 年发布的“全球税负痛苦指数”显示，中国税负仅次于法国、比利时，列世界第三位。2009 年上升至世界第二位。

表 1－3 界各地区企业税负表

地区	总负税率（缴税占商业利润百分率）	纳税耗时（小时）	纳税项目	总税负率排名
除港、澳、台地区的中国境内	63.50%	398	7	158
中国台湾	24.10%	245	15	22
中国香港	23.00%	80	3	20
新加坡	25.40%	84	5	28
印度	61.80%	254	33	157
美国	37.30%	110	8	74
南非	30.50%	200	9	43
日本	48.60%	330	14	130
巴西	69.00%	2600	9	168
澳大利亚	47.90%	109	11	127
发达国家	37.4%（平均值）	168.7（平均值）	—	—
低收入国家	67.8%（平均值）	271（平均值）	—	—
OECD 成员国	—	195（平均值）	—	—
拉丁美洲国家	—	382（平均值）	—	—

资料来源：普华永道。

研究数据显示，2005—2010 年，我国工业行业平均利润率在 6%—7%。上海纺织协会报告称，纺织服装出口企业净利润率一般只有 1%—3%，主要依靠国家退税生存，在不考虑出口退税的情况下，纺织服装企业运营绝大部分亏损。我国利润率最高的 3 个行业——银行业、证券业、房地产业的利润率却一直处在高水平上。表 1－4 中显示，证券行业 2007—2012 年的平均利润率高达 35%，房地产业近 5 年利润率达 30%，银行业资本利润率都在 20% 以上。这意味着虚拟经济从实业获取的利润远远超过了国际水平。

表 1－4 我国行业平均毛利润率及银行业资本利润率表

产业	2009 年	2010 年	2011 年	2012 年
房地产业	55.72%	38.26%	42.73%	30% 左右
银行业	16.2%	22.10%	28.88%	22.05%
证券业	38%	36%（1—6 月）	28.9%	32.08%（1—6 月）

资料来源：中国房地产 TOP10 研究组：《中国房地产百强企业研究报告》、《中国经济周刊（微博）》、上海证券网等。

三、社会人才、资金等优质资本流入虚拟经济，加剧了实体经济空心化

实体经济国内发展环境在恶化，优质资源被垄断企业过度占有，资金过多地注入非实体产业和政府融资平台。旺盛的虚拟经济严重挤压实体经济。民间借贷利率高，融资缺乏有效监管和规范机制，社会闲置资金借机涌入，进一步催生虚拟经济。实体经济平台上获得的融资最后流入非实体经济。主体经济向虚拟经济转型，甚至出现民营企业家“跑路”现象，大量企业逃离实体产业。原来做实业的也纷纷转向利润高的虚拟经济行业。近年来，疯狂的民间借贷和暴利的房地产虚拟经济成为实体经济的“吸血鬼”。以制造业为代表的部分实体经济受到世界金融危机的极大冲击，不少实体资本转向民间借贷、房地产等虚拟经济市场。沿海一些地区甚至出现“虚拟经济火爆，实体经济艰难发展”的不正常现象和局面。海尔、美的、格力、海信等分别在2002年、2004年、1991年、1995年成立房地产公司。据统计，802家上市公司涉足房地产。阿里巴巴、腾讯、网易等近几年纷纷进军金融业，造成很多资金、智力等资源转出实体经济，转入虚拟经济。

四、实体经济遭遇到虚拟经济的挤压严重

近年来，虚拟经济中颇具代表性的房地产业异常繁荣，在暴利的吸引下，在宽松融资手段的支持下，许多企业和个人涌入房地产行业，致使房价畸高，超出普通民众购买力，泡沫经济岌岌可危，导致虚拟经济过热、投机盛行，人们不愿意踏踏实实地做实业和发展实体经济，社会资本都流入虚拟经济。虚拟经济严重挤压实体经济发展空间，导致从事生产经营和研发的企业和资金减少，尤其是民营中小企业关心生产的程度下降，大量资金抽出从事资本投机，这会造成实体经济与虚拟经济断裂，一旦资金链断裂，将会对包括实体经济和虚拟经济在内的整个经济造成巨大破坏。

五、金融总量不足，金融服务实体经济症结待解

以山东省为例，作为制造业大省，2013年山东省GDP占全国10%左右。相比之下，山东金融业发展却明显滞后，不能满足实体经济发展的需要。据统计，2013年山东贷款余额占全国比重不足6.5%，金融业增加值占GDP比重仅为4.03%，相比沿海先进省份有明显差距，出现了山东金融“总量不足，存量不

活”的局面。公开数据显示，目前金融业增加值占生产总值比重约为4%；2013年全省社会融资规模、存贷款余额、上市公司家数、保费收入等金融业主要指标，占全国比重均在6%左右。而2013年山东省GDP总量首次突破5万亿元，成为除广东、江苏两个省外的第三个5万亿元俱乐部成员，居全国第三位。山东金融业规模与经济实力不够匹配，与发展需求不吻合。

六、民营经济融资难成发展瓶颈，亟须拓宽融资平台

据报道，2013上半年山东省大部分企业处于资金紧张状态，特别是中小企业融资压力更大，有75%的中小企业反映贷款难。由于金融机构贷款利率普遍上调20%—30%，中小企业贷款利率超过基准利率的2倍，民间借贷利率则高达3倍以上，企业融资成本大幅增加。2013年前5个月企业利息支出同比增加了32.3%。据山东省中小企业办公室的测算，全省中小企业资金缺口达1200多亿元，比2013年年末增加20%。融资难的行业高度集中在化工、纺织和食品行业，行业间融资形势差异较大。货币政策趋紧、融资成本上升、融资渠道单一等问题是造成中小企业融资难的主要原因。社会融资结构不合理是不容回避的问题，社会融资对银行依赖度过高。与此相对应的是，直接融资比重相对较低，融资渠道有待进一步拓宽。同时，面向社区和城乡居民的小微金融机构偏少，对小微企业、“三农”、县域经济的支持力度不够。从另一层面看，多层次资本市场体系尚不完善。金融业增长方式粗放，金融产品不丰富，金融市场体系不完善，一些新型金融业态尚未发育起来。金融业发展缺少龙头带动，缺乏在全国有较强影响力的总部型金融机构，人才不足，中心城市资源集聚效应不强。

第四节　虚实经济关系研究

虚拟经济是相对于实体经济而言的看似对立的概念，是经济虚拟化条款的最终结果和归宿。马克思对虚拟资本作出过论述：“虚拟资本是在借贷资本以及银行信用制度的基础上产生的，主要包括股票、债券等内容；虚拟资本不仅能作为商品买卖，还可以实现自身资本增值，不过虚拟资本并没有实际价值；虚拟资本本身虽然已经作为可买卖的资产在市场上流通，但是它代表的实际资本已经进入生产领域和消费过程。”而且，虚拟经济就是虚拟资本的衍生品，只不过该虚拟

资本必须具有信用关系。虚拟经济从虚拟资本信贷关系推导出来，并与高度发达的信用经济协同发展。实体经济是虚拟经济的基础，实体经济发展到一定程度才会出现虚拟经济，虚拟经济的发展离不开实体经济的支持。虚拟经济的发展阶段、发展水平、结构和规模与实体经济的发展阶段、发展水平、结构和规模有着直接的关系，一旦实体经济出现问题，虚拟经济也会受到影响。

一、虚拟经济对实体经济的双重效应

（一）虚拟经济对实体经济的积极作用

首先，虚拟经济有利于促进资源的优化配置。在市场经济的发展过程中，信息的不对称是一个不可避免的问题。资本市场价格发现功能即发现虚拟资本所代表的权益价格是实现增量资本在实体经济各部门之间优化配置的基本工具。虚拟经济可以通过有效的信息及其创新的金融产品，解决信息不对称所带来的激励问题；可以通过判断企业经营的好坏、投机业绩的优劣，采取有效措施促进资源的优化配置；可以通过资产价格信息功能判断企业经营好坏、投资绩效，促进资源的优良配置与重组，提高实体经济的运作效率。

其次，虚拟经济有利于为实体经济提供金融支持。在现代企业中，随着实体经济不断发展，居民储蓄不断上升会限制生存投资增长，许多优势企业因为缺乏资本而无法实现规模效益。虚拟经济可以通过其特有的流动性与高获利性将大量闲置的和零散的资本积聚起来，然后通过借贷投放到股票、债券及其他金融衍生品上，从而解决了实体经济发展过程中资本缺乏的难题。随着金融市场全球化与区域化的发展，虚拟经济更能快捷、方便、及时地为实体经济提供金融支持。

再次，虚拟经济有利于降低分散实体经济中的经营风险。在现代市场经济中，各项投资经营活动都会面临投资风险。虚拟经济允许有价证券进入市场流通，为实体经济投资者们提供了一种规避风险的有效途径，如期货、期权等金融衍生工具的产生本来就是为了转移风险和套期保值。如果没有各种各样的金融产品来规避风险以实现保值，实体经济的风险将会大大增加，从而抑制实体经济的发展。

最后，虚拟经济有利于产权重组和深化企业改革。虚拟经济的发展使实物资产商品后、证券化，在技术上突破了实物资产转让困境，在制度上打破了所有制、地区、行政隶属关系等限制。虚拟经济可以满足实体经济中经常存在产权的重组和结构调整的客观需要，通过虚拟经济实现产权的重组和结构的调整，加速资本流动，适应经济发展需要。

（二）虚拟经济对实体经济的消极作用

首先，虚拟经济的膨胀增加了实体经济动荡的可能性。虚拟经济若以膨胀的信用形态进入生产或服务系统，会增加实体经济的不确定性，使虚拟资本交易的风险和利润迅速增加，在高预期收益与低风险的乐观心理的影响下，造成乐观繁荣景象，从而使实体经济陷入困境甚至发生经济危机。1997 年，亚洲金融危机就体现了国际投机资本的冲击。

其次，虚拟经济的过度膨胀引发泡沫经济。在虚拟经济规模不断膨胀的情况下，货币供应量被分为两个部分：一部分用来担任商品和劳务的交换的媒介，另一部分用来担任股票等虚拟资本交易的媒介。在货币供应量不变的情况下，如果虚拟资本交易的货币量越多，用于实体资本的货币供应量就越少。如果人们对虚拟资本的预期过高，使其脱离实体经济的价值基础，人们就会将大量的资本投入金融市场和房产领域，使得实体经济货币供应量不足，使许多企业陷入困境，造成经济持续衰退。

最后，虚拟经济过度膨胀会掩盖经济过热。在实体经济与虚拟经济的双重价格机制的作用下，经济过热期的通货膨胀会从商品市场转向资本市场，在这个过程中虚拟经济市场上的股价一路攀升，通货膨胀通过股票转移到资本市场，形成带有掩饰性的通货膨胀，由此掩盖了真实的经济过热现象。

（三）正确处理虚拟经济与实体经济的关系

虚拟经济和实体经济的关系可以简单地概括为：实体经济是虚拟经济的基础，它不仅决定着虚拟经济的产生，还决定着虚拟经济的规模和运行状况；而虚拟经济对实体经济有着巨大的反作用，这其中既有积极的影响，也有消极的影响。“虚拟经济与实体经济之间既相互依存，又相互矛盾。”虚拟经济和实体经济是对立统一的关系，两者之间并不存在不可调和的矛盾，发展市场经济的一个重要环节就是正确处理虚拟经济和实体经济之间的关系。

首先，健全市场制度和信用体系是正确处理虚拟经济与实体经济关系的关键。健全市场制度可以使虚拟经济的市场具有自动调节虚拟经济规模的功能，使虚拟经济保持适度发展及可持续发展。应完善监管体系和制度建设。虚拟经济内在的不稳定性与现代科学技术发展使得金融网络化、电子化手段加强，虚拟经济出现了很多金融风险，这就需要加强对金融等虚拟经济的监管。为此，应加强对银行资本充足率、资产流动性、风险管理的监督，建立公众监督、舆论监督机制，规范证券市场操作，有步骤、分阶段地推进虚拟经济各层次的发展，审慎、有序地开放金融市场。

其次，培育理性的市场主体是正确处理虚拟经济与实体经济关系的微观基础。在产权界定不清晰、信息不对称的情况下，投资者会为了追求高收益而盲目地投资房地产或金融等领域。如果虚拟经济过度膨胀、价格上涨预期逆转，就会引发泡沫经济，造成经济发展的困境。同时，在现在不成熟的市场条件下，投资者往往缺乏避险的意识，会出现过度承担风险的行为。培育理性的市场主体，是规避风险的一项有效措施。

最后，建立健全虚拟经济的法规政策，适度发展虚拟经济。随着经济全球化发展进程的加快，适度发展虚拟经济具有重要意义，可以提升实体经济。一直以来，国家宏观调控的重点放在总供给与总需求上，市场上出现了通货膨胀与通货紧缩。虚拟经济在经济生活中具有越来越重要的作用。因此，应当借鉴西方国家金融创新的经验，积极探索虚拟资本的新形式以及虚拟资本交易的新技术，促进实体经济的货币化和资产证券化发展。通过政府宏观调控，适当控制虚拟经济扩张程度，制定相应货币政策协调实体经济与虚拟经济的关系，引导虚拟经济对实体经济的回归。严格的政策法规要对虚拟经济进行适度调节，防止虚拟经济过度膨胀可能引发的泡沫经济与虚拟经济过冷而不利于实体经济的发展。

二、促进实体经济与虚拟经济的和谐发展

“稳增长、扩内需、控物价”是当前我国宏观政策目标。发展实体经济是“稳增长”的基础，是一国经济的核心内容，是“扩内需”的保障条件，是“控物价”的有效手段，因此，实体经济是一国经济立身之本。当前所处的经济发展阶段决定了必须牢牢把握发展实体经济这一坚实基础，强调发展实体经济是适应国外经济形势变化的必然要求，国内经济发展出现的新变化也要求必须重视实体经济的发展。

现代市场经济是实体经济与虚拟经济相互依存、相互作用的矛盾统一体，发展实体经济不能盲目摒弃虚拟经济，虚拟经济造成的金融危机时常发生。实体经济发展离不开虚拟经济的相应发展，没有虚拟经济就没有现代经济。因此，应正确处理虚拟经济与实体经济的关系，促进实体经济与虚拟经济和谐发展。第一，借鉴发达国家发展虚拟经济成功经验与失败教训，具体研究虚拟经济运行的客观规律。第二，夯实实体经济发展的基础。对新技术、高增长、有发展优势的产业

与经济支柱产业制定激励支持政策。第三，进行虚拟经济监督管理。通过《证券法》等相关法律规定，建立防范房地产、证券等虚拟经济演变成泡沫经济的预警机制，促进资本市场平稳运行。同时，建立健全虚拟经济交易主体内部监控制度和监控方法。第四，释放民间资本，加强民间金融协调机制监管，构建地方"六位一体"的民间金融监管协调机制创新模式，并剖析完善民间金融监管协调机制的法律保障体系。

第五节 政府促进实体经济发展的政策支持体系研究

一、重新构建我国虚拟经济与实体经济的良性互动关系

随着我国劳动力成本继续呈刚性，生产资料成本上升、融资成本上升以及税收负担重等导致了我国实体经济成本提高，成本提高导致利润降低。利润降低使得高科技人员等智力资源、资金资源、资本资源、社会资源等生产资源转向我国现在利润最高的银行业、证券业、房地产业等虚拟经济行业，造成了很多实体经济出现了资金短缺、科技人员短缺、社会资源短缺等问题。以智力资源为例，据调查，大学毕业生首选就业方向依次为：银行业、证券业、公务员、房地产业、国有大公司等，造成实体经济特别是中小实体经济企业高科技人员、资金等资源短缺，实体经济价值链短缺导致实体经济空心化，进而在未来会引起我国经济危机、经济崩溃等经济安全问题（见图1－1）。因此，现阶段的结构性税制改革应该向实体经济，特别是中小实体经济企业减免税。

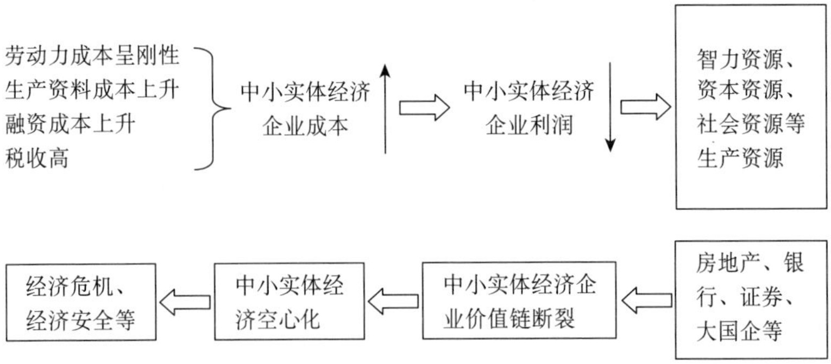

图1－1 中小实体经济企业空心化的传导机制

在大转换、大变革、大发展的背景下，应重构虚拟经济服务于实体经济本性，形成银行业等虚拟经济与实体经济，特别是与中小实体经济企业良性互动关系。具体研究虚拟经济运行客观规律，为其健康发展提供理论指导；夯实实体经济发展基础；建立健全虚拟经济交易主体的内部监控制度和监控方法，制定和完善相关法律法规，加强虚拟经济合理定价和利润监控。

二、对中小企业特别是小微企业给予减税优惠

危机后，美国提出“再工业化”、英国强调“重新工业化”等均把经济复苏的希望主要寄托于实体经济。吸取世界各国重视中小企业实体经济的经验教训，笔者建议，减税让利应成为当前发展中小实体经济企业的第一要务，第四次税制优惠改革应该倾向于广大中小实体经济企业。在政府层面、人才资本市场层面、资金层面、社会环境层面打出“四位一体”组合拳，破解其发展难题。

（一）政府层面

1. 继续完善结构性减税政策；简化税种、降低税率、减免税额；对经认定主要从事实体经济的中小企业在申请商业贷款时予以更加优惠的条件，比如允许在基准利率基础上下调20%—30%。

2. 提高财政补贴，增加无息、低息或免息优惠贷款；调整与优化信贷政策，严控“两高一剩”行业贷款。

3. 采用多样式税收优惠政策，例如“捆绑式”、价值链融资、积极发展小型金融机构、拓展直接融资渠道等。

4. 合理规划房地产业等高利润行业，按照资本边际效率，使得房地产业等虚拟经济利润率向我国中小实体经济企业平均利润率看齐。

（二）人才资本市场层面

1. 高校毕业生进入中小实体经济企业享受“免三减二”税收优惠；在“五险一金”中，降低企业、个人比例，提高国家比例。

2. 高校科研院所等高科技人才到中小实体经济企业挂职服务享受留职发薪3年激励政策，服务中小实体经济企业兼职所得免税，高科技人才资本入股减税。

3. 提高国外高科技人才到中小实体经济企业工作的待遇，提高部分由国家补偿，免收个人所得税等一切税费。

4. 改革高校以论文数量为核心的考核机制为以服务中小实体经济企业质量与数量为核心的考核机制。

5. 增加中小实体经济企业发达地区各类技术类学校的招生数量，鼓励学校与企业合作，实行“订单式培训”。

（三）资金层面

1. 建立社会闲散资金“蓄水池”，以高于银行存款利率吸收存款，以低于银行贷款利率向中小实体经济企业注入资本。

2. 构建中小实体经济企业共享信息平台，银行按诚信度给予优惠贷款。

3. 成立中小实体经济企业扶持资金、发展支持基金；国家每年拿出一定数额的资金作为扶持中小实体经济的专项基金，基金要专款专用，严格审查资金流向。

4. 借助充裕外汇储备资源，新增外汇储备可作为鼓励中小实体经济企业“走出去”的重要支撑；部分外汇储备作为其在全球招募海外人才的重要资金支撑。

5. 加快发展专门为中小实体经济企业服务的新型中小金融组织；加快小额贷款公司向村镇银行的改制进程，增加中小实体经济企业的资金来源。

（四）社会环境方面

实施创新驱动战略，让创新驱动成为我国转变经济发展方式的新动力，实现中小实体经济企业转型升级。营造“实业致富、创新致富”的实业创新环境；培育“鼓励冒险、宽松创业”的创新创业文化；推动合作创新机制和发展平台，构建创新联盟，鼓励中小实体经济企业走出创新“自闭症”；实现技术与金融“双轮”创新驱动。

三、明确政府公共职能，营造实体经济利润率提升的政策环境

降低垄断性行业准入门槛，引入平等竞争机制，优化配置资源；打破垄断，盘活金融存量，放开民间投资市场准入，给予民间资本信心、条件专注于实业发展；发挥“种子资源”，给予民间投资同等的政策条件和地位，政策上吸引更多社会资源和民间资本参与实体经济的发展；规范民间借贷市场，营造民企与国企平等使用生产要素、公平参与市场竞争、同等享受法律保护等社会公平环境；引导民企向战略性新兴产业和现代服务业发展，支持民间投资进入金融、铁路、能源、社会事业等领域。

四、以发展国际知名品牌作为中国企业海外发展的“引擎”

2012 年，中国贸易额首次超过美国，成为世界第一大贸易国和投资大国，但“大”不是“强”，不是“贸易强国”“投资强国”。中国出口企业在国际价

值链分工中仍处于低端，没有形成自己特有的品牌，国际竞争力低。在当今经济全球化条件下，只有拥有更多的国际知名品牌才能在世界经济竞争中立于不败之地。要改变这种状况，中国只有大力培育国际知名品牌，突破发达国家的“低端锁定”，提高产品附加值，以发展国际知名品牌战略作为中国企业海外发展的“引擎”，我们提出以下政策建议。

（一）做好顶层设计，实施“国际知名品牌”发展国家战略

第一，做好顶层设计和战略部署，明确重点任务，着眼国际发展趋势和竞争格局，把争创国际知名品牌作为国家未来发展战略。第二，因地制宜，明确提出各级政府应根据本地区经济竞争优势争创国际知名品牌，并通过相应制度安排给予长期支持。第三，以发展国际知名品牌为抓手，推动产业升级和经济转型。未来5—10年是中国实现由“制造大国”向“创造大国”“品牌小国”向“品牌大国”升级的关键时期，以创建国际品牌为发展“引擎”，促进和引领制造业向全球价值链高端攀升，实现经济发展方式转变，建设创新型国家，提升国家海外形象。

（二）以国内市场为根基，鼓励民族品牌尽快发展成国际知名品牌

第一，在保护民族品牌的基础上争创国际知名品牌；政府在构建国内大市场的基础上，进一步破除阻碍我国企业国际品牌争创的壁垒和制度障碍，为培育我国国际知名品牌构建坚实的市场基础。第二，参照国际惯例，加强政策倾斜，提升优先采购具有争创国际知名品牌潜力的自主品牌的中国产品政府购买的比例。第三，以城镇化和消费者结构升级为契机，通过调整收入分配方式，培育中国高端需求市场，创造国际知名品牌的成长空间。

（三）回归企业创新主体本性，为发展国际知名品牌提供原动力

第一，借鉴日、韩等国经验，重新回归企业作为国家创新主体的本性，政府为企业研发投资部分、高端技术、高校科研院所科技知识分子等参与的创新技术免税，鼓励其与企业合作，集中优势资源创新。第二，加强引进国外高层次人才，建立海外研发机构，实施弹性创新机制，促进高科技资源、生产要素、人员、资本等自由化流动。第三，设立“核心技术研发专项资金”，基于共生理论，政府、大企业、民营企业、银行等创新核心利益相关者实行矩阵式弹性的组织形式，汇集国内外一流科研力量，以企业为主进行关键技术攻关，力争为中国企业争创国际知名品牌提供核心技术支撑。

（四）通过海外兼并收购，“借力”实现国际知名品牌的快速发展

在国际金融危机的背景下，灵活运用多种方式实现海外兼并收购。第一，以

直接收购国际品牌为目标，利用国际品牌知名度和美誉度，获取增值能力，提升企业竞争力。第二，以掌握核心技术为主要目标的海外收购，借国外先进技术升级改造企业自身技术水平，提升企业品牌的知名度和美誉度。第三，通过海外参股和合作等方式嵌入国际品牌的高端价值链体系，提高企业的产业链整体竞争力，提升全球范围内要素配置能力。

（五）加快培育新技术和新产业领域内有潜力和实力的企业快速成长为国际知名品牌

第一，构建市场主导、政府引导、创新驱动新技术和新产业发展机制。发挥市场基础作用，发挥政府在政策、资本、管理机制上的引导作用，鼓励和促进创新，为新技术和新产业发展国际知名品牌营造良好环境。第二，政府应出台有针对性的扶持政策，集中力量培育新技术和新产业龙头企业，并对其实施动态管理，建立和完善多层次、全方位的国际品牌培育机制；重点扶持其在研发、制造、营销等各环节的国际化经营能力，积极申请国际商标注册，提升国际知名度。第三，打造产业链和产业集群，增强新技术和新产业发展的整体国际竞争力；以产业链的整体创新为着眼点，建立产业技术创新联盟，集聚创新资源，为龙头企业发展提供技术支撑。

五、合理规划虚拟产业利润率，营造实体经济利润率提升的政策环境，创造实体经济收益率与虚拟经济大致相当的条件

第一，在宏观层面要为实体经济创造良好的发展环境，制度上给予实体经济新的定位、发展空间以及投资渠道。第二，加快我国实体经济产业升级，提高实体经济自身产品竞争力，淘汰落后产能；完善相关体制机制，引导社会资本回归实体经济。第三，完善纳税服务，优化税收环境，降低实体经济企业纳税成本和“隐形负担”。第四，合理规划房地产业等高利润行业，按照资本边际效率，使得房地产业等虚拟经济利润率向我国工业实体企业平均利润率看齐。第五，推进金融供给侧改革，简政放权，引进含金量高的项目，做好政府和企业沟通；加强政府服务，建立健全网上审批、办公大厅，完善仲裁调解机制，依法维护实体经济权益；针对金融改革不配套、不适应中小企业需求的问题，推进金融供给侧改革，让银行为中小企业提供更多服务。第六，信息共享多证“合一”。“多证合一”登记制度改革是推进“放管服”改革的重要内容，“多证合一”的实质其实是政府部门的信息共享；加快推进政务服务转型升级，实现跨部门、跨行业、跨层级数据交互、共享和深度利用，信息越共享，越能实现多证合一。

第二章　新动能培育与实体经济发展研究

第一节　研究背景

一、政府要为实体经济的发展创造良好的环境

实体经济不仅能提高一国经济抗风险的能力，而且可以实实在在地惠及人民群众。怎样才能有利于实体经济的发展呢？这就需要相关的制度安排。要发展实体经济，首先就要遏制房地产和金融产业的暴利。如果房地产和金融行业存在着暴利，就不难理解大量资金为什么流向房地产和地下钱庄了。基本的经济学理论告诉我们，成熟的市场经济，或者健全的市场经济体制发挥作用的结果是利润大体平均化——当然，这需要打破垄断，使资本自由进入，特别是要进一步推动国有企业的改革。发展实体经济，不仅要重视现代服务业、重视高科技，还必须重视现代制造业，以及对传统制造业的改造。当然，实体经济要发展，必须提升自己的创新能力。如果实体经济创新不够，就难以在国际市场占有一席之地，也难以吸引社会资金进入。

二、培育战略性新兴产业和新动能是供给侧改革重要的着力点

培育新兴产业和加快新旧动能转换是新时期我国推进供给侧结构性改革的重要着力点，也是在全球范围内抢占新一轮科技革命和产业变革制高点、争夺全球产业发展主导权的必然选择。近年来，美国、德国、日本和韩国等发达国家也纷纷发布新兴产业发展战略和有关政策措施。李克强总理在 2017 年 1 月 18 日国务院常务会议上提出，我国要突出以推进供给侧结构性改革为主线，形成新动能培

育与传统动能改造提升互促共进。工信部于2017年提出培育新动能，全面实施“中国制造2025”。浙江省也于2017年提出，以培育国际知名品牌为契机，以创新引领传统动能改造提升和新动能培育壮大。为此，必须以全球视野找准新兴产业发展的定位和重点，高度重视企业在新兴产业发展中的主体作用，注重新兴产业发展战略和政策的延续性。

三、重申社会财富的真正载体是实体经济

实体经济是指物质的、精神的产品和服务的生产、流通等经济活动。古典经济学派同样认为，只有物质产品的生产才是社会经济的基础，生产物质产品的劳动才是生产性劳动。英国古典学派的先驱威廉·配第指出劳动是财富之父、土地是财富之母，其指的就是物质产品的生产。亚当·斯密更是区分了不同性质的劳动，认为生产物质产品的劳动才是生产性劳动。古典经济学派把财富的内容扩展到制造业，但不包括服务业。马克思的《资本论》通篇研究的是实体经济，关于资本循环、社会总资本的再生产的论述，都是对实体经济运行的探讨。中华人民共和国成立以后的相当一段时间，我们遵循马克思经济学的基本原理，十分重视实体经济，所有的政策和制度安排都向实体经济倾斜。随着经济的发展，特别是20世纪90年代以来，由于受西方经济发展模式的影响，人们认为以现代金融业为代表的虚拟经济能带来高回报，思想认识上发生过某些偏离。全球金融危机终于让我们看到了经济发展的动力所在，创造物质财富的是实体经济，是一国国民经济的基础。比如，德国在金融危机中表现良好，就是因为德国的现代制造业十分发达，而对金融衍生品不感兴趣。我国对危机能够相对自如应对，且有足够的实力应对，也是因为我国实体经济的基础相对扎实，金融衍生品在我们这里还不算普及。

四、明确过度的虚拟经济将失去扎实的基础

与实体经济相对应的是虚拟经济，是指基于信用、未来收益索取权等符号经济，以及这些符号经济的反复买卖，比如华尔街的金融衍生品。马克思对于虚拟经济有着十分深刻的预见性论述，这些论述有助于我们透视和理解由美国次贷引发的金融危机。马克思把现实资本的所有权证书即纸质复本叫作虚拟资本，纸质复本一旦作为独立的形态，就有了独立的运行，即虚拟经济。马克思指出，“作为纸质复本，这些证券只是幻想的，它们的价值额的涨落，和它们有权代表的现

实资本的价值变动完全无关，尽管它们可以作为商品来买卖，因而可以作为资本价值来流通”。马克思当时就洞察到了虚拟资本的赌博性质。在 21 世纪的今天，马克思所欲言的虚拟资本的赌博性质在华尔街表现得淋漓尽致，各种金融衍生品脱离实体经济，终于引发了几乎波及全世界的金融危机和经济危机。痛定思痛，我们对虚拟经济和金融衍生品应当有足够的重视和监管。

第二节 战略性新兴产业培育新动能研究现状

当今世界正处在新科技革命重要的机遇期，由新兴科技和新兴产业深度融合形成的战略性新兴产业，面临大好的发展机遇。战略性新兴产业是经济发展的一个契机，也是工业化进程中的转折点。借鉴发达国家的发展经验，加快培育和发展以重大技术突破、重大发展需求为基础的战略性新兴产业，对于推进产业结构升级和经济发展方式转变、提升自主创新能力和国际竞争力、促进经济社会可持续发展，具有重要的意义。

一、国内外关于战略性新兴产业新动能培育研究现状分析与评价

战略性新兴产业，是指关系到国民经济社会发展和产业结构优化升级，具有全局性、长远性、导向性和动态性等特征的新兴产业。战略性新兴产业具有产品要有稳定并有发展前景的市场需求、有良好经济技术效益、能带动一批产业崛起的特征。战略性新兴产业是我国应对 2008 年金融危机过程中提出的一个新的政策概念（贺俊、吕铁，2012），国外学者对此的专题研究较少，更多研究集中在新兴产业。研究主题包括：（1）新兴产业的内涵。Low 和 Abahamson（1997），McGahan 等（2004），Forbs（2010）等提出，新兴产业是产业发展的最初阶段，而且总是和经济危机相联系。（2）新兴产业的发展模式。企业进入一个新兴产业有 3 种模式：嫁接，裂变或者两者兼而有之（Khessina 和 Carrol，2008；Lange 等，2009），其中，裂变相对于嫁接更普遍，但是裂变比嫁接的成功率低（Dinlersoz 和 MacMillan，2009；Geroski，2003）。

由于战略性新兴产业概念提出的时间较短，国内大部分学者的研究目前主要集中在内涵界定及特征、影响因素以及发展的政策建议上。

（一）内涵界定及特征

国内学者对战略性新兴产业内涵的界定主要集中于“创新性”“战略性”和

"导向性"（王小明，2012），如李克强（2009）从社会功能角度提出，战略性新兴产业是潜在市场大、带动能力强、吸收就业多、综合效益好的产业；万钢（2010）主要从结构调整的角度对战略性新兴产业进行了界定：认为其具有指向性、外部性、创新性、风险性和地域性的特征（林学军，2012）。Anderson 和 Tushman（1990）指出，新兴产业的主要特征是技术的"非连续"和"分化性"，技术演进引起的新兴产业是产业生命周期中的"非连续"现象，产业生命周期的更替主要是因为技术的重大突破导致技术分化，形成不同发展方向的技术，继而依靠技术选择形成市场信赖的技术群和企业群。Witerings 和 Boschma（2002）以新西兰 ICT 产业为例，指出新兴产业的产生在空间上具有随机性，但是一旦一国或地区某项专利或专利池成为国际标准或主导设计时，产业便自然地向该国家或地区集中，随机性消失。Geels（2002）则更多强调新兴产业的需求性特征，认为一种新产品能否在竞争中脱颖而出，不在于其技术水平的高低，而取决于需求规模的大小。

国内学者也从不同角度对战略性新兴产业的特征提出了自己的见解。李晓华、吕铁（2010）概括了战略性新兴产业的 4 个特征：战略性、不确定性、正外部性、复杂性。战略性指该产业的关联度大，对其他产业有辐射带动作用，能决定未来国家的竞争优势；不确定性是指战略性新兴产业在技术、市场和组织等方面存在极大的不确定性；正外部性强调的是战略性新兴产业多涉及基础性研究，而基础性研究将带来较强的外部性；复杂性是指战略性新兴产业在技术、产业化以及产业链分工合作等方面是复杂的。吴传清和周勇（2010）将战略性新兴产业的特征归结为全局性、联动性、潜导性。全局性指产业对经济发展具有重大贡献，而且还应直接关系经济社会发展全局和国家安全，对带动经济社会进步、提升综合国力具有重要的促进作用；联动性指产业应凸显产业链长，产业关联度高，能拉动一批相关及配套产业发展，应具有强大的劳动力吸纳能力，能创造大量就业机会；潜导性是指产业具有政策导向作用，预示着未来经济发展的重心。高友才和向倩（2010）总结了战略性新兴产业的"五力"特征：产业创新力、产业引领力、产业持续力、产业聚集力、产业碳减力。产业创新力是指战略性新兴产业属于创新密集型产业，必须具有足够的创新力，包括科技创新、知识创新、产业组织创新、产业结构创新、产品创新等；产业引领力是指战略性新兴产业必须能够代表产业发展的方向，成为产业发展的主流，在未来一段较长时期内对产业发展和经济社会发展具有较强的引领和带动作用；产业持续力是指战略性新兴产业必须具有较长的产业生命周期，而且随着科技创新和变革，产业成熟期能得到不断延伸，有稳定的发展前景和市场需求；产业聚集力是指战略性新兴产业的产业链长、波及面广、带动系数大，能够围绕核心技术形成庞大的产业集群；产业碳减力是指战略性新兴产业要选择低能耗、低污染、高效能的低碳产业，实现低碳化生产。龚惠群等（2011）指出，战略性新兴产业作为具有全新经济形态的产业，要具备以下基本属性：相对性、主导性、高成长性和不确定性。相对性是指在不同的经济发展时期，战略性新兴产业将有所不同；主导性强调战略性新兴产业对经济发展全局的带动作用；高成长性强调战略性新兴产业的潜在需求巨大，未来将演变成国民经济的支柱性产业；不确定性强调战略性新兴产业所依托的技术市场变数大。林学军（2012）指出，战略性新兴产业具有以下发展特性：指向性、外部性、创新性、风险性、地域性。指向性是指战略性新兴产业代表未来科技、产业的发展方向；外部性是指战略性新兴产业能对其他产业产生促进作用；创新性是指战略性新兴产业一般都是创新型的高新技术产业；风险性是指战略性新兴产业的技术、需求、市场反应等都存在不确定性而带来较大风险；地域性强调应因地制宜，从自身资源或条件来选择发展战略性新兴产业。

（二）影响因素与发展原则

陈清泰（2010）研究发现，东亚国家新兴产业的发展除企业家、科学家的作用外，政府的作用也功不可没。桂黄宝（2012）提出了创新驱动、政策推动、需求拉动和市场竞争的“四轮驱动模型”。谭荣娟（2012）通过实证检验表明，创新能力和成长潜力对区域战略性产业竞争力影响显著。刘洪昌（2011）基于战略性新兴产业的特征指出，战略性新兴产业的选择应遵循以下6个原则：（1）国家意志原则，即要体现一个国家未来一定时期内产业重点发展方向和可率先突破的领域；（2）市场需求原则，即要考虑国内外市场的开拓需求状况；（3）技术创新原则，即要选择自主创新能力强、科技含量高的产业；（4）产业关联原则，即选择时要考虑此产业的横向和纵向产业联系，要有带动效应；（5）就业吸纳能力原则，即选择产业时要考虑到社会效应；（6）可持续发展原则，选择时要考虑促进经济和社会的可持续发展。武瑞杰（2012）从经济结构调整的视角，构建区域战略性新兴产业选择的6大基准：科技贡献、区域优势、低碳经济、功能区规划、地域发展特征以及能够预防高科技伴随的系统脆弱性的安全措施，并且他认为以此为基准构建的指标体系，能够有效甄别出具备地区竞争优势的战略性新兴产业。程宇、肖文涛（2012）从地方政府竞争的视角探讨了地方政府竞争行为下战略性新兴产业的选择标准问题，他们认为，这些标准应符合当地的要素禀赋特征、有助于整合区域产业优势、对区域内其他产业具有显著的带动作用、有助于提升区域产业竞争力、有助于促进产业制度创新与制度变迁。熊勇清等（2012）利用层次分析法（AHP）和主成分分析法（PCA）构建了战略性新兴产业组合选择评价模型，从基础性因子、激励性因子、创新性因子、政府战略导向性因子等 4 个维度构建了区域战略性新兴产业投资环境评价的指标体系。贺正楚等（2011）结合战略性新兴产业自身的特点和主导产业评估理论，以“产业全局性”“产业关联性”“产业先导性”“产业动态性”为一级指标，初步遴选出 27 个指标作为战略性新兴产业的评估指标，并以湖南省为例检验了评估体系的可行性和可操作性。胡振华等（2011）运用层次分析法（AHP）确定战略性新兴产业各指标的主观权重，并结合主成分分析法（PCA）及信息熵法（IE）求解出客观权重，得出战略性新兴产业的组合权重，以此来确定战略性新兴产业领域。

韩雪莲等人（2011）利用 2001—2009 年战略性新兴产业概念板块的 180 家企业数据，探寻企业进入战略性新兴产业的行为，并分析企业进入时机与企业绩效间的相互关系，研究结果显示，企业的进入时机对企业的资产管理能力绩效指标和盈利能力指标具有正向影响，对经营发展能力绩效指标具有负向影响，并且企业的进入时机与产权结构和企业规模对企业的绩效水平提高有正向的交互效应。这一系列结论可以为下一阶段企业正确地选择时机进入战略性新兴产业提供有益的参考。郭晓丹、宋维佳（2011）则以战略性新兴产业中企业的进入时机为切入点，分析领军和跟进策略的动因与绩效差异，研究如何引导有条件的企业及早投资进入战略性新兴产业。其研究发现，产业的发展前景及预期利润会对企业的进入形成较强的吸引力，产业不可分散的市场风险越大，宏观层面的政策、法规变化越剧烈，企业越倾向于领军进入，捞取早期的“政策好处”，规模大、国有色彩浓厚的企业表现得尤为明显。领军进入战略性新兴产业的企业在资产管理能力和盈利能力方面的表现显著优于跟进企业。

肖兴志等人（2011）使用 1998—2008 年中国高技术产业的面板数据构建联立方程，分析并比较了国有企业和非国有企业的研发行为。研究发现，政府的科技资助经费没有调动国有企业的研发积极性，反而可能挤出企业自身投入，但能够促进非国有企业提高研发投入；同时指出，非国有企业规模越小，研发投入越大。肖兴志、谢理（2011）利用 SFA 模型测算了我国战略性新兴产业的创新效率，然后通过面板 Tobit 模型分析了企业规模和不同的创新方式对产业创新效率的影响路径，以及不同产权结构对创新效率的影响程度。研究发现，我国战略性新兴产业创新效率水平整体上较低，企业规模与创新效率呈“倒 U 形”的非线性关系，自主创新和技术引进对创新效率的影响比较显著，而技术改造和消化吸收对创新效率的影响并不显著。不同的产权结构对创新效率的影响并不相同，国有产权与创新效率呈现负向关系，而非国有产权与创新效率呈正向关系。吴福象、王新新（2011）从 GVC 模式下人力资本空间流动视角，对要素集聚与战略性新兴产业创新绩效的相关性进行了实证分析，结果发现，行业的绝对集中度、规模差异度、劳动生产率变化率、新产品产值占总产值比重、产品销售成本与产品销售收入比等变量存在着多重的复杂联系。为此，企业在发展战略性新兴产业时，必须发挥产业集聚优势和范围经济优势，根据产品创新和工艺创新的特点，在产品无限细分的差别化基础上走规模化和集团化的发展道路。陆国庆（2011）利用我国中小板市场上市公司的数据，对战略性新兴产业的创新绩效进行了实证研究，研究发现：不管是从企业业绩还是从市场绩效来看，战略性新兴产业类上市公司明显优于非战略性新兴产业类上市公司，这说明战略性新兴产业创新的绩效较为显著；创新绩效与创新投入产出、创新环境等因素呈弱正相关性，而与产品毛利率显著正相关。

（三）发展模式

战略性新兴产业应在最有基础、最有条件的产业领域内率先突破，并在较短时间内实现规模化发展（吴传清和周勇，2010；李煜华等，2013），并进行集聚度实证研究（刘艳，2013），积极推动体制创新（周良民，2011；贺正楚等，2013），评价指标体系构建（刘嘉宁，2013），并制定完整的战略性新兴产业规划体系（冯赫，2010；薛澜等，2013），实现市场、政府、科技以及国际合作的综合协调（于新东等，2011；刘建民，2013；王开科，2013）。国外学者研究发现，战略性新兴产业发展有两个关键要素：一个是技术创新；另一个是政策扶持。Harfield（1999）认为，政府在新兴产业发展中起辅助作用，新兴产业的发展更多要依靠市场竞争的力量。与此相反，Lach（2002）利用以色列新兴产业的数据研究发现，政府资助刺激了小企业的研发投入，有利于新兴产业中的小企业快速发展。Pohl（2005）探讨了日本产业振兴合作组织（Industrial Revitalization Corporation of Japan）与市场的关系，认为该组织在海洋新兴产业的扩大和再生产方面不能达到预期目的，从而强调市场调控的重要作用。Ellison 和 Glaeser

（2010）指出，有利于产业发展的金融、财政、税收政策的引导是保障和促进新兴产业健康发展的重要手段。Lovdal 和 Neumann（2011）对一些和海洋新兴产业相关的企业进行了调查，研究结果显示，企业认为能制约海洋新兴产业快速发展以及商业化的因素主要可以分为两大类：一是资金；二是政治上的支持。这两大类的影响因素又可以分为许多方面，其中包括替代品的价格低、生产许可证难以得到、评估系统缺失等等。

国内学者对战略性新兴产业发展规律及发展模式的探讨更多是通过对产业内在要素、机理的分析，探寻产业特殊的发展规律与路径。龚惠群等（2011）指出，战略性新兴产业发展规律主要表现为四个方面：一是战略性新兴产业的成长要基于原始创新，将原创性科技突破的成果转化为标志性目标产品，是战略性新兴产业形成和成熟的重要标志；二是战略性新兴产业的发展要针对新的产品和技术，创立和运用新的商业模式，引导和培育消费需求；三是战略性新兴产业的发展要构建全新技术标准体系，塑造新兴产业业态；四是战略性新兴产业的发展要孕育新的产业创新集群。王新新（2011）提出了战略性新兴产业发展的三大动力机制：技术进步、产业结构高级化、改造传统行业。技术进步带来消费需求结构和产业结构的分化，是战略性新兴产业发展的直接动力；产业结构高级化利用知识的“共享性”和“溢出效应”提升整体产业的现代化水平，是新兴产业发展的基础动力；改造传统产业推动产业升级，是新兴产业发展的现实动力。包海波（2011）提出了战略性新兴产业培育的三大动力机制：技术研发机制、市场培育机制、制度激励机制，认为技术推动与市场推动是产业发展的两大动力机制，而完善的政策制度体系可以破解产业发展的约束性条件，因此，技术、市场与制度的协调互动是战略性新兴产业的三大培育机制。桂黄宝（2012）以我国新能源汽车产业为例，对战略性新兴产业的成长动力机制进行剖析，提出了战略性新兴产业成长的四大动力机制——创新驱动、政策推动、需求拉动、市场竞争构成的“四轮驱动模型”，并指出创新驱动应该始终处于最重要的位置，与其他动力因素相互配合，共同推进战略性新兴产业的发展。

国内学者对战略性新兴产业发展模式的研究可以归纳为以下三种模式主张：

（1）集群发展模式，即主张通过发展战略性新兴产业集群的方式来形成产业集聚。喻登科（2012）等提出以集群协同创新的模式来发展战略性新兴产业，形成战略性新兴产业集群，这些战略性新兴产业集群可以采取单核、多核或星形发展模式，并建议不同区域要根据不同产业环境、不同经济发展需求作出不同的选择。涂文明（2012）提出了战略性新兴产业的区域集聚发展模式，指出要从国家战略层、区域集聚层和技术—产业层三个层面进行区域集聚，并给出了突破性技术创新驱动型、产业创新战略联盟型和高新技术开发区升级型三种实践模式。

（2）产业融合发展模式，即主张战略性新兴产业要与传统产业联动、融合发展。熊勇清、李世才（2010）针对我国产业发展目前所面临的传统产业改造升级和战略性新兴产业培育与发展的双重任务，提出了两类产业耦合发展的解决思路，对两类产业间的耦合关系和耦合内容进行了理论分析，并对战略性新兴产业与传统产业耦合发展的主要阶段及作用机制进行了具体研究。乔玉婷、曾立（2011）从经济发展和国防建设以及从军队和地方的角度探索战略性新兴产业的发展道路和模式，指出战略性新兴产业的发展要面向民用和军用两类需求，依托民用资源和国防资源，服务民用和军用两个市场，走军民融合式发展模式。林学军（2012）指出，战略性新兴产业的发展可以有嫁接、裂变、融合三种方式。嫁接式指的是新兴产业的发展主要是依靠高新技术，企业进入全新的、独立发展的领域，如20世纪90年代中期嫁接于互联网的“. com”这类的网络公司；裂变式即通过高新技术应用于当地的传统产业，在设计、制造或原材料等环节，产生某个方面的新分工，从传统产业裂变出新的产业出来；融合式指的是高新技术全面与传统产业结合，在设计、制造、原材料、销售等各个方面，全面提升本地区具有优势的传统产业。

（3）创新驱动发展模式，即主张从技术创新、产品创新来推动产业创新发展。王利政（2011）从技术生命周期和技术水平的国际比较优势的视角，分析了在起步、成长、成熟等不同阶段发展战略性新兴产业所适宜的模式，同时指出从产业核心技术水平在世界的位置看，战略性新兴产业发展模式可有技术领先的发展模式和技术追随的发展模式进行选择。刘志彪（2012）指出，战略性新兴产业应避免成为新的低端“加工制造业”，并从全球价值链（Global Value Chain，GVC）视角构建了一个基于“链”的分析框架，从产业链、价值链、创新链、服务链和生态链这五个方面，寻求推动战略性新兴产业高端化发展的政策取向和措施。申俊喜（2012）主张当前发展培育战略性新兴产业应当坚持“研发优先，技术驱动”，而非“投资驱动”，以强大的研发能力去支撑核心技术实质性的突破和自主知识产权的获取，才是战略性新兴产业健康成长和发展的关键，并指出要创新产学研合作的组织模式，要根据战略性新兴产业不同发展阶段的特点，明确产学研合作的目标定位与发展重点，而且应该科学地绘制战略性新兴产业的技术路线图，增强企业技术创新的积极性和能力。

（四）国内外有关战略性新兴产业新动能培育的研究述评

综上所述，国外学者对新兴产业作为新动能培育的研究基本上是以跨国公司为研究对象展开的；国内学者对战略性新兴产业作为新动能培育问题越来越重视，对战略性新兴产业和国际品牌发展现状、模式、策略等问题展开了研究，但将战略性新兴产业作为新动能结合起来的研究较少，更没有专门研究战略性新兴产业新动能培育问题的。

第三节　发达国家战略新兴产业促进新动能培育的发展历程与实践经验

战略性新兴产业在“十二五”发展阶段应成为我国经济发展和产业结构升级中的主导产业。日本、芬兰、美国发展战略性新兴产业的经验，从当今国际形势来看，发达国家无一例外地把战略性新兴产业提升到了主导产业的战略高度。在主导产业的演进历程中，发达国家对于战略性新兴产业的发展有很多值得我国学习与借鉴的地方。

一、发达国家战略新兴产业促进新动能培育发展的历程

（一）日本主导产业演进历程

20 世纪 50 年代，日本发展劳动密集型的轻纺工业和农业，大规模地改组重工业，将过去的军事工业直接改组转产为轻工业；20 世纪 60 年代，引入自动化技术，主导产业变为重化工业，促进钢铁工业发展以及满足船舶工业需求；20 世纪 70 年代，主导产业是汽车和家电产业；20 世纪 80 年代，主导产业是创新型知识密集型产业；20 世纪 90 年代，主导产业是以电子、信息为中心的高新技术产业及相关服务业；21 世纪后，日本主导产业出现五大潮流：国际分工深化；国内供给高效化；服务化；信息化、网络化；环境协调化。

（二）芬兰主导产业演进历程

20 世纪 50 年代，芬兰主导产业为现代造纸业和造纸机械产业；20 世纪 60 至 70 年代，主导产业转向了现代造船业和先进装备制造业；20 世纪 70 至 80 年代，主导产业为电子工业；20 世纪 80 至 90 年代，芬兰在保护以森林工业为主的

传统工业继续发展的同时，其主导产业实现了向信息通信业为代表的高新技术产业的跨越；21 世纪，芬兰把新能源和节能环保这两个战略性新兴产业确定为主导产业。

（三）美国主导产业演进历程

19 世纪中后期，美国农业作为主导产业引发和带动了一系列制造业部门产生与发展；19 世纪 80 年代，主导产业是棉毛制品业和服装业；1900 年左右，主导产业为机器和铸造业；1920 年左右，铁路车辆制造业取代机器铸造业成为主导产业；1920 年后，主导产业为汽车制造业；20 世纪 80 年代，通信和电子配件成为主导产业；20 世纪 90 年代后，美国选择以"互联网"为主的信息产业、生物产业等作为主导产业。现阶段，美国政府大力支持战略性新兴产业的发展，推动一场以新能源为核心的主导产业革命。发展节能技术，开发新的可再生能源；转向可持续增长模式，即出口推动型增长和制造业增长，重视国内产业尤其是先进制造业的发展。推动跨产业技术革命。

二、发达国家战略新兴产业促进新动能培育发展的政策实践

（一）美国的政策实践

美国政府通过"尊重"市场、应用财税手段，"链接"市场、利用政府管制规则，"创造"市场、纯公共服务领域"模拟"市场等途径扶持战略性产业发展。美国联邦政府以直接资助、法令、法规等创新政策手段支持发展新兴产业。20 世纪 30—40 年代，美国强化政府在推动科技创新与新兴产业发展中的作用。20 世纪 40 年代的"曼哈顿计划"与 20 世纪 60 年代的"阿波罗计划"使以航空工业和电子工业为代表的战略性新兴产业得以迅速发展，促使半导体和计算机产业的兴起，直接导致"硅谷"和"128 号公路高技术产业带"的崛起。里根政府提出的"星球大战计划"在深度和广度上几乎囊括了所有高技术和前沿学科。

1. 科学规划创新体系。政府大力支持研发创新。1955—1986 年，美国政府科研投资占 GDP 比重由 1.5% 上升到 1.8%，1990 年以后，尤其是进入 21 世纪，美国科研投入比例达 3% 以上，R&D 经费投入超过日、德、法、英等国总和。重视优秀研发人才。1960—1980 年，科研人员平均增长率达到 5.6%，吸引世界顶尖水平科研人员与科研团队。建立健全企业为主体地位的创新体系，完善知识产权保护制度，为技术创新提供了坚实保障。

2. 政策法规体系完善。美国国会和政府相继出台一系列推动新兴产业和科

技创新发展的政策法规，有效地促进高新技术产业的发展。例如，《贝赫—多尔法案》授予联邦实验室联邦专利的专有许可证；《史蒂文森—怀德勒法案》明晰政府推进商业创新；《联邦技术转移法》授予联邦机构与公司和大学、非营利机构达成合作研究与开发协议，进行合作研究。贸易法和竞争法颁布与实施，促进高风险启动技术开发，为中小型制造企业提供技术和管理协助。

3. 科技管理体制高效。

(1) 科技领导高层化。美国成立国家科技委员会，领导全国科技事务。国家科技委员会主要负责协调科技发展战略，分配科技预算，审查研发开支。

(2) 科技决策民主化。美国政府科学技术顾问委员会由来自企业、大学、非政府组织的18名专家组成，以个人身份参与科技决策，对国家科技政策的制定提供咨询和建议。

(3) 科学管理专业化。国家科技委员会下设9个专业委员会，分管全国科研、技术开发、国家合作及教育培训事务。

4. 政府管理方式创新。①推行产业化政策。美国产业政策选择战略性尖端科技加以孵化，促进其产业化并迅速扩展为全球化产业。20世纪90年代，政府主导发展IT新兴产业，大多数演变为国民经济支柱产业，成为21世纪高端产业。②行业管制放松。美国政府除传统信息产业管制放松，还对其他行业逐步管制放松。卡特政府时期，放松汽车、航空、天然气和银行领域管制；里根政府时期，放松电信领域管制；奥巴马政府时期，放松高科技领域管制。

(二) 韩国政策实践

韩国是政府主导经济转型的典型国家。韩国政府针对经济发展不同阶段制订相应的战略性新兴产业发展规划。20世纪80年代，韩国制定“技术兴国”战略。1985年底，第二个科技五年计划加强尖端技术项目，集中攻克250项科研关键技术攻关项目。1991年底，韩国制订“高级先进国家计划”，又称“G7计划”，明确由“贸易立国”向“技术立国”战略性转变。

1. 规划与管理产学研合作。韩国设立国立科研机构，逐步增强科技创新能力，加强科技与经济的紧密结合。推动各方共同研究项目，积极推动产学研结合，建立大学合作科学园区。1987年“先导技术计划”是产学研各方广泛参与的高技术研究与发展计划。2000年“特定研究计划”的1900多个课题中，合作研究比例超过80%。产业源头技术开发事业和产学研联盟事业等成为韩国当前促进产学研合作研究的共同研究项目。

2. 规划与管理风险投资体系。创立风险企业是韩国发展战略性新兴产业的重要举措。《科技创新特别法》与《中小风险企业培育法案》明确规定对扶持风险企业进行技术开发。组建官方、半官方性质的“高新技术投资保险公司”“韩国风险企业协会”“风险企业支撑俱乐部”等机构，建立2000亿韩元的风险企业扶持基金。

3. 产业扶持政策。集中财力、物力、人力发展战略性新兴产业。20世纪80年代，韩国专门设立特定研究开发事业费，用于扶持“有希望的幼稚产业”技术开发。设立不同的专项基金，如机械工业振兴基金、纤维工业现代化基金、电子工农业振兴基金等。

（三）印度政策实践

印度政府一直将扶持新兴产业锁定在空间、核能、生物和新材料等领域。《2002年科技远景发展规划》明确提出：到2020年，印度要成为信息技术大国、生物技术大国和核技术大国。

1. 政府管理模式。印度政府根据战略性新兴产业及其产业自身发展规律，采取了不同的支持模式。在管理模式上，政府对产业的发展采取开放式的管理，主要通过一系列法规政策创造环境促进产业的发展，主要针对和民生紧密相连的战略性新兴产业，如生物技术产业、信息技术产业和新材料产业。国家对技术的研究与开发进行大量投入，并直接参与技术成果的民用化和商业化发展，主要针对与国家安全紧密相关的战略性新兴产业，如空间技术、核技术及其相关产业。

2. 产业扶持政策

（1）财政扶持政策，制定、实施相应的财政扶持政策。

（2）税收优惠政策。对于投资于信息产业的海内外公司免除进出口双重关税，全部产品都用于出口的软件商可免交所得税。

（3）安全保护政策。《信息技术法案》的颁布实施为信息技术业和电子商务的发展提供了立法保障。

3. 经营环境政策。拉奥政府开始实行市场经济体制改革，实现贸易国际化和市场自由化。以市场需求推动信息技术市场化和产业化，遵循市场经济发展的规律，以市场竞争原则组织企业的生产经营活动，并打入国际市场，政府只起导向、协调和规范作用。

三、对策与建议

（一）把握新科技革命发展方向，选准主导产业

综观美国科技革命的发展，其能时刻把握住新科技革命发展方向。美国依靠新能源，以重振制造业为核心，发展节能环保、新一代信息与网络技术、生物技术、航空及海洋等战略性新兴产业，新兴产业发展和创新活动发展成为政府推动与引导的市场化、社会化行为，而不是单纯的企业行为。在21世纪，日本选择“机器人”作为主导产业，美国选择“互联网”作为主导产业。美国因选准了主导产业使得互联网产业迅速发展与广泛应用，而日本选择“机器人”产业由于其技术超前与高难度，忽视当前市场发展前景没有达到预期目标。因此，中国应该把握新科技革命发展方向，选准主导产业，在发展战略性新兴产业时充分考虑市场未来的发展前景，瞄准国际新一轮科技和产业革命的发展方向。遵循知识经济、循环经济、绿色经济发展潮流，发展高端制造业和新材料产业；打造生物医药产业链；从国家战略高度，开发和利用好空间海洋资源等，发展绿色环保型战略新兴产业。

（二）合理配套产业政策，政府干预与市场机制有机结合

纵观日本第二次世界大战后的发展奇迹，日本主导产业发展得到配套产业政策的有力支持。配套产业政策囊括产业结构、产业组织、产业技术等政策以及与之相配套的金融政策、财政政策等，形成了世界上完备合理的产业政策法规体系。美国政府主要遵循市场经济规律，通过财政、金融等经济杠杆进行经济调节与干预，政府在主导产业上起到引导作用，弥补了市场不足。中国战略性新兴产业扶持政策要注重市场在资源配置中的基础性作用，产业政策目标要明确化、有针对性，扶持政策要具体、具有操作性。

（三）培育自主创新能力，加快科技成果转换能力

日本依靠引进、模仿到创新迅速崛起；美国、芬兰通过自主创新掌握世界核心技术，扩大世界产业规模与市场份额。中国要改变“技术模仿、产业跟踪、商业模式复制、大规模接受产业转移”的传统发展路线，在吸收世界先进技术成果的前提下，培育自主创新能力，掌握核心技术，攀登全球价值链高端，建立健全以企业为创新主体的全社会创新驱动机制，形成技术核心企业与相关行业、高校科研院所以及客户等协同创新机制；同时，借鉴美国以大学为中心科技园与工业园、芬兰政府主导科技创新体系的经验，加快科技成果转换能力，加速重大科技

成果产业化。

（四）构建创新人才要素，加大研发经费投入

奥巴马政府重视创新要素，努力提高全民文化教育水平。《美国创新战略：推动可持续增长和高质量就业》明确包括加大研发投资力度和转化创新成果所需的人力、物质和技术资本等美国创新基本要素；《美国创新战略：确保国家的经济增长和繁荣》进一步明确创新、教育以及基础设施等加强美国创新能力。教育水平与人才优势成为美国产业结构高级化的重要因素；同时，科学技术是创新源泉。美国在近百年中由于重视研发经费投入，一直保持世界超级科技强国地位。

（五）合理布局专业化产业园区，强化新兴产业市场培育

芬兰高科技园区因地制宜地确定各个科技园的发展方向，形成各具特色的园区，实现高科技与地区经济发展相结合。美国政府重视市场培育，例如：加强政府技术采购；在有形投资方面，通过政策法规、基础设施提供等间接参与产业投资，在人力资本与技术资本方面采取直接投资进行投入。中国发展战略性新兴产业，应合理布局专业化产业园区，形成一个小行业一个专业化园区，突出特色，发挥竞争优势，形成以点带面的新格局。

（六）战略性新兴产业选择与方案培育

1. 防止重复选择与低水平无序竞争。中国各地区经济发展水平、资源禀赋具有一定差异性，若忽视产业发展区域性将导致重复选择与恶性竞争。为此，各地区要充分考虑地区实际情况，结合地区发展区域特征、资源禀赋以及产业优势与产业约束条件等对战略性新兴产业进行选择与方案培育。

2. 培育方案要多样化。战略性新兴产业培育与发展模式不固定，已经形成传统产业改造和升级模式、核心技术拉伸和带动模式以及先进技术引进、吸收和再创新模式。为此，要保证战略性新兴产业培育方案的多元化与多样化。适时适当选择与调整战略性新兴产业选择和培育方案。

3. 注意规避风险。国际金融危机后，战略性新兴产业已成为世界各国发展的新热点。但战略性新兴产业面临诸多不确定性因素，具有一定的产业化风险，因此，应引入风险投资分散风险，创造条件，创新风险投资运行机制，发挥政府主导作用，积极引入战略投资者，建立“战略性新兴产业”发展风险投资基金。通过实现“战略性新兴产业”投资主体多元化、建立和完善合理退出机制、完善社会化服务体系等多重举措，有效降低发展风险。

第四节　新动能培育促进实体经济发展的四个精准认识

一、以制造业为主的实体经济转型升级主题不应片面强调第三产业作用

作为实体经济主体的制造业在改革开放以来推动了我国经济快速发展，虽然是以粗放型发展为主要特征，但是在新技术新兴产业快速发展的大背景下，我国经济由粗放型发展阶段转向创新驱动发展跨越也必须以制造业为主要决定性力量。不能忽略以制造业为主的实体经济的转型升级对我国经济新动能的决定性作用，更不能片面强调第三产业，特别是第三产业中的信息化产业、金融业以及物流业等相关行业对地区经济新动能的支撑作用。针对制造业事关中国经济可持续发展这一基础性问题，有人认为，中国已经进入所谓后工业化时代，进入以服务业为主导的第三产业的特定发展阶段，第三产业发展的重要性已经超过第二产业，已经进入了信息化、数字化时代。虽然第三产业已经超过第二产业在 GDP 中所占比例，但是第三产业必须以以制造业为主导的第二产业为基础。制造业是国民经济的基础，单纯以第三产业在 GDP 中的比重作为经济结构优化升级的重要标志，以及确定为经济进入新发展阶段的特定标志，是不准确的。还有部分人认为，当前在全球经济下滑的大背景下，制造业转型升级与可持续发展面临体制性障碍、多重机制性等强制约束从而造成发展困难，特别是中小实体经济企业面临转型升级困境，甚至面临倒逼困境，尤其是以出口为导向的中小实体经济企业。部分地区将第三产业作为本地区未来经济发展的主导产业，尤其是采取以各种政府补贴和优惠政策为主导的产业政策，来扶持第三产业的发展，特别是优先强调发展第三产业中的信息化产业、金融业以及物流业等相关行业对地区经济新动能的支撑作用。但是，这一布局在一定程度上忽略了以制造业为主体的实体经济的转型升级，也忽略了第三产业中信息化产业、金融产业以及物流业等虚拟经济与以制造业为主的实体经济之间存在的相互支撑与相互促进的相辅相成的关系。

二、要以制造业为主导，支持战略性新兴产业对地区经济新动能的作用

由于以制造业为主体的实体经济企业在现阶段面临困境，部分地区将战略性

新兴产业作为未来地区发展的主导产业，将战略性新兴产业以及高新技术产业作为促进本地区经济新动能发展的动力，很多地区建立了高新区、“中关村”等。这种认识，过分夸大和扭曲战略性新兴产业以及高新技术产业在未来经济发现中培育新动能的支撑作用，根本性地忽略了传统制造业的转型升级。部分地区将自身既有的产业发展基础与特定要素禀赋抛弃，也不注重本地区是否具有发展战略性新兴产业和高新技术产业所必需的人才体系和技术创新积累能力，更未考虑到本地区是否具备发展战略性新兴产业和高新技术产业所需要的金融市场体系、多层次资本体系等关键性支撑条件，仅仅简单地将战略性新兴产业和高新技术产业的指导思路和产业目录界定为本地区发展的未来方向，依靠传统的政府补贴和优惠政策作为发展的筹码，甚至打造本地区的形象工程。当然不能排除一些地区具有发展战略性新兴产业以及高新技术产业培育经济新动能的条件，例如产业基础、技术创新和人才优势等。这样具有制造业良好基础的地区可以将战略性新兴产业以及高新技术产业作为未来可持续发展的支撑点。但是很多地区不具备这个条件，这就要走出这个误区。因此，制造业相对落后的地区，可以通过推进真正且扎实的改革措施来降低生产成本和制度性交易成本，来恢复和重新塑造传统制造业的低成本竞争优势和促进传统制造业生产率的持续提升，进而推动传统制造业由“品质洼地”向“品质中高地”的升级。

三、生产率提升和制度性交易成本降低的重要性和必要性

中国对外出口的是以初级加工值为主的产品，很多制造业企业处于全球价值链的低端，在传统制造业的出口竞争优势维持与重塑中，对提升生产率和降低制度性交易成本的重要性和必要性认识不足，甚至发生认识扭曲和变异的极端现象。制造业在一定程度上进行了产业结构的优化升级，由劳动密集型的传统制造业向生产装备制造业和相对较高技术复杂度的制造业升级。但是，由于自身技术创新能力积累不够，关键零配件和生产装备等核心技术被发达国家所垄断，这就导致制造业出口结构在转型升级过程中，面临发达国家核心技术的高端锁定与自身技术创新积累能力严重不足的双重困境。当前，中国传统制造业部门的出口竞争优势的较快弱化，主要是劳动力价格等要素成本的快速上升和相对过高的制度性交易成本等综合因素所导致的。通过大幅度降低制度性交易成本、机器替代劳动力以及扎实推进市场化改革，促进传统制造业劳动生产率提升，降低传统制造业的相对成本应成为当前工作的着力点，进而重塑中国传统制造业的低成本出口

优势。随着美国制造业回归战略的实施，全球发达国家都在强调本国制造业的发展，因此，传统制造业必将在今后相当长的一段时期内仍然是经济新动能的核心支撑。对于以加工贸易为主的东部沿海地区而言，当前的重点改革任务之一应该是通过提升生产率和降低制度性交易成本来维持乃至重塑传统制造业的出口竞争优势，守住传统制造业出口在中国经济动能中的基本地位。

四、以政府补贴和优惠政策为主的政府干预模式不合时宜

改革开放以来，中国采取了以政府补贴和优惠政策为主的政府干预模式，促进了中国经济的快速发展。这种模式在一定程度上推动了经济发展，但是在新的背景下，继续通过实施以政府补贴和优惠政策为主的政府干预模式进行新动能的培育不合时宜。在未来培育新动能的过程中，需要减少政府不合理干预行为，消除要素市场扭曲，培育市场公平竞争环境，降低制度性交易成本对经济新旧动能转换和经济新动能形成的决定性作用。为此，需要分析发展高新技术产业和战略性新兴产业的各种关键要素条件因素、市场环境、本地区产业基础以及招商引资式竞争革新等来促进实体经济新动能的培育。

第五节　新动能培育与实体经济发展的新动能源泉

2017 年中央经济工作会议把大力振兴实体经济、培育壮大新动能作为经济工作的一个重要任务来部署，为此培育新动能需要在新常态的政策框架下，以新发展理念为指导，以供给侧结构性改革为主线，大力振兴实体经济，培育壮大新动能。实体经济是国民经济的核心和基础，是国家竞争力的根本来源。现在虚拟经济发展过度了，必须回归它的原有功能。只有让虚拟经济回归自己的基本功能，发展实体经济的成本才能降低，发展环境才能优化，发展新动能才能形成。

一、市场、法治手段去产能

充分运用市场规律，以法治作为治理依据做好去产能工作。去严重过剩的产能，重新恢复实体经济正常供求关系，推动实体经济企业持续复苏和振兴。目前，落后的产能主要体现在技术层面、市场层面、政策层面。技术层面指的是以落后技术和工艺装备为基础的生产能力；市场层面指的是丧失了竞争力的生产能

力；政策层面指的是环保、能耗、质量、标准、安全不达标、不合规制的生产能力。用市场、法治的办法去产能，就是要把前两类落后产能全部交给企业和市场调节。对于政策层面的落后产能，政府应抓住处置“僵尸企业”这个“牛鼻子”，严格执行相关法律法规和标准，以各种准入门槛来完成淘汰目标，加强规则意识，减少计划意识；加强选择意识，减少指令意识。

二、重中之重：降低企业杠杆率

控制总杠杆率的前提是降低企业杠杆率。由于难以区分地方政府债务与企业债务，同时为了防止金融风险、减负增利，需要给实体经济企业去杠杆。企业负债很高，持续下去必然会危及实体经济本质，使中国经济进入产业空心化时代。通过企业市场化、法治化债转股、股权融资力度，降低银行贷款比率，加强对债务的软性预算约束的管理，强化企业自身对债务杠杆的硬约束等维持降低企业杠杆率。

三、积极降低实体经济企业成本

通过加大减税、降费、降低要素成本的力度积极降低实体经济企业成本。降成本具有双向调节供求关系失衡的政策含义。由于涉及产业转移，现在成本的高低问题已成国际产业竞争和国内经济政策的焦点。从成本视角推动供给侧结构性改革，要从降低要素成本和降低制度成本着手降低实体经济企业成本。通过提升生产率降低要素成本，推动降低企业用能成本、单位产品的原材料成本等降本增效；通过制度改革降低制度成本，推动如减少审批环节、降低各类中介评估费用、降低物流成本、提高劳动力市场灵活性等降低各类交易成本特别是制度性交易成本。

四、优化市场、产业组织等外部环境振兴实体经济

中央经济工作会议提出，要建设法治化的市场营商环境，加强引进外资工作，更好地发挥外资企业对促进实体经济发展的重要作用，同时，从优化产业组织的角度，提出了大中小企业协调发展的要求，即要提高大企业素质，在市场准入、要素配置等方面创造条件，使中小微企业更好地参与市场公平竞争进行振兴实体经济举措。中央政府明确将吸收 FDI 与发展实体经济联系起来，通过优化产业组织来振兴、壮大实体经济，政策操作的空间也很大。如新日铁占日本钢铁产

量、浦项占韩国钢铁产量均是50%以上，而济钢和芜钢合并后，仅占中国钢铁产量的7.9%。因此，产业组织程度低，是我国各行业大规模产能过剩的根源之一。另外，还需要在提高质量、创建品牌、创新驱动等方面进行供给侧结构性改革。

五、奠定实体经济企业发展的制度基础

通过深化国企改革，以及加强产权保护制度建设，为实体经济企业奠定发展的制度基础。混合所有制改革是国企改革的重要突破口，按照完善治理、强化激励、突出主业、提高效率的要求，在电力、石油、天然气、铁路、民航、电信、军工等领域迈出实质性步伐，加快推动国有资本投资、运营公司改革试点，以此奠定国民经济的基础。

第六节　培育新动能促进实体经济发展的政策支持体系

一、培育新动能释放各类创新主体创新活力，加强创新

（一）培育发展新动能，须深化对新动能内涵的认识

近些年来，“新动能”这一概念引起了广泛的讨论。培育新动能，有助于保持经济以较快的速度增长。稳住增速不是培育新动能的唯一目的。培育新动能，有助于经济结构的优化和风险的化解。培育新动能需要体现“量”与“质”的要求，应从发展所处阶段、经济结构和政府监管能力等多维度认识新动能。

（二）培育新动能需要创新，培育虚拟经济创新主战场

培育新动能须注重前沿技术和新兴产业领域创新。培育新动能要把创新重点放在对既有产业和产品的升级上，把创新的主战场放在做强做优做大实体经济上。当前，无论是从技术和产业革命的长周期来看，还是从经济运行的短周期来看，全球正处于新技术、新产业快速涌现的时期。不同于传统技术和产业领域，在这些前沿技术和新兴产业领域，要抓住后发优势。培育新动能须把握虚拟经济领域创新：从培育发展新动能须要出发：鼓励有利于打破壁垒、促进竞争和提高实体经济效率、利于创造新的就业机会、有利于扩大中等收入群体、有利于提升人们生活质量和水平的服务业创新等虚拟经济创新；抑制可能导致市场垄断、不利于就业总增长、导致财富过度集中等虚拟经济创新。传统产业在技术、工艺流

程、品牌价值和运营管理等方面还有较大创新空间，要围绕做强做优做大实体经济，推动技术创新、产品创新、工艺创新、管理创新和营销模式创新。

（三）培育发展新动能，改革创造良好的创新生态环境，释放各类创新主体创新活力

近年来，我国在创新领域取得了举世瞩目的成就，但关键领域创新匮乏，核心技术受制于人，重大技术供给不足严重制约经济持续健康发展。在一些市场潜在规模比较大的领域，缺乏那些在技术上并不复杂，但能够显著提高产品质量、改进管理效率的创新。目前，创新短板由于国家所拥有的创新资源统筹整合利用程度不够、单个创新主体所拥有的创新资源不多、各类创新主体的积极性没有充分发挥，创新潜能没有充分挖掘等导致创新不足。

为此，第一，要弥补创新短板，发挥市场在配置创新资源中的决定性作用与市场经济条件下新型举国体制的优势，统筹整合利用好各类创新资源；第二，继续加大创新资源投入，提高单个创新主体的资源投入水平；第三，通过改革建立健全激励各类主体创新的体制机制，释放全社会的创新活力。第四，构建崇尚创新的氛围，激发各类人员创新的活力；第五，建立创新者保护制度，为创新失败者提供安身立命的基本保障。第六，推动“产学研用”无缝对接。当前，企业与高校、科研院所、同行业及上下游产业间的“产学研用”还存在一些问题：缺乏国家层面搭建的统一对接平台，无法及时了解新的方针政策；企业获得科研院所成果的信息渠道较窄。建议从供给、需求和服务端发力，建立全国统一的综合性多功能平台，及时发布最新科研成果信息、各行业尖端信息、企业技术需求等，实现“产学研用”的无缝对接，更好地推进创新发展。

二、为作为实体经济主体的中小企业特别是小微企业减负

小微企业是经济社会中的重要组成部分，持续激发微观主体活力。针对现实中成本高、融资难等问题，建议进一步加大政策扶持力度：一是“减负担”，比如对缺少资金的科技型项目、环境友好型项目，除享受正常税收优惠政策外，还可通过部分地方税收返还，提升企业竞争力；二是“添动力”，要从国家层面协调各类金融机构提供更多的金融优惠服务，既要帮助企业防控风险，也要为企业出谋划策，进而促进企业稳健发展。

三、回归企业创新主体本性，为发展国际知名品牌提供原动力

第一，借鉴日、韩等国经验，重新回归企业作为国家创新主体的本性，政府

为企业研发投资部分、高端技术、高校科研院所科技知识分子等参与的创新技术免税，鼓励其与企业合作，集中优势资源进行创新。第二，引进国外高层次人才，建立海外研发机构，实施弹性创新机制，促进高科技资源、生产要素、人员、资本等自由化流动。第三，设立“核心技术研发专项资金”，基于共生理论，政府、大企业、民营企业、银行等创新核心利益相关者实行矩阵式弹性的组织形式，汇集国内外一流科研力量，以企业为主进行关键技术攻关，力争为中国企业争创国际知名品牌提供核心技术支撑。第四，培育、发展战略性新兴产业，通过科技创新改善产品供给。深入实施创新驱动发展战略，坚持创新发展，在坚持改造提升支柱产业的同时，大力培育战略性新兴产业，用创新积聚发展新动能。营造良好的经济社会发展“软环境”，特别是通过制度建设提供有力保障；注重精细化管理，改变过往粗放管理、粗糙制造现象，以产品质量提升赢得市场振兴发展。第五，分类引导企业发展。科学规划、深入调研，分类引导企业发展。结合市场经济规律，依法淘汰“僵尸企业”。对暂时陷入需求周期低谷的困难企业，通过市场化、法治化手段实施债转股，提高企业资本金比例。大力发展股权融资，降低间接融资，提高直接融资比例。坚决硬化对企业尤其是国有企业的预算约束，加强对企业自身债务杠杆的约束和管理。

四、培育新技术新产业领域内有潜力和实力企业打造国际知名品牌

第一，构建市场主导、政府引导、创新驱动新技术和新产业发展机制。发挥市场基础作用，发挥政府在政策、资本、管理机制上的引导作用，鼓励和促进创新，为新技术和新产业发展国际知名品牌营造良好环境。第二，政府应出台有针对性的扶持政策，集中力量培育新技术和新产业龙头企业，并对其实施动态管理，建立和完善多层次、全方位的国际品牌培育机制。重点扶持其研发、制造、营销等各环节的国际化经营能力，积极申请国际商标注册，提升国际知名度。第三，打造产业链和产业集群，增强新技术和新产业发展的整体国际竞争力。以产业链的整体创新为着眼点，建立产业技术创新联盟，集聚创新资源，为龙头企业发展提供技术支撑。

五、培育新动能，实现实体经济可持续发展

（一）积极深入推进落实供给侧改革，重塑实体经济竞争优势

抓住处置“僵尸企业”这一“牛鼻子”，进一步降低传统产业过剩产能。通

过支持企业市场化、法治化债转股，加大股权融资力度等，把降低企业杠杆率作为重中之重。减少审批环节，降低各类中介评估费用，降低企业用能成本，降低物流成本，提高劳动力市场灵活性。从重要领域、关键环节、突出问题着手，补软短板、硬短板、发展短板和制度短板。深入推进农业供给侧结构性改革，提高农产品供给质量和水平。

（二）加快培育经济增长新动能，实现新旧动能的有效接续

坚持创新驱动发展，对新动能加大扶持力度。新动能既包括新一代信息技术、新能源汽车、生物技术、绿色低碳、高端装备与材料、数字创意等支柱产业，也包括发展空天海洋、信息网络、生命科学、核技术等战略性产业。要注意在空间上用区域联动理念培育经济增长极和增长带。在推动战略性新兴产业发展时，注重用新技术新业态全面改造、提升传统产业。

六、加强创业创新政务指导，引导各类要素集聚实体经济

创业创新备受关注，特别是各级政府在这方面提供了一系列政策支持，为创业创新提供了宽松环境和有力支撑。实践证明，单打独斗会很难，搞合伙制的创业团队会有优势，特别是如果能在资金、技术、市场等方面形成优势互补，创业创新的成功概率就会相对较大。建议有关政府部门通过一定的方法，帮助创业者认识市场规律，摸清行业特点，并且有针对性地在资源、资金、创意等方面提供政务指导，或者搭建平台集聚共同兴趣的创业者。抓住发展“牛鼻子”，引导各类要素向实体经济集聚，推动实体经济转型升级。加强创新人才培养，以人才资源为支撑。充分发挥其创造性，培养创新意识，制定奖励机制，激励人才工作的积极性、创造性。

第二篇

构建“人才—财税—金融—商会”四位一体的新动能培育与实体经济发展路径研究

第三章　减税让利政策激励高科技人才共创业、促进实体经济研究

受美国“后次贷危机”和欧债危机影响，美国、英国等发达国家提出回归实体经济，以税收优惠政策为主导之一的国家鼓励政策成为当前世界经济发展的主流。高科技企业代表着世界经济发展的趋势，作为高科技企业的主要影响因素——高科技人才的激励机制，以及激励高科技人才共创业机制成为当前高科技企业发展的主动力，也成为当前研究的热点问题。以山东泰安为例，驻泰高校数量在山东省排名第三位，4 所本科院校教师高级职称 1921 人，院士 12 人，博士生导师 371 人，博士点 100 个，博士流动站 21 个，在校学生 10 万余人，这些高层次人才为泰安市新兴产业发展方式转变提供了正能量，更需要释放高科技人才能量，突破泰安市经济社会发展制约瓶颈，为地方政府高科技人才共创业提供激励机制。因此，本书的研究具有重大现实意义、理论意义和实践意义。

第一节　理论基础研究

国内外关于税收优惠激励创业的研究，主要有以下几类。

一、税收优惠与创业相关性研究

国外相关研究具有代表性的有：Solow 和 Swan（1956）提出索罗模型，将创业界定为外生变量；Nelson（1959）、Arrowa（1962）认为，技术创新造成的市场失灵需要包括税收激励在内的政府干预；内生增长理论（King 和 Robson，1993；Aghion 和 Howitt，1992；Young，1991）认为，政府税收能够对企业自主创业产生激励效应；Dayidetal（2000），Hall（2002）认为，政府应当在激励企业

自主创新活动中采取税收优惠措施。

国内相关研究具有代表性的有：胡卫、熊鸿军（2005）等研究了技术创新，提出各国政府都会采用财政政策激励企业增加 R&D 支出，税收刺激工具是主要手段之一。

黄辉煌（2007）对我国自主创新的基本情况进行了简要说明和国际比较，并选取福建省 2002—2006 年数据，以线性回归分析说明了高新技术产业内部 R&D 投入与减免税政策间的相关性；并以此为基础，从体系设计、作用环节对象、政策工具选择和税制因素等方面指出了现行税收优惠政策体系中存在的一些问题，有针对性地提出了改进和完善建议。

倪红日（2007），邓晓兰、唐海燕（2008）等研究如何充分利用税收优惠工具为企业 R&D 投入提供良好的政策环境，从而刺激企业自主创新，转变经济增长方式。他们以企业所得税和增值税为例，着重分析企业 R&D 投入与国家税收政策之间的关系。分析显示，我国现行企业所得税和增值税对企业 R&D 投入的激励作用有限。针对我国 R&D 税收政策存在的不足，提出改进与完善 R&D 税收政策的建议。

匡小平、肖建华（2008）等认为，自主创新能力事关一国的核心竞争能力，我国在改革开放过程中非常重视自主创新能力的培育，并为此制定了专门针对高科技产业的税收优惠政策。然而，实证分析的初步结论表明，在影响企业自主创新能力的诸多外部影响因素中，税收具有显著作用，而在税收之中，企业自主创新活动对所得税的反应较为敏感。导致这种局面的原因包括具体的优惠政策、优惠政策的税种分布以及其赖以生存的环境 3 方面。这些政策不利于创新主体的培育、R&D 资本的形成，也不利于激励创新人才及分散企业的创新风险。因此，在未来自主创新的税收优惠政策整合过程中，优惠目标、优惠方式与优惠重点是实施整合的重点。

方重等（2010）认为，创新所得税收抵免发挥催化剂的效用，目的是挖掘和激发中小企业自主创新的潜能。

贾康、刘军民等（2011）等认为，破解中小企业融资难题，需要发展政策性金融。为此，要把相关的体制、机制建设摆到战略高度，从中央到地方推动“政策性资金、市场化运作、专业化管理、信贷式放大”创新机制的探索和开拓，抓住风险共担和支持对象合理遴选两大要领，发展中国现代化崛起中的公私合作伙伴关系机制。

二、税收优惠政策对于高科技人才共创业效果的研究

国内外有不少研究，实证分析结果也各有差异，多数学者认为，财税激励对高科技人才共创业具有显著作用。

匡小平、肖建华（2007）从区域宏观税负差异入手，对区域宏观税负与区域经济增长间的关系进行总结与分析，认为两者间存在一种先后次序问题，即区域宏观税负导致经济发展差异，而区域经济发展差异加剧了区域宏观税负差异，出现的原因可从国家经济非均衡发展战略、税收制度与经济因素等3个主要方面进行解释。2位学者同时认为，根据我国的实际情况，未来区域税负差异扩大的根本因素已消除，税制改革是缩小区域宏观税负的关键。

也有人认为，财税政策对高科技人才共创业的作用有限（夏杰长、尚铁力，2006）。有些人认为，出现研究结果差异，一是由于政策本身并非完美无瑕，二是由于各自开展实证分析方法与指标的差异（杨志宏，2010）。

Mansfield（1986），Bernstein（1986），Estache、Caspar（1995），Shah（1995），Lach（2000）等分别对美国、加拿大、巴西、墨西哥、巴基斯坦、土耳其、以色列等国家进行实证分析，提出1美元的税收优惠，可以使企业增加0.35—1美元的创业研究资本。

在国内，陈晓、方保荣（2001），吴秀波（2003），李丽青（2006），方重（2010）等通过实证研究，提出我国现行科技税收优惠政策效果不明显。

朱平芳、徐伟民（2003），蒋建军、齐建国（2007）等认为，税收优惠政策对于高科技创业的激励效果明显。

还有的学者提出，二者之间需要有条件制约绩效。比如，范宝学（2007）认为，针对中国目前的科技税收政策与增强科技创新的要求之间存在的矛盾，根据中国科技税收政策现状分析并借鉴外国成功经验，提出中国税收政策应从增强自主创新能力的战略出发，建立以增值税和所得税为主体的优惠税类，以研发环节税收激励为重点，直接优惠和间接优惠并用，全方位的科技税收优惠政策体系。

国务院发展研究中心课题组（2007）认为，我国创新政策的重要缺陷是重供给轻需求，而技术创新的活跃，是由创新供给方和创新产品需求方共同作用而激发的。创新供给方，即所谓的创新主体，通常是企业和科研院所、高校等；创新产品需求方即创新产品的购买者。政府可以从两个方面来鼓励创新：一个方面是

对创新供给进行激励，另一个方面是对高科技人才进行激励。

许秋花、杨九铃（2010）认为，我国政府历来重视企业技术自主创新，特别是改革开放以后，我国陆续出台并完善了一系列科技创新的税收政策。税收在科技发展中发挥着越来越重要的作用，但目前我国的科技税收优惠政策主要集中在所得税优惠政策上，流转税优惠政策不足。2 位学者通过对我国现行流转税主要是针对增值税优惠政策的概述和对有利于中小企业创新的政策研究，分析了促进中小企业自主创新的税收优惠存在的问题，从而有针对性地提出了通过人才税收优惠来完善中小企业自主创新税收政策的对策和建议。

李贺、胡承龙（2011），杨明（2011）等认为，税收优惠在高科技人才创业中发挥着越来越重要的作用，但目前高科技税收优惠政策主要集中在所得税优惠政策上，流转税优惠政策不足、税收政策不适应各个发展阶段要求等原因导致效果不明显，需要进一步研究得到解决，可以激励高科技人才创新创业。

第二节　现行税收优惠政策和高科技人才共创业激励机制现状研究

一、改革开放以来 4 次减税让利政策的经验与效应研究

改革开放以来，中国施行了 4 次减税让利政策。第一次施行重大减税让利政策是在 20 世纪 80 年代，通过向国人减税让利，调动了国人的积极性，促进个体经济与乡镇企业发展；第二次施行重大减税让利政策是在 20 世纪 90 年代，通过向外资企业减税让利，引进了国外先进设备、资金、技术，实施外向型经济发展战略，促进中外合资企业与外商独资企业发展；第三次重大减税让利政策，是在 2001 年加入 WTO 后，通过向全球跨国公司减税让利，促进我国跨国企业发展，实施全球化战略；最近一次是在 2006 年全面取消农业税，减轻农民负担，增强农民生产积极性（详见表 3 - 1）。

表3-1　　改革开放后我国4次减税让利政策及效果表

时期	背景	相关政策和让税改革内容	取得效应
第一次（20世纪80年代）	改革开放初期，国民经济和社会发展面临着诸多问题，所有制结构、产业结构、产出结果、消费结构和经济效率等面临着一系列的发展困境，亟待在发展过程中进行突破性的拓展	①鼓励优秀人才下海、经商、办实业，几年内均免费税赋；②鼓励个体户经营，大力发展个体经济和民营经济；③鼓励创办乡镇企业，进行利改税	①经济体制开始转变；②所有制结构变成国有、集体、个体经济并存格局；③产业结构转变为以满足人民生活需求的消费品为重点；④提升全社会精英办实业的创造积极性；⑤国家财政收入、企业利润、人民收入增加，激励全民创造的积极性
第二次（20世纪90年代）	20世纪90年代初，国民经济和社会发展面临着瓶颈性障碍。所有制仍以国有企业为主，经营上困难重重；产业结构、所有制的新问题凸显，技术、资本、人才、观点相对落后，大多比20世纪60—70年代的竞争力还弱	①对所有创办中外合资企业、外资独资企业实行“免三减二”政策；②在深圳经济特区试点的基础上，对全国19个经济技术开发区、高新技术开发区创办企业实行“免三减二”政策	①促进经济和社会体制向“社会主义市场经济体制”转型；②形成了国有、集体、民营、合资和外资“三分天下”所有制经济的特征；③带来了国际上先进技术、资金、管理理念和人才，帮助中国大批企业实现了转型升级
第三次（2001年加入WTO后）	经济全球化、信息化和技术创新加速带来的强烈冲击，特别是2001年中国加入WTO形成倒逼机制，要求中国企业、政府和经济体制必须与世界接轨，按照WTO相关规则实行重大减税	根据WTO规则，中国在各个行业进出口环节大幅度降低税率；加快和国际通行税制接轨过程，全球跨国公司在华开办企业，享受减税体制的双重优惠	①逐步深化与国际经济接轨；②推行股份制改革，建立现代企业制度；③“中国制造”对全球产业产生重要影响；④大批本土企业与世界接轨，全球500强多数聚集在中国进行投资并逐步设立研发中心
第四次（2006年后）	加入世贸后，中国农业面临的挑战最为严酷。投入和产出不成比例，农民耕田种地积极性不高，如何壮大农业抗击打能力、增强农民信心，成为热点问题	全面废止《农业税条例》，全面取消农业税，并对种地进行补贴	①大幅度减轻了农民的负担；②配套相应体制改革，消除农民负担反弹隐患。③农村进行上层建筑改革，干群关系明显改善，促进了农村经济的发展和农村的社会稳定

资料来源：根据相关资料整理而得。

（一）第一次的重大减税让利政策调动国人积极性，促使个体经济与乡镇企业发展

改革开放初期，我国经济由单一公有制经济变为多种经济成分、多种经营方式并存的经济制度。新的经济制度使得我国经济社会发展面临着诸多问题，所有制结构、产业结构、消费结构和经济效率等面临着一系列的发展困境，亟待在发展过程中进行突破性的拓展。为此，第一次以“两步利改税”及重建工商税制的税收改革全面展开。第一步，1983 年“利改税”，规定凡有盈利的国有大中型企业按 55% 的税率纳税，国有小企业按 8 级超额累进税率缴纳所得税。第二步，1984 年“利改税”，健全所得税制度，建立增值税试点、涉外税制。按照经济性质不同，个体私营经济及乡镇企业实行低税照顾，外商投资企业享受税收普惠待遇，国有企业运用以税还贷、税前还贷等优惠方式。按照区域不同，“经济特区—经济技术开发区—沿海经济开放区—内地”呈现梯度递减特点，即对设立在经济特区等的外商投资企业、生产性外商投资企业等，按 15% 缴纳所得税，享受“二免三减半”优惠政策等。

这一时期，税收优惠政策产生了巨大效益：一是鼓励优秀人才下海、经商、办实业，国家重点抓流动，并在几年内均免税，提高优秀人才创业的积极性，极大提升了全社会精英的创造积极性。一批有市场意识的优秀机关干部、大学教师、科学家、农民、工人都纷纷下海，办实业、搞流通，使中国产生了第一批企业家。从个体劳动者数量来看，1978 年全国个体劳动者仅有 14 万人，到 1984 年底已达到 1300 万人。二是鼓励个体户经营，形成一大批个体和民营企业，为后来民营经济的繁荣奠定基础。1981—1983 年，城镇个体经济劳动者由 105.9 万人发展到 208.6 万人，增长 97.0%，年均增加 51.35 万人；经营规模扩大，户均注册资金由 242.0 元增加到 464.8 元，增长 92.1%；户均营业额由 1298.7 元增加到 4245.1 元，增长 2.3 倍。三是鼓励创办乡镇企业。1985 年，我国城市个体工商户达到 1171 万户，从业人员 1766 万人。1988 年底，我国（除西藏、山西、黑龙江外）已注册私营企业 40638 家，雇工人数达到 723782 人。如果加上大量挂集体企业牌子和混杂于个体工商户、个人合伙，以及乡镇、街道企业中的私营企业，实际私营企业估计有 20 多万家。国家当时正在进行针对国有企业的“利改税”。“利改税”是中国改革国家与国有企业利润分配关系的一项重大措施，核心内容是将所得税引入国有企业利润分配领域，把国有企业向国家上缴利润改为缴纳税金，税后利润全部留归企业。这一时期，以鼓励优秀人才下海、经商、办

实业，鼓励个体户经营，鼓励创办乡镇企业的3个“鼓励”为中心，调动了国人从商创业的积极性，取得了巨大的经济效益和社会效益，为我国经济快速发展及后来的经济崛起奠定了最初的基础。

（二）第二次重大减税让利政策引进了国外先进设备、资金、技术，实施外向型经济发展战略，促进中外合资企业与外商独资企业发展

20世纪90年代初，国民经济和社会发展面临着瓶颈性障碍。国民经济仍然以国有企业为主，经营上困难重重；产业结构、所有制的新问题凸显，技术、资本、人才和观点相对落后，大多比60—70年代的竞争力还弱。为此，中国政府开始了新一轮税制改革。全面改革流转税，实现内外并轨：对内统一企业所得税、个人所得税；对外商投资企业继续实行全面的、分层次的税收优惠政策。深化改革开放体制机制，对所有创办中外合资企业、外商独资企业实行“免三减二”政策；对全国19个经济技术开发区、高新技术开发区创办企业实行“免三减二”政策；鼓励产业向中西部地区倾斜。

这一时期，税收优惠政策产生了巨大效应：一是促进经济和社会体制向“社会主义市场经济体制”转型，形成了国有、集体、民营、合资和外资多种所有制经济的形成，具有鲜明的“三分天下”特征。二是带来了国际上先进的技术、设备、资金和管理理念，将国内外大量社会资金和人才吸引到中国，突破了我国经济全面发展的资金、技术瓶颈，为我国产业结构调整、产业升级奠定了基础。我国渡过了1997年亚洲金融危机，实现了经济又快又好的发展。截至1996年底，我国外商投资项目已累计达283300多个，协议金额达4690多亿美元，实际利用1750多亿美元，成为仅次于美国的外资利用大国。实际利用外资占全社会固定资产投资完成额比重逐年上升，1990年为4.6%，1996年为15.2%。这些巨大成就为我国企业实现跨国经营和走向世界提供了资金、经验、技术等方面的支持。内、外资企业的税收优惠政策对比见表3－2。

表3－2　　内、外资企业税收优惠政策对比表

项目	外资企业	内资企业
所得税优惠政策	从事生产性活动的，3—10年，“二免三减”；港口建设至少15年，“五免五减”；出口业务，出口值占70%以上的，减半（如已适用15%税率，按10%征收）；利润再投资，返还	农业服务企业免税；利用废弃物生产建筑材料企业“五免”；利用其他企业废弃物新企业经营“一免”；研究单位或大学来自技术服务收入免税；其他企业来自技术服务

续表

项目	外资企业	内资企业
所得税优惠政策	所征税款 40%；普通企业，减免地方所得税（为 3%）；先进技术企业，适用税收减免期后，继续“三减半”	收入在每年第一个 30 万元免税；新成立的运输或通信公司营业“一免二减半”；某些新成立的服务性公司，“一免二减”
关税、增值税优惠政策	出口生产进口原材料、国家鼓励投资项目进口机器设备免税；投资总额内采购国产设备全额退还增值税	加工进口原材料进口、用于科研和某些技改项目的机器设备、国家鼓励投资项目的进口机器设备免税
区域性优惠政策	经济特区等，按 15% 或 24% 收取企业所得税；中西部地区，按 3 年 15% 税率收取企业所得税	高新技术开发区中的高新技术企业减按 15% 税率征所得税；边境开放城市的普通企业减按 24% 征所得税

资料来源：根据相关资料整理而得。

（三）第三次重大减税让利政策，加入 WTO 适应全球规则，促进我国跨国企业发展，实施全球化战略

随着 2001 年我国加入 WTO 以及经济全球化、信息化和技术创新加速带来的强烈冲击，西方跨国公司通过并购等方式大举进入中国，抢占中国企业市场份额，中国企业为了在全球激烈竞争中求得生存和发展，纷纷实施“走出去”战略，融入经济全球化。在新形势下，我国税制开始了第三次意义深远的历史转型。这次改革，统一了内资企业和外资企业，使其公平地开展竞争，主要内容为：根据 WTO 税收国民待遇原则、最惠国待遇原则、市场开放等规则，中国在各个行业进出口环节大幅度降低税率，平均出口退税率由 15% 降至 12%；完善增值税制度，将设备投资纳入增值税抵扣范围；完善消费税，逐步取消一般消费品的项目征收，将高消费项目或行为纳入消费税征收范围；统一各类企业税收制度，不再搞区别对待等。

这一时期，税收优惠政策产生了巨大效应：非公有制经济已成为最大的企业群体；外资企业占据着重要地位；“中国制造”对全球产业产生重要影响。有多个制造业部门产值位居全球第一，2010 年 GDP 跃居全球第二；中国一大批本土企业与世界接轨，加紧实施“走出去”战略；全球 500 强企业中多数聚集在中国进行投资并逐步设立研发中心。中国企业开始海外并购，2009 年为 144 宗，交易总金额 331.47 亿美元，同比增长 59.8%；2010 年为 188 宗，交易金额 380 亿美元，同比增长 14.6%；2011 年 206 宗，交易总金额 424 亿美元，同比增长 11.6%；2012 年为 191 宗，交易金额 652 亿美元，同比增长 54%。以海尔集团

为例，海尔集团的海外并购捷报频传；2005年年底，海尔进入全球化品牌战略阶段。截至2011年，海尔已在全球建立了29个制造基地、8个综合研发中心、19个海外贸易公司，员工总数超过6万人。

纵观我国经济社会发展历史，“减税则兴，增税则亡”。在减税时期，中国经济社会经济繁荣、社会稳定；在增税时期，中国经济社会衰退、社会动荡。改革开放后，我国经济之所以能够保持30多年持续9%的增长，其中很主要的原因就是实施了4次重大的减税政策，产生了巨大的社会和经济效应，国家税收大幅度增加，更带来国家经济社会制度、产业结构和实体经济更加快速发展，值得我们认真总结和借鉴。目前，随着我国劳动力成本继续呈刚性，生产资料成本上升、融资成本上升以及税收负担重等导致我国实体经济成本提高，成本的提高引起了利润的降低。利润降低使得高科技人员等智力资源、资金资源、资本资源、社会资源等生产资源转向我国现在利润最高的三个行业：房地产业、银行业、证券业。很多实体经济出现了资金短缺、科技人员短缺、社会资源短缺等问题，主要原因是资金、智力、社会等生产资源流向了利润率高的虚拟经济。以智力资源为例，据调查，大学毕业生首选就业方向依次为：银行业、证券业、公务员、房地产业、国有大公司等，造成实体经济，特别是中小微企业高科技人员、资金等资源短缺，实体经济价值链断裂导致实体经济空心化，进而在未来能引起我国经济危机、经济崩溃等经济安全问题。

中小微高科技企业作为我国市场经济细胞，对国民经济发展起到了积极作用。据《中国中小企业蓝皮书》统计资料表明，到2013年年底，我国中小企业总数（含个体工商户）达到5500多万户，占企业总数的99%以上。我国GDP的60%、税收的50%、出口的68.3%、企业技术创新的75%、新产品开发的80%、城镇就业岗位的80%均由中小微企业完成。但是，后金融危机、欧债危机导致世界贸易保护主义愈加激烈，贸易壁垒更加多样化，压缩了中国商品的国际市场。我国高科技中小微企业出口面临巨大压力。人民币升值、出口成本上升等因素导致我国中小微企业发展面临严峻困境。当前，我国高科技小微企业发展面临着“三贵三难二高一低”的严峻形势。“三贵”是指用工贵、用料贵、间接费用贵；“三难”是指订单难、转型难、生存难；“二高一低”是指成本高、税负高、利润低。

当前，面临着国内外大转换、大变革、大调整的复杂形势，在推行新政、新理念的新时期，我们建议向高科技人才共创业施行第五次减税让利政策。

第三节　科技型中小企业创新促进新动能培育环境面临问题的研究

了解科技型中小企业的发展现状与面临的问题，是实施各种扶持和促进科技型中小企业发展政策的重要依据。本节根据《北京科技型中小企业创新政策环境调研及优化对策研究》课题，对中关村 9 个分园区、9 个区县进行深入调研考察，分析了北京市科技型中小企业面临的人才、技术、研发能力等诸多问题，并为解决这些问题提出了对策建议，进而向全国推广。

一、样本基本情况

本节使用调查问卷和深入访谈的方法，听取了北京市科委、北京市知识产权局、北京市经信委、中关村管委会等部门的情况汇报，深入中关村 9 个分园区、9 个区县开展调研，共召开座谈会 18 场，与 110 多位企业家深入座谈，发放调查问卷 200 余份，回收有效问卷 165 份，实地走访 27 家科技型中小企业。同时，专程到深圳市、苏州市高新技术产业园区进行调研考察。可以说，样本能比较好地反映北京市科技型中小企业创新环境的现实情况。

二、企业人才、技术与研发能力

通过制定与落实《加快建设中关村人才特区行动计划（2011—2015 年）》等政策，中关村加快了创新人才聚集，完善了人才发展环境。截至 2011 年底，中关村拥有“千人计划”467 名、“海聚工程”227 名、“科技北京百名领军人才培养工程”27 名，全市海外归国创业人才超过 1.5 万名，累计创办企业超过 5000 家。企业研发状况良好，研发投入趋势稳定，技术人员占员工比例较高，技术开发模式、技术类别呈现多样性特征。在 165 个样本中，149 家设有技术研发部门，占被调查企业的 90%。研究经费连续 3 年年均投入占当年营业收入 3% 以上，占到 165 家企业中的 73%。高科技技术人员占本企业总员工 30% 以上的占比 49%。在企业创新技术类别中，进行核心技术创新的有 131 家，占比 69%。在技术开发模式中，独立开发的企业 115 家，占比 34%；与其他企业、高校、科研院所合作开发的企业 90 家，占比 26%；通过技术引进、委托开发、购买专利、知识产权等企业 87 家，占比 25%。可以说，北京市科技型中小企业在人才、技术与研发能力方面提升很大（见表 3 -3）。但是，调查显示，还存在很大问题。

表 3 -3　　中关村企业人才、技术与研发能力基本情况

类别	研发机构设置		类型	研发经费占营业收入		类型	企业创新技术类别	
	数量(家)	占比(%)		数量(家)	占比(%)		数量(家)	占比(%)
企业	100	60	1% 以下	24	15	核心技术	131	69
大学、研究机构	34	21	1%—3%	20	12	外观创新	22	12
国外	2	1	3%—5%	33	20	包装创新	9	5
其他	13	8	5%—10%	30	18	款式创新	7	4
没有	16	10	10% 以上	58	35	其他	19	10
总计	165	100	总计	165	100	总计	188	100
类型	技术人员		类型				技术开发模式	
	数量(家)	占比(%)					数量(家)	占比(%)
60% 以上	17	10	独立				115	34
30%—60%	64	39	与其他企业、高校、科研院所合作				90	26
20%—30%	48	29	技术引进、委托开发、购买专利、知识产权				87	25
20% 以下	36	22	购买设备及其他				51	15
总计	165	100	总计				343	100

（一）人才引进难、流失严重、评估体系滞后

受户口进京、购房、子女上学等问题影响，企业人才引进缺乏吸引力。调查显示，企业现有技术人员的最主要来源是企业自主培养，占比 41%，第二大来源是国内引进，占比 33%（见表 3 -4）。科技型中小企业普遍存在人才缺口问题。调查数据显示，56% 企业认为在技术研发人才方面的缺口很大或较大（见表 3 -5）。

表 3 -4　　企业技术人员主要来源比重表

来源	自己培养	国内引进	学校分配	高薪聘请国内外专家	留学归国	国外引进
占比（%）	41	33	8	7	6	5

表 3 -5　　企业技术人员缺口情况表

缺口	很大	较大	不大	没有
企业数量（家）	12	81	65	7
占比（%）	7	49	40	4

人才流失现象严重。在被调查企业中，企业高级技术人才存在流失现象的有

109家，占比66%。调查显示，60%企业人才流失率在5%以下，30%企业在5%—10%，10%企业高达10%以上（见表3-6）。针对流失原因，调查显示，影响企业人才流失最主要的原因是户口进京、住房、婚姻、子女入学等个人家庭问题；随后依次为企业难以提供高薪酬、高福利；竞争对手“挖墙脚”；社会对中小企业和民营企业的歧视与偏见；企业自身存在管理漏洞；研发收益分配存在分歧等（见表3-7）。

表3-6　企业高级技术人员流失率表

流失率	5%以下	5%—10%	10%以上
企业数量（家）	65	33	11
占比（%）	60	30	10

表3-7　企业高级技术人员流失原因分析表

原因	企业数量（家）	原因	企业数量（家）
个人家庭问题（户口、住房、婚姻、子女入学等）	68	企业自身存在管理漏洞	14
企业难以提供高薪酬、高福利	65	研发收益的分配存在分歧	10
竞争对手“挖墙脚”	36	其他	1
社会对中小企业、民营企业的偏见与歧视	29	—	—

人才评估体系滞后于新兴业态发展，企业人才压力大。由于高学历、高职称的人才激励政策不适合于高技术企业。目前，创意人才趋于年轻化、学历多样化，从事网络开发、游戏动漫等产业的人才更为明显。如何留住这些人才，特别是高层次自主创新人才，是科技型中小企业面临的一大难题。调查显示，“高薪”仍然是当前企业挽留人才的第一手段，选择以高薪酬、高福利来吸引人才的企业占比81%；选择让高层次自主创新人才拥有企业股份的企业占比33%；选择签订长期劳动合同的企业占比31%；通过解决人才进京户口问题来吸引人才的企业占比30%（见表3-8）。

表3-8　企业留住高层次自主创新人才的主要措施表

措施	企业数量（家）	占比（%）	措施	企业数量（家）	占比（%）
高薪	133	81	收益分享	33	20
拥有企业股份	55	33	一次性项目奖励	31	19
签订长期劳动合同	51	31	免费（部分）解决住房	24	15
解决户口进京	50	30	解决家人工作、入学等	12	7
高层次培训	43	26	其他	2	1

（二）知识产权保护力度有待进一步加强

北京市科技型企业知识产权保护和商标意识较强。在被调查的165家企业中，有效期内专利1798项，近3年专利1154项，其中已应用专利1045项。企业拥有商标1706个，版权450个，专有技术或产品1555个。调查显示：80%的企业拥有自主知识产权，其中31%的企业拥有自主知识产权且曾被侵犯（见表3－9）。在知识产权被侵犯时，由于先进技术申请专利后抄袭仿制的现象比较多，知识产权案件诉讼程序复杂、诉讼时间长、牵扯企业精力比较大等原因，41%的企业选择忍受侵害，35%的企业选择向法院起诉解决侵权纷纷，18%的企业选择寻求政府部门帮助，6%的企业选择寻求私下和解赔偿损失（见表3－10）。

表3－9　企业自主知识产权情况表

企业自主知识产权	有自主知识产权且被侵犯	有自主知识产权且没被侵犯	没有自主知识产权
企业数量（家）	51	81	33
占比（%）	31	49	20

表3－10　企业面对自主知识产权被侵犯时的主要表现

表现	没有精力能力解决	向法院起诉	寻求政府部门帮助	寻求私下和解
企业数量（家）	21	18	9	3
占比（%）	41	35	18	6

三、企业经营环境与政府服务

（一）政策环境仍须完善，政策落地尚有距离

中关村“1＋6”政策须进一步落实和完善。调查显示，企业认为没有享受到政府科技创新政策优惠的最主要原因有3个：一是不了解相关政策；二是办理政策手续繁杂，享受政策成本高；三是政策优惠面窄，企业大多不符合政策列出的条件或不属于政策优惠的范围（见表3－11）。同时，有的政策条款制定得不够科学。现行的高新技术企业界定标准比较模糊，细则不够明确，存在同一家企业在多次评审中出现不一样结果的现象。高新技术企业重新认定的标准、门槛过高。生物医药行业的部分政策有待完善。

表 3－11　　企业没有享受到政府科技创新政策优惠原因分析表

原因	不知道有该政策	手续复杂，享受成本高	条件高，不属优惠范围	对企业吸引不大	知道有政策，但有关部门不执行	其他
企业数量（家）	35	29	25	10	4	2
占比（%）	33	28	23	10	4	2

（二）公共技术服务平台建设滞后

当前，企业对公共技术服务机构的服务需求比较大。调查显示，接受过公共技术服务机构服务的企业 102 家，占比 61.82%；其中，人才培训（占比 51.96%）、信息服务（占比 47.06%）、知识产权服务（占比 45.10%）、技术咨询（占比 44.12%）高居前 4 位，其次是融资服务（占比 29.41%）、产学研合作（占比 26.47%）、管理咨询（占比 23.53%）、创业指导（占比 21.57%）等（见表 3－12）。在对公共技术服务方面，建设实验平台对于中小科技型企业来说成本高、利润低，多数成长型科技企业不具备建设能力。目前，生物制药、电子信息、新材料等战略性新兴产业缺少中试平台。由于缺少进行产品验证的试验平台或检测渠道，产品进入市场难度很大。比如，北京世纪东方国铁科技股份有限公司专门研发的“地铁运营设备在线监测与诊断系统”，由于缺乏实验平台而无法进入市场。

表 3－12　　企业从公共技术服务机构得到的服务类型分析

服务类型	企业数量（家）	占比（%）	服务类型	企业数量（家）	占比（%）	服务类型	企业数量（家）	占比（%）
人才培训	53	51.96	信息服务	48	47.06	管理咨询	24	23.53
知识产权服务	46	45.10	创业指导	22	21.57	融资服务	30	29.41
产品标准服务	6	5.88	检测中试	18	17.65	市场服务	6	5.88
技术咨询	45	44.12	技术转移	8	7.84	—	—	—
产学研合作	27	26.47	产品设计	7	6.86	—	—	—

（三）大型企业垄断行为与中小科技创新企业弱势

大型企业垄断行为使科技型中小企业处于竞争弱势地位，一些垄断行业企业集团在招标时，以文件形式限购系统外设备，并用资金补贴方式鼓励购买所属系统的仪器设备，而中小企业具有竞争力的产品被排斥在外，不能公平进入市场。行业内大企业拖欠款现象严重，导致中小科技创新企业流动资金严重不足，研发活动无法持续，企业生存受到威胁。

（四）中关村国家自主创新示范区效应须进一步加强

园区的顶层设计不够科学，部分园区产业规划趋同，产业布局雷同，无序竞争态势凸显，相当部分园区规划建设的功能配套设施预留不足、园区建设管理模式单一、园区运营理念落后、缺乏人性化规范管理等问题已凸显出来。中关村园区土地资源制约产业进一步发展。

四、企业财务与融资

（一）资金支持作用尚未充分发挥，科技型中小企业融资较难

调查显示，37%的企业引进核心技术的相关费用占主营产品成本的比例为1%—5%，21%的企业为5%—10%，27%的企业在10%以上，有些更是高达30%以上（见表3－13）。可以看出，研发活力表现最突出的中小型科技企业，企业研发投入总体较大，负担较重。

表3－13　企业引进核心技术费用占主营产品的比例

占主营产品比例	1%以下	1%—5%	5%—10%	10%—20%	20%—30%	30%以上
企业数量（家）	25	61	34	17	21	7
占比（%）	15	37	21	10	13	4

科技创新资金分配上不够合理，申请研发支持资金的门槛较高，行政审批不规范。在被调查的165家企业中，41家企业110个项目在最近3年内获得过区及区级以上项目立项和市及市级以上科技奖励，共计20431.08万元。其中，2010年为9796.67万元，2011年为5486.21万元，而2012年仅为5148.2万元（见图3－1）。

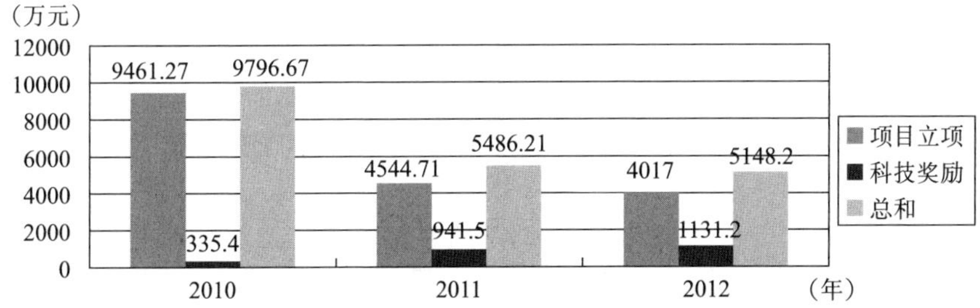

图3－1　企业3年来获得的项目立项资金和科技奖励资金的情况

（二）场外融资渠道不畅，场外交易市场不完善

调查显示，在企业自主创新主要资金来源方面，52%的企业靠自有资金，20%的企业靠银行贷款，19%的企业靠政府专项资金，4%的企业靠民间借贷，

靠股市筹资、风险投资的企业仅占总数的4%（见表3-14）。可见，中小科技型创新企业场外融资渠道不畅，场外交易市场不完善。

表3-14　　企业自主创新的主要资金来源表

来源	自有资金	银行贷款	政府专项资金	民间借贷	股市筹集	风险投资	其他
占比（%）	52	20	19	4	2	2	1

五、政策诉求与税赋较重

在被调查企业中，有100家科技型创新企业享受到财政、税收、金融扶持政策，占比63%。其中，74家企业享受到高新技术企业和新产品的财政专项资金扶持，占比45%，70家企业享受到高新技术企业的所得税减免，占比42%，47家企业享受到贷款的财政贴息，占比28%，37家企业享受到企业研发费加计扣除，占比22%（见表3-15）。虽然60%以上的受访企业享受到了财税政策的扶持和帮助，但是，这与北京市科技型中小企业在创新过程中的政策诉求还存在一定差距。

表3-15　　对企业主要受益的科技创新政策调查表

企业主要受益的科技创新政策	企业数量（家）	占比（%）	企业主要受益的科技创新政策	企业数量（家）	占比（%）
对高新技术企业和新产品的财政专项资金扶持	74	45	研究开发仪器设备加速折旧及缩短折旧年限	6	4
高新技术企业的所得税减免	70	42	知识产权权利质押贷款	8	5
进口国内不能生产的关键设备、原材料及零部件免征进口关税和环节增值税	9	5	政府利用基金、贴息、担保等方式，对商业金融机构支持自主创新的引导	7	4
政府采购中自主创新产品优先采购制度	10	6	政策性银行对自主创新的资金支持	8	5
企业研发费加计扣除	37	22	对高新技术企业的保险服务	6	4
对贷款的财政贴息	47	28	其他	1	1

调查显示，企业在创新过程中的政策诉求中，减免税收、支持企业加大技术改造力度排在第一位，依次为制定鼓励企业引进高层次科技人才优惠政策、支持企业提高技术中心开放能力等。自营业税转增值税以来，科技企业的税赋普遍占企业营业收入的10%以上，一定程度上挫伤了科技型中小企业创新的积极性。

通过减免税收来支持企业加大技术改造，仍然是科技型中小企业在创新过程中的最大呼声（见表3－16）。企业申报税收优惠存在政策界限不清、成本费用高等问题，比如，目前科研经费抵扣50%的申报执行难度较大，税务部门不承认，会计师在审计时要收取30%的费用，最后落在企业的只有20%。

表3－16　　企业在创新过程中的政策诉求

政策诉求	企业数量(家)	政策诉求	企业数量(家)
减免税收，支持企业加大技术改造力度	138	加强知识产权保护	38
制定鼓励企业引进高层次科技人才的优惠政策	77	加强技工培训	21
支持企业提高技术中心开放能力	50	支持企业采用先进管理方法	35
鼓励企业产学研合作	47	规范高层次科技人才的流动	23
加强和完善孵化器、实验室等公共技术创新平台建设	46	支持企业加大引进技术消化吸收再创新	37
扶持企业创建技术中心或工程中心	42	加强科技中介机构建设	16
帮助企业提高装备水平	41	其他	1

六、政府采购支持力度与科技型中小企业需求

政府采购支持是引导和鼓励本国企业开发新技术、推出新产品的最有利的、最有效的途径。调查显示，只有48家企业的自主创新产品得到政府采购，不到总数的1/3。在企业创新产品未获得政府采购的原因调查中，“不了解政府采购的相关政策和流程”（占比38.46%）成为企业创新产品未能获得政府采购的第一原因，产品达不到政府采购条件（占比17.09%）为第二位。政府采购量少、对企业发展作用不大，申请过程烦琐、时效性差，本地区政府尚未制定出台相关政策等，也是影响企业自主创新产品未获得政府采购的重要原因（见表3－17）。

表3－17　　企业创新产品未获得政府采购的原因分析

原因	企业数量（家）	占比（%）
不了解政府采购的相关政策和流程	45	38.46
产品达不到政府采购条件和要求	20	17.09
政府采购量少，对企业发展作用不大	17	14.53
过程烦琐，时效性差	16	13.68
本地区政府尚未制定出台相关政策	14	11.97
招标代理机构在具体操作中存在不规范、不公正行为	9	7.69
政府采购价格低于市场价格	8	6.84
其他	19	16.24

在如何进一步完善政府采购制度问题上，调查显示，建立政府采购信息系统，提高信息公开化程序（占比55.76%）成为最主要的首选；其次是简化法律法规审批程序（占比38.79%）；改进政府支出预算管理方式，加强财政监督（占比34.55%）；完善政府采购制度，明确违规处罚规定（占比30.91%）等（见表3-18）。

表3-18　企业对完善政府采购制度的具体建议

应该从哪几个方面完善政府采购制度	企业数量（家）	占比（%）
建立政府采购的信息系统，提高信息公开化程度	92	55.76
简化法律法规审批程序	64	38.79
改进政府支出预算管理方式，加强财政监督	57	34.55
完善政府采购制度，明确违规处罚规定	51	30.91
设置、完善从事政府采购的专门机构	47	28.48
完善政府财政支付制度	45	27.27
提高政府采购专业人员的素质	37	22.42
协调财政部门与有关部门的关系	28	16.97
其他	2	1.21

七、不利于企业发展的主要因素

调查显示，目前科技型中小企业在创新过程中面临的主要困难，排在第一位的是资金短缺、科技投入不足问题，依次是缺乏研究创新人才；研发周期长、产业化成本高；政府支持力度不够等（见表3-19）。这些困难都与科技型中小企业的融资难问题密切相关。

表3-19　目前企业创新所面临的主要困难

困难	企业数量（家）	困难	企业数量（家）
资金短缺，科技投入不足	88	国企、外企技术和市场垄断	22
缺乏研究创新人才	73	技术市场不健全	21
研发周期长，产业化成本高	71	中介服务支撑体系不健全	13
政府支持力度不够	63	社会文化氛围不利	9
技术基础薄弱，研发难度大	31	缺乏产学研合作	7
知识产权保护体系不健全	28	其他	1
市场对创新技术接受程度低	25	—	—

八、简要结论与政策建议

基于以上分析，我们得出如下结论，给出相关建议：

第一，从问卷调查的数据以及深入座谈的统计分析可知，北京市科技型创新中小企业的主要特点是北京市科技型中小企业以中关村科技园为龙头的经济创新发展格局已经形成，企业科技创新动力强劲，成为首都经济社会创新发展的重要推动力量。但是，科技型中小企业人才引进难、人才流失严重、人才评估体系滞后；税负比较重；公共技术服务平台建设滞后，知识产权保护度有待提高；融资难，资金缺口大；政府采购支持力度相对较低等问题已经摆在科技型中小企业面前。因此，解决目前所面临的问题已成为我国政府、企业等刻不容缓的重要课题。

第二，科技型中小企业对科技创新中的机遇和优势有比较清醒而深刻的认识和把握。调查企业多数认为内部创新氛围和技术基础力量对企业技术创新具有决定性影响。为此，科技型中小企业要基于自身进行创新，重点掌握核心技术，以增强自身的国际竞争力。

第三，针对北京市科技型中小企业自身发展的制约瓶颈，我们建议：一是完善人才吸引、培养、评价等机制。创新人才吸引政策，实行弹性人才落户政策；构建长期人才培训机制，通过有计划、有意识地进行国际交流与培养人才，加快培育创新型、领军型人才群体；打破学历、职称等人才评价体系，形成国内外开放竞争、具有一定流动性的用人机制；政府和企业在战略层面推进科技型人才队伍和创新文化建设。二是创新科技型中小企业多元化的政产学研合作模式，着力推进科技成果转化应用与知识产权管理保护。发挥政府引导作用，继续深化政产学研合作模式；政府和企业要充分利用知识产权法律保护制度，通过自主知识产权的创造、应用、保护，形成自己的国际品牌；推进知识产权与标准相结合，加速科技成果转化，加强国际交流与合作，争取中国科技型企业国际标准的话语权。三是拓宽融资渠道。运用价值链融资减税优惠政策扶持科技型中小企业；不断创新资金扶持机制，采取税收返回、帮助企业支付专利费等方式，提高资金使用效率。

第四，政府要加强对科技型中小企业支持体系建设，我们建议：一是建立与完善科学公平的政府采购制度。建立政府采购专家库评审机制，鼓励自主创新与民族品牌；打破行业垄断，加大政府向科技型中小企业采购力度。二是进一步完善与落实科技型中小企业创新配套政策。进一步落实中关村“1+6”先行先试政策；建立科学完善的考评体系；完善金融税收支持体系；完善部分行业的政策缺陷，例如医药行业，优化行政审批工作流程；创建有利于创新的竞争环境；发展第三方中介服务机构，打破行业壁垒与行业保护，为科技型中小企业创造公平良好的市场环境；设计科学合理的监管流程，完善政府行政审批等行政服务职能，提高管理效率；优化科技园区顶层设计与园区规划等。

北京市科技型中小企业发展速度快、成效大，对我国高科技产业发展引领作用显著。北京市科技型中小企业充分利用科技资源优势，凭借自主研发与技术攻关，注重科技与文化相融合，积极推动科技成果产业化，有力推动了首都产业结构升级，已经成为首都经济乃至全国科技进步、经济发展方式转变的重要引擎与技术创新源头。总结其成功经验，主要有如下几点：一是体制先进、机制灵活，即产权清晰，产生、发展、成熟等各成长环节都融于市场之中；二是根据我国目前的基本国情，特别是经济发展水平，中关村科技园区对科技型中小企业发展支持一般采用行政化的政府支持模式；三是坚持“大”（总部、央企经济）“小”（培育扶持中小微科技企业）并重，营造各类科技企业融合发展的生态环境。国内外许多研究分析表明，构成一个国家科技创新和技术进步实力的基础，是大量的富有生机和活力的科技型民营中小企业。即便大型公司最发达的美国，80%的技术创新也出自中小企业。因此，突破当前科技型中小企业发展瓶颈，成为我国科技型中小企业创新发展、实现我国“科技兴国”战略的重要课题。

第四节　中小企业品牌建设促进新动能培育的态势、影响及应对

我国各级城镇中小企业遍及第一、第二、第三产业，涉及各种所有制形式，覆盖国民经济的各个领域。2012 年，我国各类中小微企业达 5200 万户（包含个体工商户），占全国企业总数的 99%，完成了全国 55% 的税收、60% 的 GDP、68.3% 的出口，提供了 80% 的城镇就业岗位、65% 的发明专利、75% 的企业技术创新和 80% 的新产品开发。中小微企业已成为我国市场经济最活跃的因子，是增加就业、稳定社会、自主创新的主力军，在国民经济和社会发展中具有高度的战略地位。但是，由于我国中小企业发展起步比较晚，对市场波动、宏观经济政策的调整比较敏感，且天然存在着一些发展劣势，比如，规模小，在采购、生

产、销售、研发等方面不经济，在风险承受能力上比较弱，在市场交易中居于劣势地位，在公共资源获取上处于弱势地位。为准确把握我国中小企业当前发展脉搏，找准中小企业发展面临的问题，本节对我国东、中、西部26个省市的中小企业品牌建设进行了系统的专题研究。

一、中小企业的界定

世界各国对中小企业的界定标准主要有两类：一类是定性标准，主要从企业经济特征和控制方式加以定义，核心定性为“独立所有”“自主经营”“较小的市场份额”等；二类是定量标准，主要从若干数量指标衡量企业规模大小的角度进行界定。世界上绝大多数国家主要采用定量标准，我国也采用定量标准，主要包括雇员人数、行业所属类型、年营业额等指标。本节主要以定量为主，辅助定性来界定中小企业（见表3－20）。

表3－20　　中小企业规模划分依据（年销售额）

	中型企业	小型企业	微型企业
第一产业	500万元以上	50万—500万元	50万元以下
第二产业	2000万元以上	500万—2000万元	500万元以下
第三产业	500万元以上	100万—500万元	100万元以下

资料来源：2003年2月19日，国家经贸委、国家计委、财政部、国家统计局共同制定发布的《关于印发中小企业标准暂行规定的通知》中，对大中小微型企业划分标准的总结。

笔者通过实地考察、座谈会、电话访谈以及网络调研等形式，共回收有效问卷3306份，取得了丰富的第一手企业数据。本次调研对象，来源于东部地区的中小企业1480家，占比44.8%；来源于中部地区的中小企业1116家，占比33.7%；来源于西部地区的中小企业710家，占比21.5%。调研中小企业基本涵盖了我国中小企业较为集中的产业和行业。从产业来看，主要集中在第二、第三产业，以第二产业分布最多，共1804家，占比54.6%；第三产业共1475家，占比44.6%。从行业来看，生产/市场服务业比例较大，共783家，占比23.7%；重工业共690家，占比20.9%；个人消费服务业共634家，占比19.2%；建筑业共558家，占比16.9%；轻工业共557家，占比16.8%；社会公共服务业共57家，占比1.7%；农业共17家，占比0.5%；其他共10家，占比0.3%。从企业规模看，小型企业数量最多，共1329家，占比40.2%；中型企业共1147家，占比34.7%；微型企业共830家，占比25.1%。从企业年销售收入看，年销售收入在1亿元以上的共217家，占比6.6%；5000万—1亿元共194家，占比5.9%；1000万—5000万元共1484家，占比44.9%；500万—5000万元共1369家，占比41.4%；100万—500万元共28家，占比0.8%；100万元以下共14家，占比0.4%。

二、中小企业品牌建设的调查问卷分析

当前，企业间的竞争已进入品牌竞争时代。企业品牌建设对中小企业的发展有着重要的现实意义。

（一）企业自身品牌感知

在被调研的中小企业中，具备技术优势的共1385家，占比41.9%；具备品牌优势的共1018家，占比30.8%；具备营销优势的共787家，占比23.8%；具备管理优势的共116家，占比3.5%。说明了当前中小企业对品牌形象塑造已经有了一定的认识。

从不同规模的企业来看，中型企业在品牌上的核心竞争力优于小型和微型企业，且在管理方面明显比小型和微型企业更具有优势（见表3-21）。

表3-21　　不同规模企业具备的核心竞争力

	中型企业		小型企业		微型企业	
	企业数量(家)	占比(%)	企业数量(家)	占比(%)	企业数量(家)	占比(%)
营销方面	263	22.9	339	25.5	212	25.6
管理方面	48	4.2	24	1.8	19	2.3
技术优势	430	37.5	555	41.8	328	39.5
品牌优势	406	35.4	411	30.9	271	32.6
总数	1147	100.0	1329	100.0	830	100.0

资料来源：根据2012年中国中小企业品牌建设调研资料整理。

（二）企业品牌建设现状

中小企业在制订品牌发展规划时，依据市场调研结果来判断的共1517家，占比45.9%；根据以往经验来判断的共1019家，占比30.8%；依据二手资料来判断的共770家，占比23.3%。

在品牌建设对企业发展的作用方面，认为起决定性作用的共790家，占比23.9%；认为起重要作用的共2146家，占比64.9%；认为起一般作用的共271家，占比8.2%；认为起辅助作用的共99家，占比3.0%。

在企业品牌建设地位方面，将品牌作为战略资源进行建设的共 1441 家，占比 43.6%；将品牌作为一般资源进行建设的共 116 家，占比 3.5%；只是进行简单的品牌内涵阐释的共 1749 家，占比 52.9%。

在企业品牌管理现状方面，没有品牌管理部门，也没有品牌管理人员的共 813 家，占比 24.6%；设有临时的品牌管理部门，由市场部或产品部中层经理兼职管理的共 744 家，占比 22.5%；没有品牌管理部门，但在市场部或产品部有专职品牌管理专员的共 648 家，占比 19.6%；有专职品牌管理部门，设置了中层部门经理的共 575 家，占比 17.4%；有专职品牌管理部门，并设置了分管品牌的高层经理的共 526 家，占比 15.9%。

在阻碍企业品牌建设的原因分析时，认为缺乏强有力的质量、技术支持的共 1114 家，占比 33.7%；认为决策层对品牌的认识程度不够高的共 1017 家，占比 30.8%；认为品牌缺乏核心价值的共 826 家，占比 25.0%；认为盲目品牌延伸的共 254 家，占比 7.7%；认为品牌形象朝令夕改的共 62 家，占比 1.9%；认为抓不到用户的品牌需求的共 33 家，占比 1.0%。

在企业品牌宣传途径方面，采用口碑传播的共 3190 家，占比 96.5%；采用人员推销的共 2536 家，占比 76.7%；采用传统媒体广告的共 1921 家，占比 58.1%；采用户外广告的共 1808 家，占比 54.7%；采用公关活动的共 1673 家，占比 50.6%。

（三）企业品牌建设投入

在企业品牌宣传投入计划方面，采用人员推销的共 2113 家，占比 63.9%；采用传统媒体广告的共 1832 家，占比 55.4%；采用新兴媒体广告的共 1673 家，占比 50.6%；采用公关活动的共 1673 家，占比 50.6%；采用口碑传播的共 1633 家，占比 49.4%；采用户外广告的共 1355 家，占比 41.0%；采用企业官方微博的共 1154 家，占比 34.9%。

在企业品牌建设目标方面，目标为国际知名品牌的共 760 家，占比 23.0%；目标为区域知名品牌的共 995 家，占比 30.1%；目标为国家知名品牌的共 936 家，占比 28.3%；目标为省内知名品牌的共 615 家，占比 18.6%。

在品牌建设投入计划方面，销售渠道开放共 2651 家，占比 80.2%；产品研发共 2460 家，占比 74.4%；售后服务共 2172 家，占比 65.7%；生产设备改进/更新共 1808 家，占比 54.7%；广告宣传/促销共 1808 家，占比 54.7%；价格管理共787家，占比23.8%。

从不同产业类型看，第一产业在生产设备改进、广告宣传和价格管理方面的投入明显高于第二、第三产业企业；在售后服务方面的投入明显低于第二、第三产业（见表3-22）。

表3-22　　不同产业企业在品牌建设上的投入

	第一产业		第二产业		第三产业	
	企业数量（家）	占比（%）	企业数量（家）	占比（%）	企业数量（家）	占比（%）
售后服务	3	11.1	352	19.5	263	17.8
生产设备改进/更新	6	22.2	269	14.9	236	16.0
广告宣传/促销	6	22.2	269	14.9	236	16.0
销售渠道开发	6	22.2	405	22.5	340	23.0
价格管理	3	11.1	104	5.8	115	7.8
产品开发	6	22.2	405	22.5	285	19.3
总数	27	100.0	1804	100.0	1475	100.0

资料来源：根据2012年中国中小企业品牌建设调研资料整理。

（四）影响企业品牌建设的因素

调研结果显示：首先，产品质量是企业品牌建设的第一影响因素。产品是企业赢得消费者口碑、建立知名品牌的基础，产品质量的好坏直接影响企业品牌建设的成败。其次，品牌建设资金的支持也是影响企业品牌建设的重要因素。品牌需要进行广泛传播，需要宣传来形成名牌效应，需要雄厚的品牌建设资金支持（见图3-2）。

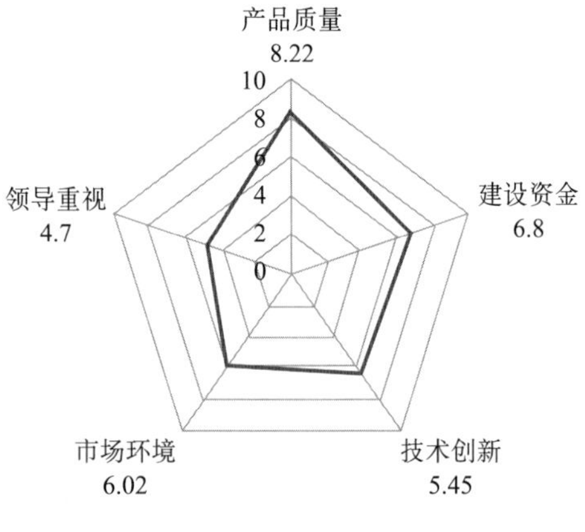

图3-2　中小企业品牌建设影响因素

资料来源：根据2012年中国中小企业品牌建设调研资料整理。

三、中小企业品牌建设综合分析

未来企业间的竞争是企业品牌间的竞争。企业形成强有力的自我品牌，企业就具有了帮助消费者识别企业商品的功能，导向消费者，提升美誉度与知名度；企业可以采用法律手段保护本企业商品的商标专用权，美誉度高的企业商标能够促进企业开辟新的市场，增强对消费者的吸引力，扩大市场占有率，从而提升产品和企业形象。因此，企业品牌战略已成为世界各大品牌企业战略的重要组成部分。但是，从我国中小企业品牌建设的现状来看，我国中小企业实施品牌战略还存在很多问题。

（一）知名度不等同于品牌，品牌概念缺失

很多中小企业认为做广告，增加企业的知名度，在消费者中引起轰动效应就是品牌，对品牌存在误解。根据调研，大约60%以上的中小企业认为可以通过广告提升企业知名度，从而塑造品牌。广告投入巨大，消耗了企业的大量资金，一旦产品出现问题就会适得其反。另外，很多中小企业将品牌界定为“好的名字+好的包装与商标+知名代言人代言=品牌”，这就陷入了品牌误区。正确的理解应该是：企业品牌=知名度+美誉度。因此，中小企业应该加强企业自身产品质量，从消费者角度，设身处地地为消费者考虑，这样才能塑造具有长久核心竞争力的企业品牌。

（二）加强中小企业的转型升级，避免低层次的重复技术引进

根据调研，75%的中小企业缺少核心技术支持。改革开放以来，我国企业发展主要初期是靠“代工”来发展经济，一直处在国际技术产业链的最低端。到目前为止，我国中小企业出口的产品还是主要集中在加工贸易、农产品、轻工业产品等。在工业方面，很多行业不具有国际上核心技术的开发能力，核心技术的知识产权稀少，高新技术产品主要靠进口。国内通过合资、合作等方式引进了发达国家的国际品牌，一定时间后，我国民族品牌不但没有在国际市场上立足，反而丢失了国内市场。因此，目前我国中小企业资金缺乏问题相对缓解，人才、技术等转型升级成为当前我国中小企业发展品牌的主要制约瓶颈。

（三）陷入品牌延伸误区，看中短期效益

创业初期形成一定知名度与美誉度的产品的企业家们盲目自信、盲目扩张，未进行市场分析，过早实施多元化经营，而且很多不是与本企业初始的核心技术相关联，仅看中短期效益，或者盲目从众，这就导致陷入品牌延伸误区。以巨人

集团为例，当初的巨人集团是以电脑为核心技术发展起来的，可以说是民营企业的代表，但是到了20世纪90年代中后期转向了房地产业，房地产业与电脑业没有相关性，盲目的品牌扩张使得巨人集团消失在国内市场竞争中。品牌延伸是在核心技术的基础上，在核心技术产业链上向上、向下进行延伸。由于我国中小企业资金、规模等有限，盲目进行品牌延伸是一种错误，应该学习意大利中小企业的经验，把“单一品牌”做强做大。以法拉利为例，这是一家中小企业，但其品牌实力能够与世界上任何大汽车公司相抗衡，该公司一直从事该产业的相关研究，集中了世界汽车产业最高端、最尖端生产系统与发动机文化，把设计理念体现得淋漓尽致。

（四）品牌核心价值缺乏

品牌依附于产品实体，产品实体又体现企业品牌文化。品牌是一种无形资产。这种无形资产是企业文化、价值观等的外化，是一种看不见、摸不着的东西。要培养这种无形资产就要掌握本企业产品的核心价值。目前，我国绝大多数中小企业缺乏核心价值，很多中小企业的产品在消费者心目中没有形成一定的理念。比如，一提到海尔，消费者就会想到“真诚到永远”的服务理念，一提到意大利服装，消费者心中就自然而然地想到世界名牌女士服装。当前，缺少核心价值成为我国中小企业争创国际知名品牌的主要制约因素之一。

（五）品牌形象陷入朝令夕改误区，要坚持“有所变有所不变”

品牌形象一旦朝令夕改就无法形成强势品牌，无法在消费者心中建立强有力的产品意识，破坏了消费者已有的认可与记忆，从而使得消费者忠诚度下降，原有消费者群体流失。北京因特尔国风网络软件技术开发有限责任公司更名为“3721”公司，没有达到预期效果，又改回原来的阿里巴巴，从而占据了市场，塑造了品牌。因此，要在品牌形象争创过程中坚持“有所变，有所不变”的原则。

另外，对于一家企业而言，品牌与文化对其有着同样重要的作用。这两者不仅是企业内外的形象展示，更是企业巨大的无形资产。当今社会，企业间的竞争是品牌的竞争，更是品牌所代表的文化竞争。文化竞争是企业间高层次的竞争。企业必须塑造独特的品牌文化来适应这种竞争局面，只有赢得文化竞争优势的企业及品牌，才可得到世人的瞩目和消费者的青睐。所以，企业文化与品牌建设越来越多地出现在人们的视线中。

企业文化是永远不能替代的竞争因素，企业靠人才和文化取胜。缺乏文化底蕴的品牌建设是苍白无力的，没有企业文化建设而去“造”品牌，就好比搭建空中楼阁，建设得越宏伟壮观越容易倒塌。尤其炒作出来的品牌是经不起市场经济的狂风巨浪的，因为内涵不足，企业的出发点或者说企业文化与社会的道德价值观有冲突。总的来说，品牌是文化的载体，同时文化又使品牌具有了独特性和不可替代性。现今的市场竞争日益激烈，产品同质化现象日趋严重，企业间的竞争也由产品竞争转向企业文化和企业品牌的竞争，因此企业文化建设成为品牌塑造过程中不可缺少的一环。

四、我国中小企业品牌建设三层面应对策略

争创中小企业国际品牌需要从企业层面（技术创新、文化创新、产品创新等）、消费者层面（知名度、美誉度、价值观等）、机制层面（信息共享机制、协同机制、品牌预警机制等）等三层面进行品牌战略建设。

（一）企业层面

1. 技术创新。为突破发达国家对我国技术的锁定，笔者建议，建立中小企业技术联盟与信息共享平台。中小企业缺少资金的困境已经有所缓解，已经不是当前我国中小企业发展的主要困境。根据调研，我国当前中小企业最缺少的是人才与技术。因此，要建立行业内中小企业技术联盟，构建人才信息、数据信息、技术信息等共享平台，研究共同技术创新，共享技术创新成果。

2. 文化创新。根据调查，很多中小企业还没有认识到企业文化传播的重要性，企业文化创新更是缺乏。企业文化是企业产品体现出来无形资产，具有巨大能量与潜力。因此，应该创建、创新中小企业文化，增强消费者对企业文化的认可与传播，进入“全民参与”“全面互动”的知名度与美誉度、消费者忠诚度的中小企业文化创新良性的可持续发展轨道。

3. 产品创新。21 世纪是快速发展的世纪，信息化、网络化、知识化时代特征明显。消费者需求变化也是瞬息万变的，市场产品供给也将随之而变。为此我们建议，产品创新要向个性化、多样化、多功能化、智能化、绿色化、集成化、加速化等方向发展，时刻关注市场与消费者需求结构的变化，及时、准确掌握信息，进行产品创新。

（二）消费者层面

1. 中小企业品牌形象设计。品牌形象设计是企业核心价值观的体现，凝聚了企业的文化与灵魂，中小企业品牌形象设计要达到企业战略规划的高度。为

此，笔者建议，品牌形象设计要从国际化、消费者角度进行形象设计，从差异中明确找到适合于自身企业的位置，要对企业品牌根据形势发展进行主动、适时的定位调整，品牌形象要设计得简洁、易记、准确；对于发展型中小企业的品牌形象，根据系统性、创新性、可执行性、周期性、可持续性等原则进行设计。

2. 中小企业品牌知名度。知名度是消费者知晓本企业产品的程度，知名度高可以便于促进销售，寻找合作伙伴，提升产品档次。我国中小企业主要依靠广告宣传投入提升企业品牌知名度，形式比较单一。为此，笔者建议，可通过提升产品与服务质量、认真履行 ISO26000 新社会责任标准、支持政府开展有益于社区群众的公益活动等多途径、多角度、多方面地提高中小企业品牌知名度。

3. 中小企业品牌美誉度。美誉度是消费者对中小企业的看法与表述，是中小企业长期为消费者提供满意产品与服务的实践总结。调查显示，当前，我国很多中小企业美誉度不是很高，远远低于发达国家中小企业的美誉度。因此，笔者建议，中小企业可从为消费者提供更多价值，倾听消费者意见、妥善处理消费者不满意的地方，严加企业产品品质控制、保证产品品质与消费者期望一致等途径提升企业品牌美誉度。

（三）机制层面

1. 建立健全中小企业品牌预警机制。第一，质量保障机制。通过企业标准化、商品标准化、国际标准化等发挥标准化功能，构建全企业标准化系统，形成有效的中小企业品牌质量保障机制。第二，市场应对紧急反应与互助机制。引进危机管理机制，及时、准确、恰当地处理危机的市场应对机制，将一切有损企业品牌的危机事件运用正确的方法扼杀在萌芽状态。建立中小企业跨行业危机互助机制，明确界定跨行业品牌组织职能，改进政府对其组织管理模式，赋予其一定的危机处理权，依法对行业协会进行监督。同时，政府部门制定处理危机的扶持与优惠政策，成立相应的公共危机应对机构，完善中小企业社会危机应对保障机制。

2. 构建信息协同与共享平台机制。通过构建信息共享平台，使中小企业及时、准确、完全地掌握市场信息，构建信息共享平台机制，形成行业协会中的“抱团谈判”等集体力量，进一步提升中小企业“地区”品牌、“人物”品牌、“奖项”品牌、“品质”品牌等。同时，通过政府购买对中小企业倾斜，中小企业与大企业联合形成品牌团队等途径完善中小企业品牌建设。

第五节 国内外税收优惠政策激励高科技人才共创业的经验借鉴

一般来说，发达国家促进高新技术产业发展的税收优惠主要以所得税为主，具体优惠形式往往不局限于一种或两种，而是呈现出多样化的特点。通常以间接优惠为主，同时辅之以直接优惠。直接优惠方式表现为定期减免所得税、采用低税率等；间接优惠方式通常包括加速折旧、投资抵免、费用扣除、亏损结转、提取科研开发准备金等。本节拟关注美国、英国、日本、加拿大、法国、韩国、印度等发达国家与新兴国家通过税收优惠政策激励高科技人才共创业的经验教训，主要从税率、税制结构、税收减免、税收扣除、加速折旧等角度加以总结，期望给读者带来一定的启示。

（一）美国：世界突破性技术创新的领袖

美国注重对科技和创新能力的培育，最早可追溯至其立国宪法中的科技政策和知识产权保护政策，但在第二次世界大战及战后较长时期内，美国以军事为重，科技对经济发展的贡献不明显。进入 20 世纪 80 年代，由于经济受到日本的挑战，美国才开始将科技创新支持的重点转向民用，这中间财税政策发挥了重要作用。

1. 财政政策。

（1）美国政府利用其雄厚的国家财力，不断加大研究与开发方面的预算投入。据统计，美国联邦政府在研发方面的投入，1970 年仅为 149 亿美元，2004 年达到了 1227 亿美元，2005 年研发经费投入占 GDP 的比重为 2.7%。在研发投入结构方面，企业成为研发投入的主体，其投入占据美国研发经费的 70%左右。

（2）利用直接的财政支持政策，鼓励政府、企业和大学相结合的“三方参与”体制，为合作提供资金，使高校成为创新的主要阵地。

（3）加大人力资本的财政投入。在现有的美国联邦开支中，教育开支已位居第二位，使美国成为世界上教育投资最多的国家之一。

（4）通过财政补助和贴息等手段，设立风险投资基金，确保高科技产业发展所需资金。

（5）利用政府采购政策，购买高科技产业产品和技术等，扶持具有自主创新能力的高科技企业的发展，提高美国企业的竞争力。

2. 税收政策。

（1）对企业研发的税收减免。美国规定企业投资于科技研究与开发的费用若超过前一年或几年的平均值时，超过部分可享受25%的所得税抵免；用于技术更新改造的设备投资可按其投资额的7%抵免当年应缴所得税，后又将此比例提高至10%；委托大学或科研机构进行基础研究，所支付研究费用的65%可直接从应纳所得税中抵免，新增研发费用的20%可直接冲减应税所得额，若当年没有盈利，则抵免额和费用扣除可往前追溯3年，往后结转5年；对于私人为建立科研机构而捐赠的款项一律免税。

（2）对企业研究开发所使用的仪器设备实行加速折旧。

（3）中小企业创新激励。如允许风险投资损失税前列支，降低税率等。1978年，美国的资本收益税最高税率为28%，1981年降为20%，克林顿政府又进一步下调税率。

（4）科技成果产业化方面。规定政府下属的科研机构、大学、从事公益性科研活动的独立科研机构、从事有关人类疾病和健康以及农业方面的技术开发的非营利机构、从事公共安全检测的非营利机构等可以享受免税待遇。同时，商业性研发活动也可以享受退税待遇。

（二）法国：欧洲“知识社会”的代表

与美国注重创新技术的商业化相比，欧盟各成员国更倾注于“知识社会”的培育。欧盟成员国大都投入巨资开展长期规划活动，并将这种活动扩展到普通民众。同时，政府还对研发提供无息、低息贷款等，鼓励企业参与国家研究计划、尤里卡（Eureka）计划，鼓励大学、研究机构与企业签订合作合同。除了直接的财政手段外，欧盟成员国也很重视税收在促进创新活动中的作用。值得一提的是，欧盟成员国的优惠重心落在中小企业方面，如比利时、奥地利、意大利、法国、卢森堡、挪威和英国等都推行了税收减免、税收扣除、加速折旧等措施，以激励中小企业的研发热情。与欧盟内的其他成员国相比，法国是高度重视自主创新能力培养的国家之一，政府在研发方面的预算投入一直呈上升趋势，研发经费在GDP中的占比从20世纪60年代的1.15%，逐步提升到2005年的2.5%。

在税收方面，法国对创新型企业给予相当丰厚的免税待遇。如对新建不到8年的创新型中小企业，其研发开支如果超过其总开支的15%，并且至少75%的资本直接或间接地为自然人所有，那么在盈利的前3年免税，后2年减半征收；

在6年内雇方社会保障分摊额全免，之后4年减免50%；同时，还免征行业税等税种。此外，从2003年1月1日起，对研发的固定资产投资不再征收行业税，并对固定资产实行加速折旧法，同时扩大“研发税收抵扣”的适用范围，将从事研发投资的所有企业都纳入享受减免税收待遇的范围。

（三）日本：对基础技术的高度重视

日本在短短百年时间里从一个落后的东亚小国发展成为仅次于美国的第二经济大国和自主创新能力较强的创新型国家，其技术进步和自主创新经验，对我国具有特殊的借鉴意义。日本对自主创新的资助政策包括财政投入、财政补贴、税收优惠等政策，研发主要体现在投资及人才培养方面。日本高度重视研发投入，研发经费在GDP中的占比1950年仅为0.3%—0.5%，但2002年已达3.35%，属于超常增长的国家。日本在研发领域内的大量基础性投入，直接推动了企业自主创新投资的积极性，使企业成为创新的主体，政府主导的研发经费筹资模式已转变为企业主导筹资模式，2002年企业研发资金占全部研发资金的比重达80%。与美国的产品创新相比，日本的研究资金大致有2/3用于过程创新，其税收优惠政策主要体现在《促进基础技术开发税制》和《关于加强中小企业技术基础的税制》两部法律中。这两部法律规定，对企业用于购置基础技术（包括尖端电子技术、生物技术、新材料技术、电信技术及空间开发技术）开发的资产免税7%，对中小企业研发和试验经费免税6%。

（四）澳大利亚：南半球的创新先驱

在税收政策方面，澳大利亚以鼓励企业主动承担风险为目标进行了税制结构调整，降低了结构税率，开征了资本所得税，并以消费税取代了原来多层次的非直接税，在一定程度上提高了企业的创新能力。在具体支持企业研发创新方面，2001年7月1日开始，对企业新增研发投入的税收减免由此前的125%提高到175%，同时对于年营业额不超过500万澳元、研发开支不超过100万澳元的企业，执行回扣比例为37.5%的税收返还政策。在财政支出方面，政府采购对本国企业自主创新能力的支持主要体现在保护本国产业、产品和支持中小企业创新等方面。如为保护本国产业和提升研发能力，澳大利亚法律规定：在1000万澳元以上的重大采购项目中，采购部门须在招标中列明其对本国产业的影响；同时，如果外国企业中标，则要求中标的外国供应商与本国企业或科研机构就符合国内需求且具有持续性的研究项目，共同制订研究计划，或共同成立研究开发中心，帮助国内企业实现技术升级，培训专业人才。为保护中小企业在政府采购市场中的份额，法律规定联邦一级政府采购合同的10%要给予中小企业。

（五）韩国：政府主导赶超先进的典范

税收政策主要体现在《技术开发促进法》和《鼓励外资法》中，为鼓励科技开发，韩国实行了按收入总额的3%—5%提取“技术开发准备金”、研究试验用设备加速折旧、技术及人才开发费扣除、进口学术研究用品减免关税、国内难以生产而从国外进口的研究用样品免征特别消费税等优惠政策；对为国内服务的外国技术人员，从其提供劳动之日起5年内的劳动所得，免征个人所得税。

（六）新加坡：人才和政策的完美结合

新加坡的科技水平处于世界领先地位，其低税负为企业进行研发与自主创新提供了基础。具体体现在：对高新技术产品制造企业给予5—10年的低税优惠；对拥有先进技术和创新能力、适应经济发展的新兴工业企业给予5—10年的免税期；对生产高附加值产品的企业给予最长20年减免10%的所得税政策；从事研究、开发的高科技公司，当年可按照符合一定标准的固定资产投资额的50%抵免税款，并可无限期后转；高科技风险投资企业最初5—10年完全免税；拥有先进技术的外国公司在新加坡投资设厂，可以在5—10年对其盈利减免33%的税收。

总结以上世界各国激励本国高科技人才进行民间创新、大众创业的实践经验，具体如下：

1. 政策先行。法国制定《创新与科研法》；日本设立“创造科学技术推进制度”“下一代产业基础技术研究开发制度”“科学技术振兴调整”等3项重要制度；芬兰成立芬兰技术发展中心；德国制定《工商企业研究开发人员增长促进计划》《企业技术创新风险分担计划》《中小企业研究合作促进计划》《小型企业服务投资促进计划》等，形成强有力的推动创新活动的政策体系；美国制定《专利法》《拜杜法案》《技术转移商业化法》《史蒂文森－威德勒技术创新法》《小企业技术创新法案》《加强中小企业研发法案》等形成政策先行支持民间创新活动。

2. 税收优惠。2008年加拿大提出科学研究与试验发展计划；2010年澳大利亚推出研发税收津贴；新西兰提出WBSO计划；挪威提出Skattefumn计划；英国中小企业减免税为研发费用的175%；法国制定《企业科技创新计划》；印度鼓励企业建立研发中心；新加坡给予高新技术企业5—10年低税优惠等税收优惠政策，主要包括税收减免、扣除、加速折旧、提出财政奖励刺激研发投资等。

3. 技术转化与创新扩散。美国的小企业技术转移计划、法国推动军民两用高技术发展、加拿大的EG计划、英国的知识转移伙伴计划、澳大利亚的企业联结计划、丹麦的卓越中心网络计划、德国的中小企业创新能力促进计划等促进民间创新的技术转化与创新扩散。

4. 绿色政府采购。日本的《促进再循环产品采购法》、美国的《美国小型企业法》《联邦采购条例》《清洁空气法案》《水污染控制法案》《资源保护与回收法案》等、欧盟欧洲绿色采购网络组织发布的《政府绿色采购手册》、芬兰的创新政策实施计划、澳大利亚的创新议程、澳大利亚的中小企业市场需求审定计划、英国的FCP政策、新西兰的PIP政策、英国的小型企业研究计划等促进民间创新活动。

5. 成立基金予以金融支持。澳大利益IIF基金和ICP计划、芬兰FOF成长基金、加拿大创新风险资本基金、英国创新投资基金等提供直接金融支持，澳大利亚VCLP计划、芬兰维哥促进计划等提供间接金融支持，以及挪威国家种子基金等投资于民间基金。

6. 发挥人的能动性作用。创新不是外生于经济活动的纯粹偶然事件，相反，它是一种需要科学家、工程师等合作进行研究开发才能完成的经济活动，著名经济学家熊彼特曾率先将企业家精神、创新与经济增长联系在一起。在企业自主创新能力培育的过程中，人的能动性首先是企业家对市场的洞察，然后才是一批科学家、科研者的合作工作。因此，在财税激励政策中，各国都普遍注重基础教育投入，尤其是美国、“知识型的欧洲”、日本、韩国等，政府的巨额直接教育投入普遍提高了国民的科技素养。另外，各国都重视对创新型人才的激励，无论是企业家还是具体从事创新活动的科研工作者，在具体的税收优惠中都体现了对企业家精神和科研工作者创新活动的尊重。

第六节　对策与建议

按照改革高科技人才评估制度、兼职收入税减免、简化税制、优化税制结构等思路，提出如下几点完善税制优惠政策激励高科技人才共创业的建议。

（一）以税基式减免来激发企业自主创新的热情

由于我国实行的是以流转税和所得税为主体的双主体税制，对企业自主创新的激励大部分是通过税率减免、区域优惠来实现的。显然，这种政策激励未能收到良好效果，未来激励企业自主创新的税收政策仍然是流转税和所得税的优惠格局，问题在于合理协调两者的关系。对于流转税，应以税额减免、税率优惠相结合为主，如对技术人才在技术创新成果转让和技术服务等方面的收入免征营业税等。而所得税则应以税基式减免为主，具体而言是鼓励企业加大科技创新研究和开发投入，优惠重点转向具体研发项目的扣除设计，比如：对为从事研发而购入的机器设备，允许采用加速折旧；提高企业职工教育经费的计提比例，强化科技人员工资扣除在项目扣除中的地位；改革个人所得税制度，为企业科技人员发展留足税收空间。

加大对小微企业税费优惠力度，鼓励小微企业探索创新。国务院于 2009 年发布了《关于进一步促进中小企业发展的若干意见》，进一步明确提出了很多优惠政策。地方政府应相应地加大对小微企业税费优惠力度；同时，应当鼓励地方小微企业探索创新，尤其是高科技领域的小微企业的创新。笔者认为，应该严格保护小微企业的知识产权，鼓励发展创新投资，例如“天使投资”等进一步对小微企业的资金支持。同时，鼓励有条件、有能力的高新技术领域小微企业实施“走出去”战略，参与国际竞争，开拓国际市场。

（二）完善人才吸引、培养、评价等机制

第一，创新人才吸引政策。对于高端人才的引进，户口限制要有特殊的政策，给予 3 年缓和期。第二，构建长期的人才培训机制，通过国际交流与提供优惠条件吸引国际高科技人才，加快培育创新型、领军型的人才群体。第三，打破学历和申报高级职称评定考核机制，建立以自己下海创业或与科技企业合作创造财富数量为标准的新考核机制，高校、科研院所高层次人才下海创业，原单位可保留职位与薪酬 3—5 年，建立科研人员的特殊创业激励政策；对科技型人才下海采取免税制度；定期评选创业英雄。第四，着力推进科技人才队伍和企业创新文化建设。第五，产学研助力高科技人才共创业创新。以泰安市为例，泰安市应主导“牵手”山东农业大学、山东科技大学、泰山医学院、泰山学院等高校，与中小科技创新企业、高科技人才共创业的创新基金，成立相关的研究中心，落实各项专项资金，大幅提升新能源产业生产技术研发实力；同时，泰安市应当主导推出“校地共建”，成立科技创业中心，建立长期合作关系。泰安路德工程材料有限公司、泰安康平纳机械有限公司、山东厚丰汽车散热器有限公司等与院校积极对接，与专家建立长期合作关系，能及时“诊治”高科技企业遇到的技术难题，实现转型升级。

（三）重视创新人才培养，形成自主创新创业人才资源

第一，改变“重论文轻实绩、重学历轻阅历”的人才评价机制与用人机制，鼓励高校科研院所以及国有企业科研人员主动与创客者、创新者进行交流，加速自主创新人才培养提升的新步伐；第二，突破人才流动的障碍，实行弹性制人才共用、知识共享的矩阵式民间创新机制；第三，完善创客创新活动的文化氛围，形成视创客者和创新者为英雄，激励成功、宽容失败的民间创新文化与创新精神。

（四）设立民间创新活动基金，破解民间创新资金难题

我国民间创新活动基金在职能上应定位于募集研究资金，确定研究指南与选择研究项目、宣传机构宗旨、人物评价、成果评价等职能；在机制定性上应定位于非官方性质、非企业性质，典型的具有公益性、草根性和国际性、开放性的非政府机构；在工作机构上应定位于注册非企业法人机构，基金会理事会为决策机构，基金会秘书为办事机构；发展定向定位于促进民间科技创新、保护、培育与规范民间创造活动，传播以中华科学传统及其现代价值为主要内容的理念与方法，主要以宣传民间创新的杂志、网络、丛书、讲座、讨论会等为传播载体。

（五）完善中小型科技企业金融税收支持体系

针对当前科技型中小企业增值税较高的现状，可以对企业给予一定比例的增值税退税，退税部分继续用于企业深度研发，调动企业创新热情。还可以借鉴国外有些国家所采取的投资抵免、技术预备金制度等经验做法，从企业应纳税所得额中扣除用于科技投资的一部分资本支出，从而调动它们技术创新的积极性。

1. 明确界定小微企业，给予小微企业公平地位。当前，我国官方统计中仅仅统计大中型企业的统计指标和相应数据，对于小微企业的经济指标根本没有一个统一的口径，使得我国各方面都无法了解小微企业的真实情况。它们对促进我国乃至各省市区的经济贡献如何、对解决当地就业效果如何、稳定当地社会效果如何等等都没有一个确切的数据加以证明，从而使得小微企业在融资、贷款、上市等各方面就处于劣势地位。小微企业的发展就得不到中央政府、各地政府的政策支持。在未来发展中，小微企业将会在经济社会发展中起到越来越重要的作用。笔者建议我国中央政府、地方政府应当明确界定小微企业，给予小微企业公平地位，使其在国家政策、贷款资格等各方面有自己的条件优势，不能一概而论。

2. 全面切实落实现阶段支持小微企业发展的各项金融政策。现阶段，中央政府和各地政府先后出台了很多支持小微企业发展的政策，但是由于没有全面切实落实而导致效果不明显。因此，我们建议全面切实落实现阶段支持小微企业发展的各项金融政策。政策规定：银行业等金融机构对小微企业贷款的增速不得低于全部贷款平均增速，对小金融机构执行较低的存款准备金率；同时，商业银行对符合国家产业政策和信贷政策的小微企业给予信贷支持。对小微企业建立合理的贷款定价机制，建立小微企业信贷奖励考核制度，全面落实对小微企业差异化监管政策等等。这些政策的全面落实在一定程度上有利于缓解中小微企业发展所需要的资金不足问题。

3. 因地制宜，加快地方金融改革，发展地方中小金融机构。在中央政府和各地政府加强监管和防范风险的前提下，各地区根据自身条件适当放宽民间资本、国际组织资金参股、外资等设立专门服务于小微企业发展的金融机构条件，适当放宽小额贷款公司单一投资者持股比例限制，支持和鼓励服务于小微企业发展的金融机构到县市区等提供服务。江苏长江商业银行坚持“服务微小、服务地方、服务民营”的特色定位，创新推出“100 万元以内免担保贷款”为核心的一系列服务于小微企业发展的个性化的金融产品，有效满足了小微企业“短、频、快”的资金需求。中国银行扬州分行小企业中心举办“乡镇行”活动，努力满足当地小微企业融资要求。以江苏省为例，截至 2013 年共设立 172 家银行专营机构服务于小微企业、510 个小企业金融服务专业营销团队。服务于小微企业的专业机构和团队基本形成，下一步应该进一步加强与完善。

4. 中小微企业凭信用可获贷款。中小微企业不用抵押资产，靠良好的信用评级就可获得银行放贷。根据习近平同志在中关村国家自主创新示范区的重要讲话精神，泰安市适当推出了税收优惠政策鼓励高科技人才共创业以及中小微企业创新发展。在创业初期，资金有限，想融资贷款但没有资产可以抵押，这是大多数创业型企业面临的普遍问题。为化解这个难题、帮助这些企业走出困境，泰安市应制定未来 5—10 年《核心区中小微企业助力计划》。据此计划，企业凭良好的信用评级，就可赢得投融资服务。还应建立一个以企业信息、信用为基础，以银、企、政三方共知共享为支撑的企业信用信息数据库。

5. 各地政府切实帮助小微企业提高其经营管理水平

现阶段，我国小微企业主要是以家族式经营为主。小微企业发展到一定规模，传统的经营模式就不能适应企业的发展。为此，笔者建议，政府应当支持小微企业管理创新，积极引导小微企业在财务、节能、环保等方面提升；提高小微企业的质量管理水平，严格落实小微企业产品质量主体责任，建立质量诚信体质；加强小微企业的人力资源引进与开发，围绕《国家中长期人才发展规划纲要（2010—2020年）》，完善小微企业职工社会保障政策；同时，制定和完善鼓励高校毕业生到小型微型企业就业的政策。

6. 完善小微企业信用担保制度与担保体系，创新小微企业担保方式，拓宽融资渠道

针对小微企业本身的特点，要完善小微企业信用担保制度与担保体系，创新小微企业担保方式。银行业已经形成以工行、农行为代表的传统信贷，以中行、建行为代表的信贷工厂和以交行、浦发银行、华夏银行等为代表的专业市场等3种模式。专业信贷模式就是以成熟的批发市场等集群化的小微企业经济体为依托，依靠对小微企业主资信评估进行信贷决策。大力推进小微企业信用担保体系建设，对符合条件的小微企业实施信用担保机构免征营业税政策，完善对小微企业资金补偿机制，培育社会信用担保市场。在创新信贷产品方面，采用多样化的创新方式，例如第三方企业保证担保、土地加在建工程抵押、票据质押（含优质商票）、专利权、商标专用权、商铺使用权、排污权、林权、应收账款等等作为抵押物向银行贷款。

7. 建立健全小微企业融资保障体系。要建立健全小微企业融资保障体系，笔者认为要构建小微企业信用信息平台，创新小微企业发展基金使用方式等。在构建小微企业信用信息平台时，应当整合金融机构与小微企业之间的信用记录，构建地方小微企业信用信息平台，依法披露小微企业的信用记录，使其管理监督社会化；同时，搭建小微企业之间、大中型企业与小微企业之间、小微企业与银行等金融机构之间的沟通合作平台，并创新小微企业发展基金使用方式。到目前，地方政府小微企业发展基金主要是直接补贴，这种方式效果不佳。因此，笔者认为应该创新小微企业发展基金使用方式，更加注重公共服务平台建设，考虑把部分发展基金交由金融机构运营，实现资源的优化配置。

（六）减税成为中小科技型企业首要的政策诉求

第一，加大减税优惠力度。通过降低各项税收20%来减税50亿元。试行多样化的间接税收减免制度，逐步推行加速折旧、再投资税收减免、费用扣除、盈亏相抵等税收优惠政策。第二，建立科技型中小企业、政策性银行，加大财政扶持力度，委托社会中介组织加强财政专项资金投向管理，提高财政专项资金的使

用效率。第三，降低社保负担。降低社保缴费基数，明确参保选择权，适当降低“五险”缴费比例，给予“五险一金”弹性制，以降低科技型中小企业社保负担。

（七）兼职高科技人才税收优惠激励机制

针对高科技人才到高科技企业兼职待遇，本章提出3年“留职发薪”4—5年“留职停薪”制度，即创业初始3年内，事业单位、高校科研院所等为其保留原来的职位，同时全额发放工资、薪水，使其享受在职的待遇；到第4至第5年，保留原有职位，停止发放薪水，等退休年龄享受国家退休待遇。针对高科技人才兼职创办实体经济企业税收“免三减二”制度，即前3年免征企业所得税，第4年至第5年减半征收企业所得税。对兼职到企业高科技人才工资所得免收一切税费等。

第四章　互联网民间金融监管协调机制促进实体经济发展研究

正规金融机构最早涉及互联网金融，以银行卡为代表。互联网民间金融在最近几年产生，并得到爆发式发展，其发展速度之快、潜力之大，已成为互联网金融的主力军。互联网金融的概念最初由谢平于2000年提出，互联网民间金融的概念需要进一步界定。现在说的互联网金融基本上就是互联网民间金融。互联网民间金融对人类金融模式将产生革命性影响，对金融定价和资源配置产生根本性变革。互联网的迅速发展已经成为我国经济发展的引擎，革新了传统产业结构，对我国经济增长和产业结构产生了重要影响。互联网经济在国民经济中的比重逐渐上升。据艾瑞咨询集团2013年1月发布的《2012年中国经济总结报告》显示，2012年中国网络经济规模已高达3850.4亿元，比2011年增长54.1%；据波士顿咨询公司统计，2010年中国互联网经济价值高达3260亿美元，占当年GDP的5.5%。作为互联网金融的主要表现形式，电子商务、第三方支付、网商、P2P、众筹等促进了产业机构的进一步转变，革新了生产、管理、营销方式，优化了资源组合、业务流程、企业管理、产业链协同，推动了我国产业结构升级。目前，中国有4.2亿网民、300万家网站、2万家互联网服务商、30家互联网上市企业、数千亿美元的产业规模。但是，互联网民间金融整体上仍处于无门槛、无标准、无监管的“三无”状态，给我国金融业埋下了巨大的金融风险，催生了对我国民间金融监管的根本性变革。互联网民间金融最近几年产生并得到快速发展，已成为我国民间金融的主要形式。互联网民间金融的发展符合社会经济发展的需要，在支持我国民营经济发展的同时，自身脆弱性使其存在巨大风险。2011年温州民间金融危机的爆发，使互联网民间金融的监管问题再一次引起了社会各方的关注。如何构建一套适合我国中央与地方多层次民间金融的监管协调机制，更是一项急需研究与解决的重要课题。

第一节 创建互联网民间金融监管倒逼机制

我国民间金融发展对创建我国民间金融监管协调机制形成倒逼机制，具体归纳为以下5个方面：

一、金融支持已成为民营经济持续增长的重要难题

2012年，全国各类中小微企业达5200多万户（含个体工商户），占全国企业总数的99%，完成全国50%的税收，创造60%的国内生产总值、68.3%的出口、提供近80%的城镇就业岗位。然而，这些对我国经济快速持续增长作出了巨大贡献的民营经济，却很少得到体制内正规金融机构的支持。四大国有商业银行70%以上的贷款都给了国有企业，民营经济尤其是民营中小微企业却很难得到贷款。特别是全球金融危机后我国的4万亿元投资几乎都投向了国有大型企业、房地产企业与基础设施。如何消除金融歧视、拓展民营经济融资渠道，已成为我国理论研究者与政府部门面临的重要难题。

二、民营经济快速增长为我国民间金融发展提供了动因

与我国民营经济快速增长的步伐相比，我国的金融体制改革却严重滞后，在金融领域则表现为金融资源被国有金融机构高度垄断。民营企业要获得国有商业银行的融资支持十分困难，市场上存在着巨大的金融供给缺口。民间金融已经成为满足民营经济和广大农村地区融资需求的主要资金来源，在经济和社会发展中扮演着日益重要的角色，对我国渐进式改革提供了不可或缺的金融支持。

三、全球金融危机促使我国民间金融进入发展的“快车道”

全球金融危机爆发后，我国小额贷款公司、村镇银行、农村资金互助社、互联网金融等民间金融组织像雨后春笋一样脱颖而出。

1. 央行各年度小额贷款公司统计资料显示，2013年第三季度我国小额贷款公司发展数据比2009年其相关数据现状，分别快速增长587.6%、873.07%、1058.2%、656.1%（见表4-1）。

表 4－1　　2009—2013 年全国小额贷款公司发展状况

年份	机构状况		实收资本		贷款余额		从业人员	
	公司数量（家）	增长率（%）	金额（亿元）	增长率（%）	金额（亿元）	增长率（%）	数量（人）	增长率（%）
2009	1334	—	817	—	774	—	14500	—
2010	2614	96	1781	118	1975	155	27884	92
2011	4282	64	3319	86	3915	98	47088	69
2012	6080	42	5147	55	5921	51	70343	49
2013	7839	29	7133	39	8191	38	95136	35

资料来源：中国人民银行总行各年度《小额贷款公司分地区统计表》。

2. 以村镇银行为例，2007—2012 年中国村镇银行发展状况统计资料显示，2007—2012 年，我国村镇银行得到快速发展，由 2007 年的 13 家，迅速发展到 2012 年的 800 家，增幅高达 60 余倍（见图 4－1）。

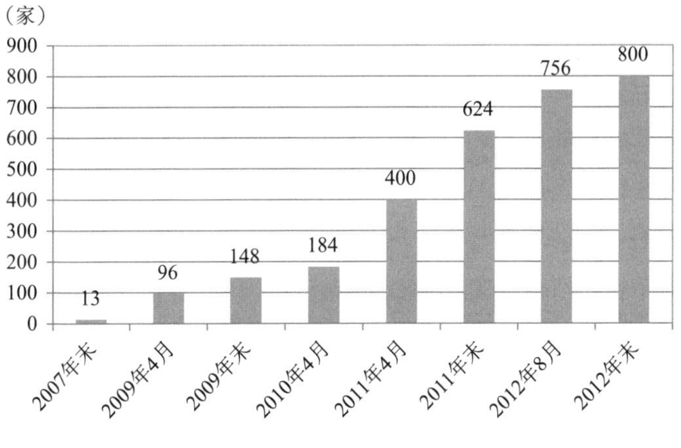

图 4－1　2007—2012 年中国村镇银行发展状况

3. 互联网金融增长速度快、发展潜力大。2011—2013 年，我国互联网支付金额由 2011 年的 469.5 万亿元增长到 2013 年的 1060.8 万亿元，增速为 225.9%；2010—2013 年，我国第三方互联网支付、P2P 网贷、电子商务、在线融资增幅分别为 531.7%、485.7%、206.3%、124.5%（见表 4－2）。

表 4-2　　　　2010—2013 年中国互联金融发展状况

年份	互联网支付金额		第三方互联网		P2P 网贷		电子商务		在线融资	
	规模（万亿元）	增长率（%）	金额（万亿元）	增长率（%）	金额（万亿元）	增长率（%）	金额（万亿元）	增长率（%）	金额（万亿元）	增长率（%）
2010	—	—	1.01	100.1	140	—	4.8	—	13.9	—
2011	469.5	—	2.2	118.1	158	12.9	6.4	33.3	12.8	-0.8
2012	830.0	76.8	3.66	66.0	300	89.9	8.2	28.1	15.8	23.4
2013	1060.8	28. 9	5.37	46.8	680	166.7	9.9	20.7	17.3	9.5

4. 我国首批 4 家民营银行试点进行。2014 年 3 月 11 日，中国银监会公布已确定的我国首批 4 家民营银行试点方案，主要分布在天津、上海、浙江和广东等地区。民营银行将突出特色化业务、差异化经营，重点服务中小微企业、服务社区功能等，以完善多层次的银行业的金融服务体系。

四、组织运营风险与监管缺位呼唤创建与完善民间金融监管协调机制

民间金融组织形式不够规范、运行风险度高、政府监管措施缺位、相关法规和制度不健全等原因，使民间金融在快速成长的同时也给经济社会发展造成了一定的负面影响。民间金融活动削弱了货币政策等宏观调控手段的实施效果，干扰了金融市场的正常秩序。民间金融市场中的借贷纠纷、金融诈骗、非法集资和高利贷等问题尤为突出，给参与主体造成了巨大的财产损失，增加了社会不稳定因素，阻碍了民间金融的发展进程。在金融体制改革进程快速推进和经济结构调整不断深化的背景下，对民间金融进行全面系统的研究，借鉴国际经验，加强政府在金融监管和制度法规建设方面的作用，引导和规范民间金融良性发展，对于我国经济社会发展具有深远的理论和现实意义。

五、党中央、国务院逐渐重视构建与完善我国民间金融监管协调机制

2012 年 3 月 28 日，国务院常务会议决定设立温州市金融综合改革试验区，批准实施《浙江省温州市金融综合改革试验区总体方案》，确定了温州“金改”12 项主要任务，要求“鼓励和支持民间资金参与地方金融机构改革，依法发起设立或参股村镇银行、贷款公司、农村资金互助社等新型金融组织。符合条件的小额贷款公司可改制为村镇银行”。

六、中国小微企业“麦克米伦缺陷”难题发展困境及其破解路径

1. 中国小微企业“麦克米伦缺陷”难题发展困境

社会主义市场经济的建立与完善使得中小企业，特别是小微企业迅猛发展，已成为我国国民经济发展的重要力量，主要表现在增加就业、促进经济增长、科技创新、社会和谐稳定等方面。据有关部门统计，中小企业已占我国企业总数的99%，城镇就业岗位的85%、技术创新成果的75%、发明专利的65%、新产品开发的80%、GDP的60%、税收的50%、出口额的63%等均由其来完成。作为国民经济最活跃的市场经济主体与我国经济的主力军，中小企业正向小微企业方向发展。经济学家郎咸平教授将小型企业、微型企业、家庭作坊式企业、个体工商户统称为小微企业。当前我国小微企业发展面临着“三贵三难二高一低”严峻形势。“三贵”是指用工贵、用料贵、间接费用贵，“三难”则是订单难、转型难、生存难，“二高一低”则是成本高、税负高、利润低。融资难、融资贵成为中国小微企业当前发展制约的瓶颈。

小微企业融资难作为世界性难题首先是由Macmillan于1931年提出的，被称之为“麦克米伦缺陷”。Hodgman和Mainell（1961）研究认为，由于信贷历史短、信用不足导致小微企业面临银行信贷约束的必然性。Charles ou和Victoria Williams（2003）研究了小微企业的融资形式，实证结果为80%的小微企业采用抵押贷款与信用额度贷款，55%的采用传统银行贷款形式。Charles ou（2005）研究了小微企业信贷量的问题，认为银行通过并购来扩展规模会相应减少小微企业的信贷量。Allen（2005）研究了中国小微企业融资问题，认为中国民营企业迅速发展很大程度上得益于非正规金融的支持。在国内，研究我国小微企业融资难问题的专家学者很多。张杰等通过实证研究认为，需求偏好的特殊性、传统金融机构的融资供给行为选择等与小微企业融资难具有一定的相关性。马宇（2010）基于小微企业信贷违约风险与小微企业融资难的相关性的理论基础，探讨了影响小微企业信贷违约风险的主要因素。梅沁芳（2011）分析了小微企业与商业银行关系的现实问题以及成因，进而提出构建新型的银企关系。朱兆文（2011）从银行业角度分析了金融支持小微企业发展的制约因素。

在新政、新理念的新时期，我国小微企业融资难已经演化到融资贵的程度。有资料表明，我国中小企业发展所需资金，87%来自自有资金，24%来自

银行贷款，13%来自民间集资（Kellee Tsai，2001）。在银行贷款担保方面，《小微企业融资发展报告》数据显示：使用过担保公司的占比仅有19%。原因在于担保费为1%—3%，而且担保公司要求小微企业提供反担保，存在违规操作。以2012年"中担事件"为例，担保公司截留了小微企业部分贷款金额，增加了小微企业隐形成本。调查显示，2012年上半年，小微企业融资总成本较2011年同期增长52.4%，民间融资成本占融资总成本38.4%，较2011年同期增加20.7个百分点。小微企业选择朋友和供应商提供融资担保占比21.9%，拿自己私有财产提供抵押融资担保占比38.3%。同时，中国大多数小微企业是私有企业，成立时间短、自由资金少、抗风险能力低、无抵押担保、资信水平低、财务制度不健全、运作缺乏规范性，导致难以达到银行关于贷款资格的要求；金融支持系统不健全等因素造成我国小微企业融资难、融资贵问题更加严重，更加突出新时期我国经济社会发展的"麦克米伦缺陷"解决的紧迫性和危急性。

2. 中国银行业与企业"双金字塔"结构现状

当前，我国主要是以国有大型银行为主体的金融体系。以2011年为例，中国银行业总资产达111万亿元：五大国有商业银行52万亿元，占比46.6%；12家股份制银行18.3万亿元，占比16.4%；其他金融机构31.2万亿元，占比28%；城市商业银行9.98万亿元，占比9.0%（详见表4-3）。从总体上看，中国商业银行呈现出结构与规模的畸形化、粗放化的"双金字塔"造型：机构数量上表现为正金字塔形，即大型商业银行数量少，中型银行居中，小型银行数量居多；资产规模上表现为倒金字塔形，即大型商业银行资产规模大，中型银行资产规模居中，小型银行资产规模小（详见图4-2）。

表4-3　　　　中国银行资产分布表

年份	五大国有商业银行		12家股份制银行		城市商业银行		其他金融机构	
	资产（万亿元）	占比（%）	资产（万亿元）	占比（%）	资产（万亿元）	占比（%）	资产（万亿元）	占比（%）
2007	28	53.2	7.25	13.8	3.34	6.4	14	26.6
2011	52	46.6	18.3	16.4	9.98	9.0	31.2	28

注：五大国有商业银行：工商银行、农业银行、中国银行、建设银行、交通银行；12家股份制银行：招商银行、中信银行、光大银行、华夏银行、广发银行、平安银行、浦发银行、兴业银行、民生银行、恒丰银行、浙商银行、渤海银行。

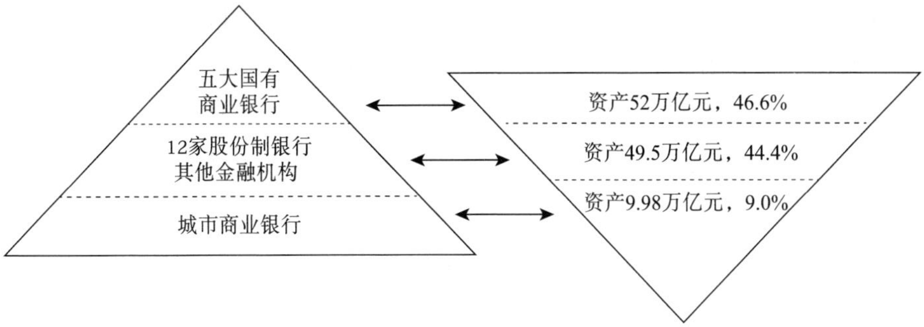

图 4－2　我国银行体系资产规模“双金字塔”结构图

我国企业数量结构与贷款额度也表现为“双金字塔”造型：企业数量上表现为“正金字塔形”，即大型企业数量少，中型企业居中，小微企业数量居多；贷款额度上表现为倒金字塔形，即大企业贷款额度比较大，中型企业贷款额度居中，小微企业贷款额度最小。（详见图 4－3）

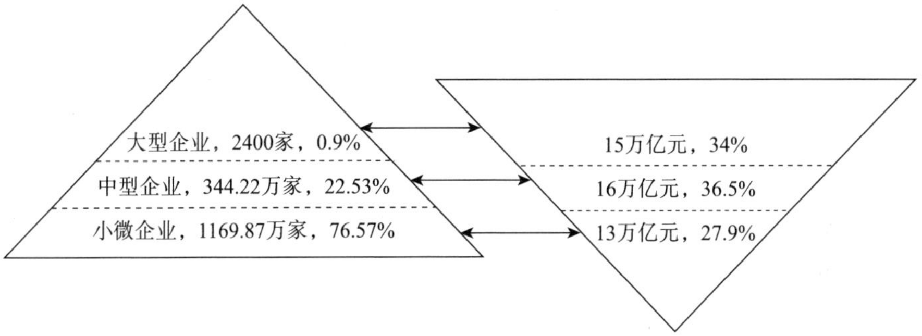

图 4－3　我国企业数量结构与贷款额度“双金字塔”结构图

“双金字塔形”的结构使得中国银行体系对小微企业产生了巨大的“掠夺”效应，挤压了小微企业的利润，抑制了小微企业资产增长。针对这一现状，可以寻求国有商业银行之外的金融体系来解决，即民间融资。民间融资指独立于国家职权机关批准设立的金融机构体系之外的所有以盈利为目的的个人与个人、个人与企业、企业与企业之间的资金筹集活动（裴素平，2005）。民间金融在很大程度上缓解了小微企业发展的资金瓶颈问题，但其非正规运作也带来很多问题。

（1）小微企业与民间融资机构信贷缺失。2005 年金华金信信托违规经营、2006 年丽水杜益敏非法集资、2007 年东阳吴英非法集资等暴露出民间融资信贷缺失问题。

（2）出现地下钱庄，民间融资贵。由于信息不对称，导致民间信用风险提高了融资成本。金融危机及欧债危机后，民间借贷融资成本增加，高达10%—15%，远高于商业银行贷款利率，使得小微企业融资难向融资贵转化。

中国现行以国有大型银行为主体的金融体系尚不能有效解决我国小微企业面临的“麦克米伦缺陷”难题，而大量民间资本剩余为破解此难题提供了契机。民间资本的大量剩余与小微企业资金短缺相矛盾的现实，需要政府进一步释放民间资本能量，规范民间资本，使得民间资本“地下状态”向地上合法化，使两者共生关系进一步合理合法，共同发展。

综上所述，由于对我国民间金融组织的保护和引导尚处于试点初期，相关规定和指导意见制定的仓促性和实际需求的多变性，使得民间金融组织的监管协调机制存在改进、完善的必要性。因此，探索创建与完善我国民间金融监管协调机制的理论基础、改革方案、实施路径与保障措施等问题，具有十分重要的理论意义与现实意义。

第二节　民间金融发展与监管促进实体经济研究的文献综述

关于民间金融的发展与监管，国内外学者已取得一定的研究成果，主要视角集中在民间金融概念、特征与功能，民间金融发展原因，民间金融运营风险，民间金融监管等4个方面。

一、民间金融的概念、特征与功能

有关民间金融兴起、民间金融本质特征及其经济功能、对传统金融业的冲击，国内外学者从不同的角度加以诠释。Arrow认为，国有银行对民营等非公有制经济融资存在着信息不对称、市场失灵时，民间金融应运而生，民间金融产生于正规金融的边界地带。史晋川、孙福国和严谷军认为，民间金融的兴起是我国市场经济体制不断深化的结果。林毅夫和孙希芳认为，非正规金融具有中小企业软信息方面收集的优势，非正规金融因此广泛存在。Stiglitz和Weiss认为，民间金融具有连带责任的信息对称、风险共担、风险认同等特征。在民间金融功能方面，Calomiris和Rajaraman认为非正规金融市场的功能主要表现在降低借贷交易的违约风险、满足农民短期小额资金需求等方面。朱德林和胡海鸥将民间金融划分为灰色金融和黑色金融两种类型：前者是指虽不被法律法规所允许，但有利于经济社会的发展的金融组织和活动；而后者是威胁经济社会稳定的非法的金融组织和活动。

二、民间金融发展的原因

国内外学者从多个角度研究民间金融发展的原因。Diamond 认为，正规金融机构须付出信息获取和加工处理的高昂成本降低损失风险，而非正规金融可以充分利用地域和人际关系优势降低信息成本和监督成本。Allen 等认为，民间金融与民营经济有着“天然”的体制姻缘，支持民营经济快速增长的有效途径就是发展非规范的民间内生性融资机制，因此民间金融具有广泛的发展空间。Xavier Giné 研究了资金需求者申请及获取贷款的内在机制，认为正规金融机构倾向于向技术密集型企业贷款，而劳动密集型企业则更多地依赖民间金融市场。王宣喻和储小平认为，民间借贷是现阶段私营企业的主要资金来源之一，通过民间借贷融通资金是私营企业最优的融资决策。郭斌和刘曼路认为，中小企业规模扩张使自有资金难以满足企业资金需求，促使银行信贷和民间借贷需求上升。谢平和邹传伟认为，以互联网为代表的现代信息科技将对人类金融模式产生根本影响，可能出现“互联网金融模式”，该模式将提高资源配置效率，降低交易成本，产生巨大社会效益。

三、民间金融运营风险

民间金融市场作为长期游离于体制外的金融市场，存在削弱国家宏观调控的能力、干扰金融市场的正常秩序、资金安全不受保护、造成社会不稳定等风险。Besanko 和 Thakor 认为，民间金融市场风险产生的主要原因是风险偏好、逆向选择效应和激励效应等。Tirole 与 Guinnane 认为，农村合作金融的主要缺陷在于容易引发道德风险和信贷风险的集中。人民银行广州分行认为，民间金融纠纷数量较大，盲目投资、高利率水平加重借款人负担，部分融资不规范等比比皆是，给社会经济运行和发展带来诸多负面影响。对于风险控制，王兆星认为，实施审慎会计原则和审慎监管标准是防范金融风险的重要基础，而完善的金融企业财务制度和金融监管体系包括按照审慎监管要求建立金融风险的监测、评价和预警系统。陈雨露和马勇从经济主体行为和市场动态过程角度构造“金融失衡指数”，该指数可作为衡量系统性金融风险的良好指示器，为宏观审慎政策的实施提供有效的决策和参考信息。李志辉则建立外包风险指标体系，并设计外包风险监测预警机制，从单个指标预警和整体指标预警两个方面实现了动态监测的过程。

四、民间金融监管

关于政府对民间金融应当采取的态度，学者们基本形成了较为一致的看法，并提出很多具有建设性的政策建议。Minsky 首次提出“金融不稳定假说”，揭示了金融管制的必要性。银行利润最大化目标促使在系统内增加风险性业务和活动，系统内在不稳定，需要对银行经营行为进行管制。李扬和杨思群认为，一味地打压和取缔民间金融很有可能造成经济社会发展活力被扼杀的严重后果，我国民营中小企业融资难问题，只能依靠民间金融加以缓解。因此，政府应该为民间金融的规范发展创造空间和环境。胡金焱和卢立香则认为应当：完善相关法律法规，明确民间金融的合法地位；实行民间金融的登记注册制度，加强分类监管和行业自律；创新民间金融与正规金融的合作机制；建立民间金融领域的准入和退出机制；积极探索民间金融交易的纠纷解决机制，维护市场稳定。

第三节　互联网民间金融监管促进实体经济发展的现状及原因探析

一、互联网金融对中小企业融资难问题的解决

第三方支付、网络信贷、众筹融资以及其他网络金融服务平台等互联网民间金融业迅速崛起。互联网技术从信息维度和风险维度两个方面强化了金融机构传统金融投资技术和模式，掀起了一场改变金融体系结构的变革。

（一）信息来源渠道和处理方式扩展

金融机构与中小微企业信息不对称问题在互联网民间金融大数据面前弱化。互联网民间金融大大降低了民间金融的交易成本。互联网民间金融包括采用拥有大量交易数据基础的网商融资和基于新技术手段的众筹融资，凭借信息处理和组织模式方面的优势，在多数金融功能发挥上比传统金融更加有效率，交易成本和风险成本可能会更低（曾刚，2012）。谢平（2012）认为，“以互联网为代表的现代信息科技，特别是移动支付、社交网络、搜索引擎以及云计算等，将会对人类金融模式产生根本影响。可能出现既不同于商业银行简介融资，也不同于资本

市场直接融资的第三种金融模式，即互联网金融模式”。巴曙松（2012）认为，互联网公司利用数据和客户优势，已经在传统金融领域取得巨大成功。

互联网民间金融加强了信息、资金、风险管理之间的融合与匹配度，解决了中小微企业、民间资本之间的相互需求，以及社会风险认知、社会平台或机构风险管理水平的异质性等问题。

（二）金融风险控制模式变革

互联网技术通过对账户准确性、动态变化、信息来源交叉检验、客户违约及时性、市场驱逐等帮助金融机构扩展了信息分析能力，对中小微企业进行投资前、中、后期的全方位风险管理，进行有效监督。互联网民间金融模式丰富和发展了信贷技术，加强了信息和风险量，大维度解决了我国中小微企业的融资问题。互联网在信息来源、项目审查模式、放款流程、风险分担机制、监控模式等方面变革了金融风险控制模式。因此，信贷技术手段是解决中小微企业融资难、融资贵问题的直接渠道。

（三）“互联网平台＋民间借贷公司”模式

互联网民间金融大数据有利于进一步解决“民间金融机构”与中小微企业之间信息不对称性问题，这种新的信息对称性使得逆向选择降低违约风险。互联网民间金融大数据丰富了我国中小微企业信贷技术手段，将交易型信贷中可以开展信用贷款、应收账款贷款、小企业信用评分制度等传统信贷理论中不易应用的借贷方式变得可行。“互联网平台＋民间借贷公司”模式主要被电商和服务于电商的数据公司采用，凭借大数据资源优势建立特有的风险控制机制。P2P 模式作为信息提供平台，可以实现资金方与项目方的对接。

（四）P2P 模式

P2P 模式又称为“人人贷”，即有资金方与投资方，不仅仅局限于机构、法人，也将个人纳入这个范畴，通过中介结构作为平台，使需求双方进行自由谈判、开展交易。从 2005 年 Zopa 建立以来，P2P 贷款模式得到快速发展，成为现代金融业务的主要分支。国外的 P2P 小额贷款平台主要有 KIVA、MICROPLACE、Zopa、Prosper 等。我国 P2P 小额贷款市场从 2006 年开始得到迅速发展，国内 P2P 小额贷款平台主要有宜信、拍拍贷、人人贷等。国内现有 P2P 机构主要分为简单中介与理财中介两种类型。简单中介属于典型的撮合平台 P2P，理财中介涉及信贷投向、投资人选择、利率制定等业务。

二、互联网民间金融发展面临的主要问题

（一）网商平台自融资约束强，风险控制缺少技术标准支撑

我国网商平台的贷款融资服务主要是以小贷公司模式运作。相对于大型网商平台而言，小贷公司自融资能力有限，资金规模比较小，极大限制了其融资服务能力。运营良好的大型网商平台企业，如阿里巴巴，拥有更强的自融资潜力。网商平台融资贷款服务以信贷为主，风险控制在于对会员账户资金交易记录的大数据分析，要准确把握大数据特征需要在数据和风险评估技术标准上加强与完善。

（二）众筹融资亟须立法规范、治理

在实践中，股权类众筹经常面临擅自发行公司股票、非法集资、监管主体尚不确定、缺乏线上监管和资金运用监管等问题。借贷双方信息不对称问题没有完全解决，风险巨大。同时，该行业准入门槛低，技术设备、人员及账户管理风险并存，信息不透明，投资款项用途改变等，导致资金链断裂，加剧了资金风险。

（三）融资平台发展缺乏规范

P2P、众筹等各种新兴民间网络融资平台总体上处于无秩序发展状态，规范缺乏，风险极大，主要体现在：一是实力薄弱。P2P 平台投资者实力比较薄弱，绝大部分平台注册资本在 1000 万元以下，从业人员数量少，具有一定金融行业从业经验的人员少。二是功能异化。P2P 最早只是借贷双方交易信息平台，不承担相应风险补偿功能。为吸引投资者，国内 P2P 平台退出了本金全额担保甚至收益担保的服务，平台负担风险迅速上升。三是竞争过度。P2P 平台数量剧增，平台之间竞争加剧，恶性事件频频发生，劣币盛行，挤压了正规 P2P 平台的生存空间。四是欺诈盛行。部分 P2P 公司设立之初就带有欺诈目的，或者借助“庞氏骗局”受罚牟取不法利益。五是担保不足。P2P 平台自身缺乏借款人风险识别能力，主要通过担保公司分散风险，但担保公司担保能力不足。

（四）中小微企业网络融资成本比较高

在美国，利率市场化发展比较成熟，个人无抵押贷款利率 15%—25%，信用卡利率 18%，P2P 平台借款利率只有 11%（3 年期借款）和 14%（5 年期借款）。我国 P2P 平台贷款投资者年收益率一度在 10%—30%，远高于银行贷款的基准利率水平。除支付投资人利率外，还需要向 P2P 平台支付服务费、管理费、风险金等其他费用。例如，人人贷要求借款人额外支付交易服务费和账户管理费。交易服务费因借款人信用等级不同而异，平均为 2%—3%，主要用于风险

准备金；管理费一般为每月3‰，这样借款人每年5.6%—6.6%的借款成本，再加上投资利率，一般我国互联网民间金融融资成本为18%—38%，融资成本比较高。

（五）网络审贷效率有待提高

以P2P为例，2012年宜信网络贷款审核通过率不到10%，人人贷审贷通过率为16%，积木盒子审贷通过率为30%，陆金所审贷通过率为40%，与银行面向中小企业贷款的全国平均审贷通过率60%相比还有较大差距。

（六）资金供求结构难以匹配

网络融资资金供求结构不匹配主要体现在资金供求期限不匹配和资金供求性质不匹配两个方面。在资金供求期限方面，以短期为主的资金供给与越来越长期化的资金需求矛盾凸显。当前在国内外经济大转换的环境下，中小微企业转型升级需要资金实现从短期到长期、从少量到多量的转变。巴曙松主持的《小微企业融资发展报告：中国现状以及亚洲实践》研究显示，希望融资期限在1年以上的小微企业占比67.1%，其中，希望融资期限在3年以上的小微企业占比13.4%。目前，银行面对中小微企业实际发放贷款期限在1年以下的占比63.3%，3年以上的仅为8.4%。相对于银行贷款，互联网民间金融贷款期限更短。根据《中国P2P借贷服务行业白皮书2013》发布的数据显示，跟踪调查的15家P2P平台，评价借款期限在1年以下的高达14家，其中成交额位居第一位的温州贷平均借款期限仅为6天。在资金供给方面，以债务性融资为主的资金供给与越来越多的权益性融资为主的资金需求矛盾加剧。当前，我国互联网民间金融的资金供给以债务性为主，除众筹外，P2P、电商金融等都属于债务性融资。从市场需求来看，中小微企业转型升级需要权益性融资，权益性融资有利于分散中小微企业经营风险，有助于解决企业创业期的资源整合问题。

三、我国互联网民间金融法律监管的现存问题及其原因

实践证明，新兴事物健康的发展都需要制度安排。民间金融作为新兴事物同样需要制度设计与安排。为此，本部分从法律角度探讨我国民间金融监管存在的法律缺失问题。

（一）民间金融自然人破产制度的缺失

目前，中小企业和贫困人群创业需要突破资金瓶颈，由于其自身实力弱等劣势，得不到正规金融的支持，这就为民间金融的进入提供了契机。但是，目前我

国民间金融缺乏法律地位，需要放松对其的严格管制，并赋予其相应的合法地位，充分释放民间资本正能量。目前，我国法律仅仅给予少数的民间金融互助组织、企业互助财团等以独立法人资格，绝大多数以个人信用为基础，在法律上属于自然人范畴，例如投资公司、合会、信用代理等均不具有法人资格。2006 年 8 月 27 日通过的《中华人民共和国企业破产法》未设置个人破产制度。在正规金融无法满足市场资金需求时，为解决我国中小企业资金困境，需要构建我国民间金融法律监管体系，急须建立个人破产法律制度，明确民间金融相应的债权债务法律关系，规范民间金融组织放贷行为、中小企业和自然人还款行为，维护民间金融组织合法权益，保证民间金融民事流转安全。

（二）民间金融利率管制政策缺乏灵活性

民间金融涉及额度小、流转快等天性造就其相对于正规金融来说经营成本高，结果导致存贷差高。随着近几十年的发展，发达国家或地区逐渐放开了对其民间金融利率的管制。从 1949 年 10 月到现在，我国对金融利率一直进行强管制，中国人民银行制定基准利率，正规金融机构决定具体贷款利率时只能在此标准上下浮动，对民间金融利率政策采取的是硬性规定，不利于我国民间金融可持续发展。

（三）民间金融担保法律制度的冲突

目前，我国《担保法》既限制了合格担保品的范围，又限制了担保方式的创新。民间金融在实践中，允许根据中小企业、贫困创业人群条件以使用权证、存货和应收账款为担保物获得贷款，但这与我国现行法律产生了冲突。《担保法》第四十六条只列举了保证、抵押和质押 3 种方式，使用权证、存货和应收账款等并不属于合格担保物范围。这种严格的担保规定在民间金融中却并不适用。像孟加拉乡村银行 GB 开创的小组联保的担保模式，目前不属于《担保法》所认可的担保方式，对民间金融组织开展业务形成障碍。

根据我国现行互联网民间金融现存问题，我们认为，我国民间金融法律监管存在缺陷的原因在于：

1. 民间金融监管能力欠缺。政府一般通过监管主体、职权、行为以及相互之间的关系对社会、经济等行为进行监管。民间金融也同样需要相应的制度监管。我国的民间金融监管制度也是伴随着金融市场的发展与变化而建立并逐渐调整的。

（1）监管主体的重叠。金融监管主体既是制定金融管制规则的主体，又是执行金融管制规则的重要主体。1995 年颁布的《中国人民银行法》并未对民间金融监管主体进行明确。1998 年颁布的《非法金融机构和非法金融业务活动取缔办法》对中国人民银行作为民间金融监管主体进行了明确界定，地方政府协助中国人民银行从事民间金融组织的取缔和债务清偿业务。2003 年颁布的《银行业监督管理法》第四十四条赋予银监会的民间金融监管权；1998 年《非法金融机构和非法金融业务活动取缔办法》仍有效力，出现监管主体重叠，法律、法规没有就如何协调与配合做出明确规定。

（2）监管措施的单一与简化。目前，对于民间金融的监管措施，对国家机关批准成立的民间金融机构超出其经营范围的进行清理整顿；对未经国家机关批准的民间金融机构进行行政取缔，并提交公安机关立案侦查。行政取缔与刑事规制的双重追责模式的单一与简化使得针对民间金融机构组织治理结构、信用披露、交易活动等缺乏详细的监管细则与措施，民间金融实际处于“无事无人监管、有事人人监管”的处境。

（3）监管规则供给缺乏合法性。我国民间金融在监管方面的效率层次比较低、管制规制的操作性与稳定性比较差等导致了我国民间金融管制规制缺乏合法性与正规性。

2. 民间金融监管滞后于金融市场变革。非国有经济经过快速发展，已经成为我国经济增长的重要力量，金融业市场化改革是政府的理性选择，国有银行应当在一定范围内、以一定速度退出金融资源配置领域。自 2000 年开始，我国进入后改革时期，建立面向 21 世纪的全面建设小康社会以及全球进入大变革、大调整、大转换的背景下，民间金融对中小微企业发展显得更为重要，但到目前，我国仍未出台民间金融监管的法律制度，因此，民间金融法律监管滞后于金融市场的变化。

3. 民间金融管制理念偏差。

（1）民间金融监管重安全、轻效率。金融安全价值理念影响民间金融管制的制度设计。当前，我国民间金融管制所奉行的安全理念却存在过多强调安全会导致效率的损失、过于强调安全与金融全球化背景下管制理念的新趋势相悖、民间金融特有的契约治理机制能有效降低风险等问题。

（2）强调发展而忽视公平，缺乏对民间金融的公正态度。在发达国家或者地区，政府介入较少，金融市场发达，金融管制主要用于对存款人权利的保护与金融稳定的维护；在发展中国家，在前两者的基础上，增加了金融管制，即合理配置本国信贷，政府通过金融管制影响金融体系信贷配置，促进本国经济发展。对于我国经济发展的现实状况，政府忽视了保持正规金融与民间金融的公平性，缺乏对民间金融的公正态度。

4. 政府私人利益与公共利益的失衡。政府自身的利益诉求、维护某些被管制对象的利益等导致政府私人利益与公共利益的失衡，影响到民间金融监管的发展。

第四节　民间金融监管协调机制促进实体经济发展现状及实践研究

一、我国民间金融规模与特征

（一）民间资金涉及面广泛

2018年，中国民间资本超过15万亿元，且每年以10%的速度增长，民间资本已成为中国经济成长不可或缺的重要战略资源。民间资本已经广泛地流入煤矿、石油、房地产等行业。随着党的十九大召开，民间资本获得更大的市场准入空间，原有的垄断行业，例如铁路、航空、金融等（如民生证券公司，民间资本占到总股本的60%）逐渐向民间资本开放。民间借贷具有显著的区域性特征，主要体现在规模和用途的区域性差异明显。北京、上海等一线城市正规金融体系健全，互联网民间金融相对不活跃；新疆、西藏等西部欠发达地区，由于工业不发达进而对资金需求比较少，民间借贷规模小；以民营经济为主的浙江、广东等沿海地区，由于民营企业占据绝大多数，在正规金融无法得到满足的情况下，大力向民间进行借贷。以温州为例，借贷资金的65%来源于自有资金，29%来源于亲戚资金；借贷单笔平均19.4万元，规模小；企业均贷40万元，居民个人均贷9.3万元。

（二）民间借贷具有显著的区域性特征，主要体现在规模和用途的区域性差异明显

北京、上海等发达地区由于正规金融体系健全，民间借贷相对不活跃；西藏、甘肃等西部欠发达地区工业不发达，民间借贷规模比较小，主要用于家庭消费与农业生产；浙江、广东等东部沿海地区，由于民营企业占据绝大多数，在正规金融无法得到满足的情况下，大力向民间进行借贷，以温州为例：借贷资金来源以自有资金为主，占比65%，自己和亲戚资金占比29%；借贷单笔规模较小，平均单笔金额大概在19.4万元，企业平均金额在40万元左右，居民个人行为借贷平均为9.3万元，可以说是全民参与借贷。

（三）信用借贷为主，操作手续简易

长期以来，我国民间借贷具有“熟人业务”特点，借款人和贷款人、融资企业与融资对象之间往往存在亲戚、朋友、同乡等亲密关系。这种民间借贷缺少抵押手续和合同公证环节，借款合约不规范，对借款用途不作限定，仅口头表明资金使用意向；事先基本不确定期限，可临时通知收回，也可要求延期；从提出申请到获得资金一般只需要1—2天，有的只要几个小时，且普遍以现金方式交接。因此，我国民间借贷形成了依靠传统的“熟人社会”信用体系为支撑，以信用借贷形式存在。

（四）金融纠纷长期存在、数额巨大

长期以来，民间借贷具有明显的“熟人业务”特征，手续简易，以信用借贷为主，这加剧了互联网民间金融的风险。2014年，福建龙岩房产商黄水木卷走了十多亿元[①]；身负民间借贷30亿元的广西柳州正菱集团实际控制人廖荣纳、欠债金额超过20亿元的浙江杭州中都百货董事长杨定国[②]、涉及债务资金约10亿元的江苏江阴丰源小贷公司负责人任标[③]等相继潜逃，频频出现老板跑路现象表明我国民间借贷纠纷长期存在。以青岛为例，2018年，金融借款与民间借贷纠纷案件2011—2015年连续大幅度增长，2016年、2017年趋于缓和，2018年再创新高，分别为6379件和12587件，标的总额高达281.91亿元，占比分别为71.02%和72.84%[④]（见表4-4、表4-5）。

表4-4　民间借贷和金融借款标的额对比情况　　单位：亿元

类型	2014年	2015年	2016年	2017年	2018年
民间借贷	124.84	128.52	109.52	56.83	71.85
金融借款	279.88	200.78	172.39	126.30	135.99

资料来源：青岛市中级人民法院。

表4-5　青岛市两级法院2018年受理各类金融案件情况

类型	金融借款	民间借贷	保险	其他
数量（起）	6379	12587	2982	4757
占比（%）	24	47	11	18

资料来源：青岛市中级人民法院。

---

① 见http：//finance.ifeng.com/a/20140522/12387210_0.shtml。

② 见http：//jz.yiwugou.com/news/detail_224413.html。

③ 见https：//wenku.baidu.com/view/ab799c7714791711cc7917c9.html。

④ 见https：//www.qindaosou.com/house/38954.html。

二、我国民间金融监管现存问题

作为民营经济“桥头堡”，我国民间融资活动需求旺盛，随着民间融资活动的急剧膨胀，民间金融缺少有效监管，民间融资活动秩序混乱，民间金融监管存在一系列问题。首先，民间融资立法滞后。我国现有的涉及调整和规范民间融资的法律法规从借贷利率、资金筹集和运用等方面初步界定了民间金融的合法性判定标准，但还未将民间借贷和非法融资界定清晰，一方面导致投资者难以区分何为合法、何为非法，另一方面导致某些非法融资行为浑水摸鱼，企图披上合法外衣。其次，监管主体与职责分工不明确。我国目前采取多头、分业监管模式，“一行三会”分别对五大金融市场进行监管，但缺乏正当的、切实有效的措施和方法，使得对民间金融活动的监管不到位。以温州为例，温州于 2012 年建立地方金融管理局，2013 年温州市人民政府出台《关于加强地方金融监管工作的实施意见》，对小额贷款公司、民间资本管理公司等地方金融相关市场主体进行统一监管，但实际操作中与经信、商务、工商等部分的监管职责分工不明确，与部委规章规定不一致，监管意识和监管能力较弱，导致温州民间融资有效监管缺少。最后，行政监管手段缺乏。由于立法滞后和监管缺失，民间金融活动在多数情况下处于自我发展的无序状态，市场趋同现象明显，融资秩序混乱。一方面，民间借贷手续简单，登记制度比较松，很多民间机构仅仅经过当地工商部门登记，但未经“金融办”批准许可，潜在隐患巨大；另一方面，监管部门的监管手段极其缺乏，对于参与非法集资、放贷的组织、个人缺乏信息化的监测措施，过度依赖于刑事制裁手段。

三、我国民间金融监管实践经验：温州民间融资登记备案制度与温州指数

通过对温州民间金融登记备案制度与温州指数的调查研究，期望为我国民间金融监管提供实践经验。

（一）民间融资登记备案制度实践

浙江省政府 2011 年 12 月 8 日出台的《关于加强和改进民间融资管理的若干意见（试行）》明确将试点推行民间融资登记备案制度。民间融资登记备案制度是经由特定的登记备案机构对民间融资行为中的出资人、融资人、保证人的姓名、地址、联系方式、职业等基本信息，融资数额、期限、利率、所需抵押形式、约定还款日期以及融资募集资金的具体用途等信息进行统一登记备案，便于行政主体对报送的信息进行收集、整理、存档以及备查的一种金融监管制度。民

间金融登记制度有利于规范我国民间融资行为，是优化金融环境的客观要求，是打造新型民间金融监管以及风险防范体系的有效手段。另外，民间金融登记备案制度能够促进我国新型民间金融机构的发展，降低民间金融机构成本，提高民间金融机构的业务效率。建立我国民间融资登记备案制度具有政策、法律以及税收方面的支撑条件，操作技术上具备可行性。应成立温州民间借贷登记服务中心，以公司化形式运营。根据设想，温州民间借贷登记服务中心通过融资中介机构集中办事的方式，实现信息集中、运作规范、利率合理和信息登记备案的运营模式，主要涵盖资金供求信息库，信息服务系统信息配对与对接，资金供需双方见面，协助资金供需双方办理借款手续并登记备案，借贷双方整理资料、归档备案等5个方面。根据合法、适当、规范和便利等原则，初步搭建民间融资登记备案制度框架。框架主要内容包括：申报登记备案遵循“小额鼓励，大额引导”原则；形式与实质审查相结合制度、持续登记备案制度、查询制度等。在实施中，备案机构性质和权力来源、备案登记制度有效性、民间融资备案环节等成为当前温州民间融资登记备案制度的难点问题。

（二）民间融资利率监管实践：温州指数

“温州指数”（见图4－4）是依据统计指数与统计评价理论，采用分层加权合成编制方法对不同融资主体、不同融资产品在不同融资期限内的利率进行综合统计的结果。它是反映某一区域一定时期内民间融资价格水平及变动趋势的一套指数体系，包括不同融资主体、融资期限、融资方式的利率水平与趋势等。

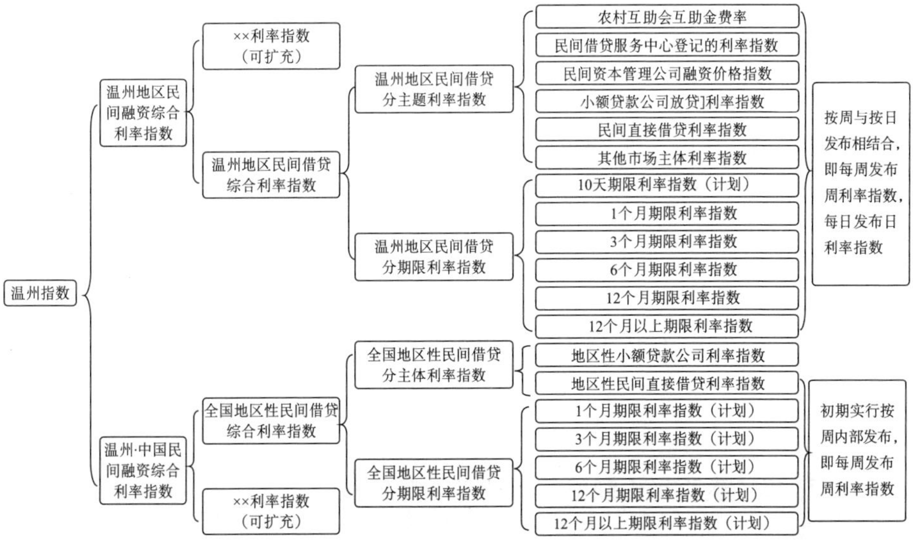

图4－4　温州指数构建研究内容

通过对“温州指数”进行综合分析解读、线性比较，能够为政策机构、民间融资双方提供丰富、具有参考价值的资讯，揭示民间融资运行规律，预测发展趋势，促进民间融资行为健康、持续发展。图 4 -5 列示了 2013 年 1 月—2014 年 5 月温州地区民间融资综合利率指数发展趋势。总体来看，指数呈不断下降趋势，表明温州地区民间融资价格正不断下降。据温州市“金融办”对温州地区 382 个监测点的监测数据显示，2014 年 5 月，温州地区民间融资综合利率指数为 20.02%（相当于月息 1.67 分），环比下降 0.16%，比 2013 年 1 月下降 5.3%（见图 4 -5）。

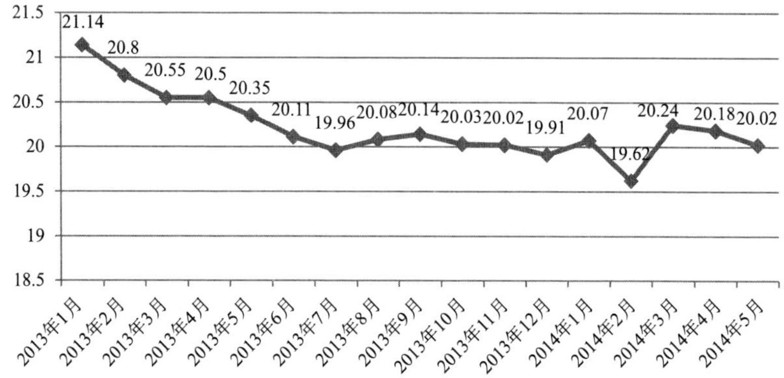

图 4 -5　2013 年 1 月—2014 年 5 月温州民间融资综合利率指数

温州指数已经成为温州乃至我国民间融资市场上极具参考价值的风向标，信息不对称等问题得到了有效缓解，民间借贷利率走势得到有效引导，利率水平稳步下行，逐步回归合理价位。作为地方金融监管体系的重要组成部分，温州指数的编制与发布，可以直观、定量地反映民间融资市场资金价格的变动情况，为地方金融管理部门及各大金融机构提供全面、系统、连续的资金价格信息，有效弥补当前民间金融资金价格监测的不足，强化民间金融的动态监测能力；同时，可以及时测度民间资金的松紧情况，预警民间金融风险。最为重要的是，温州指数的发布能够有效引导民间借贷利率的走向，促进有效探索利率市场化形成机制，并为法院审判、执行提供参考依据。

第五节　互联网民间金融监管促进实体经济的国际经验

一、破解“麦克米伦缺陷”难题的国际经验

发达国家通过法律、政策等形式释放民间资本，构建了以中小微型银行为主

体的金融体系，对于解决“麦克米伦缺陷”难题起到了积极促进作用。以美国为例，其人均银行数量在发达国家中是最高的，形成了以社区银行为主的金融体系。在美国，社区银行指的是规模比较小，一般在10亿美元以下，主要设立在社区，并在社区里面开展业务的商业性银行机构。社区银行一直活跃于美国银行体系中，表现出较强的生命力，有效支持了美国中小企业发展。从表4-6可以看出，社区银行在小额农场房地产贷款和小额农场运营贷款中分别占比74.0%、75.7%，而作美国最大的“25强”银行，仅占比7.1%、8.5%，这与我国“双金字塔”状况明显不同。若在一个经济体中，小微企业在数量上占据主导地位，则中小型银行也应占据同样数量的主导地位，以满足相应的融资需求，这样才能形成中小银行与中小微企业相对称的“共赢”合作新局面。

表4-6　美国社区银行在银行业小额农场贷款中的市场份额　单位：%

项目 年份	小额农场房地产贷款			小额农场营运贷款		
	社区银行	中型银行	“25强”银行	社区银行	中型银行	“25强”银行
1994	75.7	18.4	5.9	76.8	15.6	7.6
2003	74.0	19.0	7.1	75.7	15.8	8.5

通过研究美国、日本、德国、法国、意大利、韩国、马来西亚等国解决中小微企业“麦克米伦缺陷”难题的实践，总结经验如下：

第一，建立健全相关法律体系。美国于1953年、1964年分别出台《小企业法》《机会均等法》等，确定了向小微企业提供资金援助的方向；第二次世界大战后，日本先后制定《中小企业厅设置法》《中小企业基本法》《新中小企业基本法》等法律法规，给予中小企业以资金支持；韩国制定《中小产业促进法案》支持本国中小企业发展。

第二，成立专门管理机构，建立健全相关的金融体系。美国成立小企业管理局；日本第二次世界大战后相继成立中小微企业金融公库、国民金融公库和工商组合中央公库3家由政府直接控制和出资的中小微企业金融机构；西班牙成立经济财政部直属的中小微专门机构；德国设立专门负责向中小微企业提供贷款的“马歇尔计划援助对等基金”；意大利设立专门的支持小微企业发展的SPI企业孵化器中心。这些专门的管理机构与完善的相关金融体系为本国小微企业的发展提供了强有力的资金支持。

第三，建立贷款信用担保体系，开拓融资渠道。比如，设立小型微型企业信用担保基金，设立政策性银行或专门的小型微型企业融资机构，建立小型微型企业信用评级体系等。美国1953年的《小企业融资法》主要针对小微企业发放直接贷款、担保或者特别贷款监督服务。法国成立国家投资银行，主要为商业银行向中小企业贷款提供担保。成立的中小企业信用担保基金，规模高达50多亿欧元，为中小企业提供担保仅收取0.6%的担保费。2012年，该担保基金委为法国7.2万个中小企业提供了320亿欧元贷款担保服务。

第四，构建支持小型微型企业发展的财税优惠政策体系。美国通过减少企业新投资税收、降低企业所得税率、实行特别科技税收优惠、企业科研经费增长额税收抵免、个人所得税下调25%、资本收益税调整为20%等税收优惠政策解决小微企业融资难的问题。意大利提出振兴“意大利制造”商品出口计划，实行减免租税政策。1998年，韩国政府重申中小企业税收政策，为新风险企业公司提供各种优惠政策，以及对投资新风险企业的个人提供税收优惠。

第五，成立专门商业信贷间接融资对口银行。发达国家均有对中小微企业提供商业信贷的对口银行。美国成立中小微企业投资公司和民间风险投资公司；德国成立专门的合作银行、储蓄银行、国民银行等为中小微企业提供商业信贷间接融资；法国成立国家政策性金融机构法国国家投资银行，通过担保、投资、补助3种方式为不同发展阶段的中小微企业提供商业信贷间接融资支持。马来西亚专门指定某些银行，以相对优惠的条件专门向微型企业提供“微型资金”支持。

此外，美国政府还在政府购买上给小微企业以特别照顾。根据《联邦政府采购法》规定，联邦政府23%的采购份额要给予中小企业。在价格上，中型企业的价格优惠幅度为6%，小型企业为12%。韩国政府于1981年设立“强制购买中小企业产品计划”，强制规定了政府部门在内部采购中优先考虑本国中小企业产品。

二、互联网民间金融监管的国际经验

（一）美国

1. 监管机构。目前，美国中小企业网络融资监管责任分布在联邦和州不同的监管机构和大量的行业自律组织中。联邦银行监管机构全面监管和检查储蓄业务。两帮委员会则是大量联邦消费者保护法律的执行者。证券与交易委员会则是负责保护投资者权益的联邦机构。消费者金融保护局拥有超过12部联邦消费者金融法律的制定权，主要包括监管费储蓄类金融服务提供商，研究、监控与报告消费者金融产品和服务市场的发展，向消费者展示风险（见表4-7）。

表 4－7　　　　　　　美国法律对网络融资的支撑作用

法律	对网络融资的支撑作用
《诚信贷款法案》	保证借贷方就贷款的条件和信贷交易提供统一、可理解的披露，保证贷款宣传，给予借款人及时获知信息披露和信贷处理方式等权利
《服役人员民事救助法案》	保证给予服役人员借款人利率上限，允许其推迟或暂停某些民事义务
《联邦贸易委员会法（5）》	防止不公平或欺诈性条款与做法
《电子资金转账法案》	保障使用电子转账从银行账户汇入或汇出资金的权利
《银行保密法案》	保证金融机构执行反洗钱程序，使用消费者身份确认程序
《平等信用机会法案》	保证借款人不因种族、肤色、宗教信仰、国籍、性别、婚姻状态、年龄等因素受到歧视
《公平信用报告法案》	保证经过许可才能获得信用报告，并提供正确的信息
《格雷姆—里奇—比利雷法案》	限制金融机构将非公开个人信息透露给非关联第三方
《全球和国内商业法中的电子签名法案》	保障使用电子记录来构建具有法律约束力和执行力的协议
《公平债务催收作业法案》	对第三方债务收款机构提供指引和限制，保护借款人的合法权利

2. 监管方式。美国对中小企业网络融资监管行业的监管方式是以事后监管为主、事前监管为辅，在监管中小企业网络融资方面没有专门的法律法规，事后监管主要依靠已形成的法案来对融资过程进行保护，规范其行为，规避其可能存在的风险。事前监管主要表现为以证券形式登记网络融资公司出售的收益权凭证。美国证券交易委员会对 P2P 网络融资公司的监管主要关注公司要求披露信息与否，对公司运作情况、审核发售证券特性等不做监管。

（二）英国

1. 监管机构。网络金融行业受到英国公平交易委员会、反欺诈协会、信息委员会等机构的准入，受金融行为监管局监管。各个互联网民间金融公司组建联合会制定 P2P 信贷行业准则完善整个行业的自律。具体来说，英格兰银行下设金融政策委员会，作为宏观审慎监管机构，负责监控和应对系统风险；新设审慎监管局，作为英格兰银行的子公司，负责对各类金融机构进行审慎监管；新设金融行为监管局，负责监管民间金融机构的业务行为，促进金融市场竞争，并保护消费者（见图 4－6）。

2. 监管方式。事后监管为主、事中监管为辅成为英国对中小企业网络融资行业的监管方式。金融行为监管局和行业协会共同执行监管职责成为英国对网络

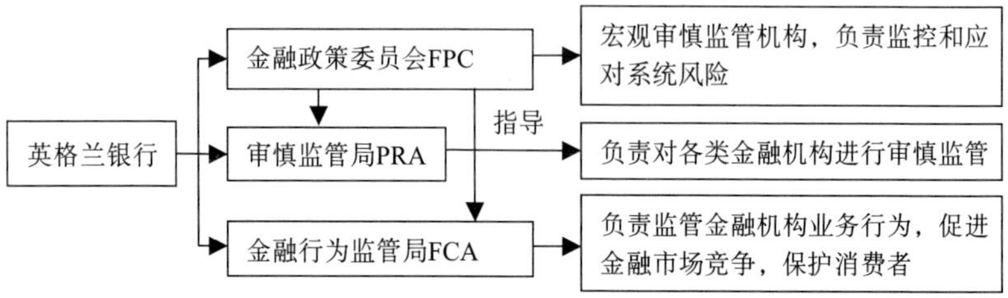

图4-6 英国互联网民间金融监管机构改革后的职责划分

融资监管方式的主要特点。英国P2P金融协会成立于2011年8月，初始成员为Zopa、RateSetter、Funding Circle三家。设立了借款人最低标准要求，促进了P2P市场有效监管；同时，设有专门的监管机构，专门适用法律状况。与中小企业网络金融行业关系最为密切的政府部门是商业创新与技能部（BIS），职责涉及商业发展、消费者权利保护、经济增长、贸易投资、监管改革等领域。

（三）日本

1. 监管机构。日本金融厅、日本银行、财务省等职能部门监管日本金融行为。日本金融厅通过制定政策法规对金融机构和金融交易进行监管，提高金融系统效率。日本银行对在其开立账户的金融机构实施现场检查和非现场检测。日本财务省与金融厅共同研究制定有关金融破产处理猪肚、应对金融危机的措施等，相互合作、共同主管。

2. 监管方式。以事中监管为主、事前监管为辅是日本对中小企业网络融资行业采取的监管方式。监管网络融资机构的法律主要有《银行法》《信用金库法》《存款保险法》；监管市场和投资方面的法律主要有《金融商品交易法》、有关投资信托以及投资法人的法律、有关资产流动的法律等；有关监管保险、信托、贷款方面的法律主要有《保险业法》《信托业法》《贷款业法》等。日本主要通过现场监视和非现场监视进行事中监管和事前监管。

三、国外民间金融法律监管的经验借鉴

民间金融作为金融体系的一个重要组成部分，普遍存在于发达国家与发展中国家和地区。各国民间金融组织形式、运行模式以及监管制度存在差异（见表4-8）。考察与比较不同国家和地区民间金融法律监管状况，总结实践经验，可推动我国民间金融监管制度顶层设计，规范与引导我国民间金融良性可持续健康发展。

表 4-8 发达国家民间金融发展与监管比较

	美国	德国	英国	日本	法国
组织形式	“上虚下实”多元复合形式	“金字塔”形结构体系	PFI 融资模式	协同组合形式	“半官半民”式
组织结构	由信用合作社、储蓄贷款协会与非吸收存款类放贷人组成	德意志中央合作银行、地区合作银行和基层合作银行	合作银行、信托储蓄银行、房屋贷款协会	民间金融、农协合作金融、信用组合、信用金库等组织	中央合作、地区合作和地方农业信贷互助等银行
监管模式	联邦和州双轨制监管；《信用社合法化法案》《准则与规章》等	政府金融监管机构与自律组织相结合	合作事业监管	职能监管为主；《互助银行法案》《投资顾问法》等	自下而上功能职责层层区别的三级体制监管模式
主要特点	民间金融与正规金融和谐发展；3 个系统各自独立	自下而上入股、自上而下服务	多样化的民间金融服务体系	民主自治；信用合作关系和融资网络体系稳定	官民结合、上官下民的管理体系

（一）发达国家民间金融监管的实践经验

1. 美国：多元复合型合作金融模式。民间金融法律主体架构是具有分层次特点的监管主体。民间金融呈现出多样化的特征，主要由信用合作社、储蓄贷款协会以及非吸收存款类放贷人 3 部分组成。在监管模式方面，美国信用合作社受到联邦与州政府的双重监管。美国多元复合型合作金融模式由联邦中期信用银行、合作社银行、联邦土地银行 3 类合作金融机构构成。美国建立包括《信用社合法化法案》《准则与规章》等在内的完善的民间金融监管法律体系，构成了一种“上虚下实”的多元复合形式，3 个系统各自独立，互不干涉，不存在行政上下级关系，有利于促进民间金融与正规金融的和谐发展。

2. 德国：民间金融的合作银行体系。德国民间金融以合作银行作为其主要存在形式，合作银行体系由德意志中央合作银行、3 家地区合作银行、基层合作银行组成多层级法人“金字塔”形结构体系，合作银行与德国商业银行具有同等地位，主要采用自律组织与政府金融监管机构相结合的方式。联邦金融监察局、联邦中央银行及其在各州与地方的分支机构作为德国政府金融监管机构，主要负责监管本国银行业、证券及保险业。德国全国信用合作联盟是合作银行体系中的自律组织，主要负责信息、社会关系沟通等。德国构成了一套自下而上入股、自上而下服务的合作银行体系。

3. 英国：PFI 融资模式及现代合作事业管理。很多基础设施、公用事业面临建设或运营资金短缺催生了活跃的英国资本市场。PFI 融资模式是指英国政府将民间的资金、技术、人员、管理等方面的优势运用于本国公共项目的投资、开发与经营的一种对民间资本进行疏导的成功模式。英国在合作事业监管上主要包括合作银行、信托储蓄银行（TSB)、房屋贷款协会等民间融资形式。

4. 日本：分类职能监管模式。在日本，信用金库、劳动金库、信用协同组合、农协等非正规金融组织拥有合法地位，且非常发达，形成了以职能为主要内容、政府为主导、非政府自主结合为基础的分类监管模式。日本设立金融监管厅进行事后监督，以法律规范交易行为促进民间金融市场的公平竞争。各职能部门根据职权分工进行分类监管。日本有关民间金融的立法具有明显的时代特征，先后产生《无尽业法》《互助银行法案》等法律。

5. 法国：农业互助合作银行。法国农村民间金融以自主型合作金融为主，其合作金融体系是“半官半民”式的模式。农业互助合作银行在合作金融体系中占主导地位，由自上而下的中央合作银行、地区合作银行和地方农业信贷互助银行的 3 级机构构成。法国民间金融的监管体系采取了自下而上功能职责层层区别的 3 级体制：最上层的中央农业信贷银行，中间层的省农业互助信贷银行以及基层的地方农业信贷互助银行。

（二）发展中国家或地区民间金融监管实践经验

发展中国家或地区的二元经济结构造就了其民间金融模式呈现明显的二元性特征（见表 4 –9）。

1. 孟加拉国的乡村银行。该国乡村银行使用的模式被誉为全球规模最大、效益最好的扶贫项目模式：自愿基础上的农户自主式经营运作模式。该模式主要为穷人提供以免担保贷款为主体的综合服务，乡村中心和借款 5 人小组构成严密层级组织结构，为经营管理、运营成本、监管成本等提供了有效制度保障。

2. 我国台湾地区的合会组织。合会组织是我国台湾地区最具代表性的民间金融组织。台湾地区对合会组织监管主要采取行政制度安排和法律手段相结合的方式。承担一级监管职能的政府通过宽松的监管环境，将民间金融的运作与其他法律相融合，形成完整体系。

3. 印度民间金融监管法律体系。印度民间金融形式主要是合会和土钱庄。合会在印度的地位相当于半个银行业系统，《1982 年印度合会法》就合会登记、事务、权利义务、会议、终止、检查、清算、登记官任命、纠纷仲裁以及其他一些事项作了系统规定。其被纳入印度政府监管系统，在印度各地区有相应的监管部门。土钱庄是印度民间借贷的传统形式，能满足大部分小企业主和农民资金需求。印度2000年《金融公司监管条例》将非银行类金融企业（NBFCs）和非社团组织（UIBs）的监管权指定给各邦政府，专门颁布相应的法律监管放贷人。

4. 非洲四国民间金融自由化。非洲四国（加纳、马拉维、尼日利亚和坦桑尼亚）金融自由化带来的制度环境的宽松推动了其民间金融的快速发展。该四国于1985—1987年相继开始金融自由化改革，使得民间金融得到了进一步发展。

表4-9　发展中国家或地区民间金融发展与监管比较

国家（地区） 内容	孟加拉国	中国台湾地区	印度	非洲四国
组织形式	农户自主式	合会互助式	—	金融自由化
组织结构	乡村中心和借款5人小组	团体型和单线型合会	合会和土钱庄	—
监管模式	乡村贷款中心会议制度与农民相互监督	行政制度安排和法律手段相结合	《印度合会法》《金融公司监管条例》等	—
主要特点	小额贷款制度；资金来源多元化；政府政策支持	广泛的群众基础；民间融资形式多样化	政府加强对非正规金融市场的干预	—

（三）地方民间金融法律监管机制研究

真正有效的监管，行政监管只是一方面，更为核心的是法律监管。民间融资管理地方法规，能够加强民间借贷法制化，促进民间借贷的规范化、阳光化、法制化，极大缓解中小企业融资难问题。法律监管需要对民间融资服务主体、民间借贷、定向债券融资和定向集合资金、风险防范和处置做出规定。民间金融法律监管机制包括监管主体法律、市场准入与退出法律以及风险防范法律。

第六节　我国民间金融协调监管促进实体经济发展模式创新

要想更好地发挥民间金融的积极效应，弱化其消极影响，政府必须引导和规范其合法化发展，加快金融体制改革，建立健全民间金融发展的配套制度和监管协调机制。基于对我国民间金融监管协调机制现状的调查研究，本节从国家和地方两个角度构建我国民间金融多层次监管协调机制。

一、构建国家“五位一体”的民间金融监管协调机制

笔者从政府、行业协会、民间金融机构、借贷者以及司法监管 5 个方面进一步深入探讨如何构建“五位一体”立体化、多层次的民间金融监管创新体系（见图 4－7）。

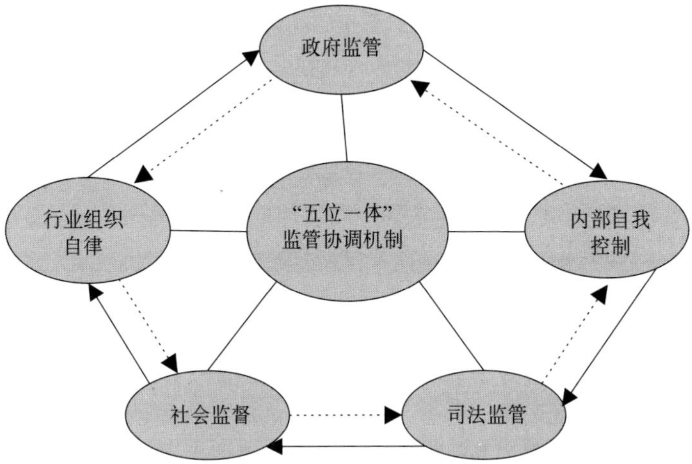

图 4－7　创建“五位一体”的民间金融监管协调机制示意图

（一）建立健全民间金融政府监管体系

政府在监管过程中起到主导作用，我国正规金融体系经历了从监管缺失到人民银行统一监管，再到“一行三会”分业监管的发展历程，目前已基本形成专业化的金融监管格局。政府监管主体包括中央银行、银行业监管部门、地方银监局。

（二）行业协会自律性监管

民间金融经营范围限定于一定的地域之内，客户群体也相对稳定，但由于我国区域经济发展不平衡，地区间差异明显，单靠政府部门对民间金融进行监管，容易导致监管越位、错位、不到位问题。因此，成立民间金融的行业性自律组织，能够弥补外部监管的不足。另外，民间金融行业协会应当发挥与政府监管部门的联动效应。

（三）民间金融机构内部控制

民间金融主体的自我管理，是民间金融监管最行之有效的办法，是不可或缺的。加强民间金融机构的内部控制可与政府监管共同形成双重约束机制。民间金

融机构应当通过建立和完善信用制度、管理制度、业务制度等将民间金融组织规范化，最大限度地支持我国地区经济的发展。然而，由于民间金融行为的主体作为市场中的行为主体，存在着对自身利益最大化的追求，在交易过程中可能存在非理性行为。

（四）民间借贷者社会监督

由于民间金融机构点多面广、比较分散、情况复杂，要进行全方位有效监管，须大力借助和运用社会中介组织机构力量，充分调动社会各方面积极性，发挥其专业知识和专业特长，增强金融风险意识与金融法律意识，服务与贯穿于民间金融监管的全过程。

（五）民间金融司法监管

司法是对民间金融监管的重要补充，是对民间金融管制的校正与评判。法院对民间金融的司法监管主要包括对民间金融行业协会制定章程及其他自律性规章、惩戒行为、地方银监局监管措施等内容的审查。

二、创建地方“六位一体”的民间金融监管协调机制

从民间金融组织市场准入监管、运营监管、法律监管、行业自律、组织监管以及多中心治理下的联合监管出发，构建地方“六位一体”的民间金融监管协调机制（详见图4－8）。

（一）新型民间金融组织市场准入监管制度

市场准入监管是民间金融监管的重要环节之一。我国民间金融市场准入机制包括组织形式准入、资本准入、业务准入和高级管理人员准入。第一，组织形式准入监管。在金融体系中，金融的发展贯穿于金融组织发展的全过程，从最初简单的交换中介到专门银行等独立的金融中介组织，金融组织作为独立形态，成为金融活动的必要载体。第二，资本准入监管。包括金融互助组织、企业互助财团、投资公司、小额贷款公司、合会和信用代理的资本准入监管。第三，业务准入监管。从民间金融组织的业务范围、经营区域与经营目的、业务对象等方面分析业务监管。第四，出资人及高级管理人员准入，主要是指民间金融组织的出资人和高级管理人员资格的审查，包括出资人的资格审查和高级管理人员的资格审查。

（二）民间金融组织运营监管机制

民间金融组织运营监管制度包括资本监管、业务监管、内控机制监管、监管

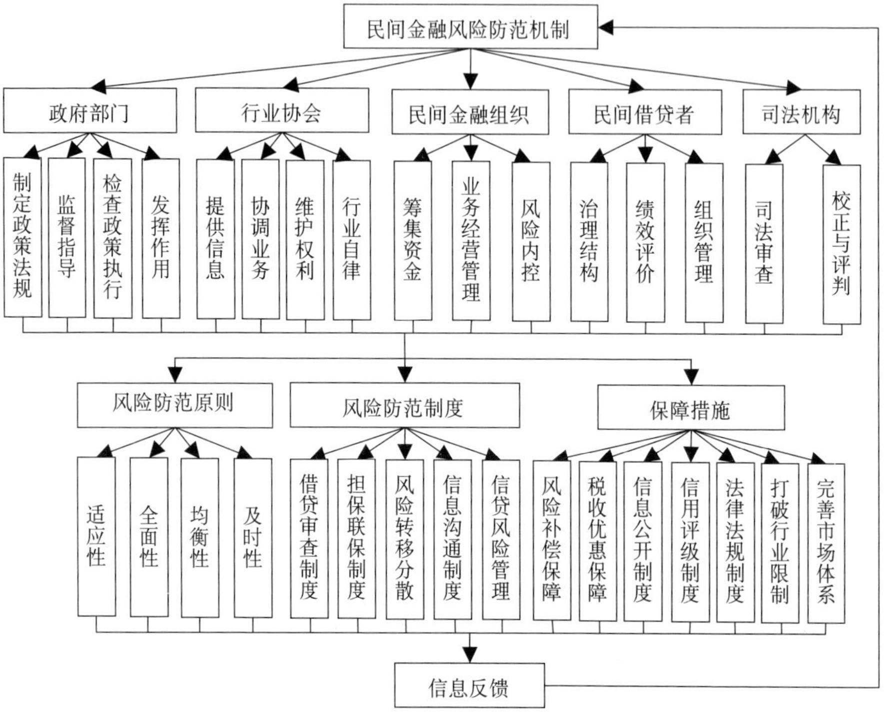

图 4-8 民间金融风险防范机制

模式审查 4 个方面。第一，民间金融组织的资本监管，主要有资本总额监管、资本结构监管、资本与资产比例监管、资本资产与负债比例监管等 4 个方面。第二，民间金融组织的业务监管，包括业务种类监管、业务范围监管以及业务创新监管。第三，民间金融组织的内控机制监管，包括内部规章制度监管、风险控制管理、权力制衡机制及内部财务规章制度监管。第四，民间金融组织的监管模式审查，包括非现场监管、现场监管、联合监管。如图 4-8 所示，从民间金融组织内控自律、行业协会协调维权、政府主管部门监管指导、民间借贷者和司法监督 5 个方面构建“五位一体”的民间金融风险防范机制。

（三）地方民间金融法律监管机制

1. 监管主体法律制度。政府要从整个国家的金融状况出发，加强对民间金融活动的监测和管理，应当完善政府部门的监管，发挥其主导作用。加强完善自律性组织的监管，提高民间金融的自律水平。

2. 市场准入与退出法律制度。民间金融市场准入制度和市场退出制度是维系民间金融稳定性与和谐运转的重要条件。在“准入”的同时，也要加强“退出”机制的建设。

3. 风险防范法律制度。包括风险评估与风险预警法律。要做到对民间金融的有效监管，就必须健全风险预警机制，政府适时向社会进行信息披露和风险提示。

（四）地方民间金融行业自律监管机制

除国家层面行业自律外，地方民间金融组织行业自律也很重要。作为民间性社团，民间金融行业协会监管权力来源于成员授权与政府监管机构双重授权。自律性监管是以民间金融行业协会为中心，规范民间金融交易双方的市场运作规则。各类民间金融组织在遵守自律性规则的前提下申请为合格的市场主体，融入监管模式。行业协会则通过制定自律性规则、对自律性规则执行情况的日常监管、信息沟通与公开等手段来维护民间金融市场秩序。民间金融行业协会应当明确其监管职能以及有效发挥与其他监管机制的联动效应。

（五）民间金融组织监管机制

通过构建合理的运行机制吸引民间资金交易供求双方以及中介机构进场交易，对民间借贷登记服务中心交易的民间借贷各方实施有效的监管。针对民间资本管理公司，在市金融局监管部门会同市联席会议成员单位共同做好民间资本管理公司的监管工作，及时识别、预警和防范风险。市、县级（市级功能区）监管部门采取现场检查和非现场监管相结合的方式，以风险监管为核心，加强对民间资本管理公司的监管。

（六）多中心治理下的民间金融联合监管协调机制

民间金融监管过程涉及政府、市场以及社会等多重主体，各自均在民间资本的运作以及监管中发挥着重要的作用，构成多中心治理模式。

1. 政府维度。政府适度干预，引导功能主导，体现在为金融业发展营造良好的法律氛围、为企业融资完善相关的制度体系两个方面。

2. 市场维度。积极推进“1 + X”产权交易市场试点，探索区域性场外交易市场试点。

3. 金融业维度。完善产权制度，在明晰产权基础上，适当扩大民间资本比重，实现国家控股向民营资本转变。建立现代公司治理结构。

4. 构建多中心治理的民间金融监管协调机制，主要包括：货币政策与金融监管政策；金融监管政策与法律法规；金融稳定与防范化解区域性系统性金融风险；交叉性金融产品与跨市场金融创新；金融信息共享和金融业综合统计体系等。

第七节　构建我国民间金融监管协调机制促进实体经济发展的政策路径

一、构建“正金字塔”银企发展模式，破解小微企业“麦克米伦缺陷”难题：基于共生理论

德国生物学家德贝里（1979）首先提出“共生”概念，这个概念最初应用于生物学，指的是两种不同种属的生物，在生理上相互分工、相互共存地生活在一起，在组织上形成的寄生、偏利共生、互惠共生等结构生态系统。《辞海》从广义角度将“共生”界定为两个或两个以上有机体互利共生的依托关系，特指一种或者两种以上生物生活在另一种或多种生物体内或体外相互利用共同生存的依赖关系。Janzen（1967）研究了南美洲金合欢树和合欢蚁之间的互利共生关系；Smith（1969）探讨了光合生物与非光合生物之间的共生联合关系；EdwaM（1990）探讨了自然生物之间的寄生、偏利共生及互利共生的关系；Scott（1969）、何自力和徐学军（2006）研究了共生的生物之间不同程度的利害、共栖和寄生关系。“共生是进化创新的重要源泉”成为多数学者的共识（王子龙和谭清美，2006），共生已成为生活常用语（卞崇道，2003）。共生已逐渐拓展到哲学、经济学等社会科学领域（萧灼基，2002），成为通往科学与社会的桥梁（Odum，1956）。斯蒂格利茨（1998）首次运用共生理论研究经济问题，提出金融体系中的共生概念。袁纯清（1998）是我国首位将共生理论引入金融领域的学者。Schlarb（2001）和 Alfred（2002）拓展了企业共生空间领域，通过物资流、能量流、信息流、人才流等方面的合作关系构建企业、社区和政府公共部门之间的共生网络。Lamlbert 和 Boons（2002）对工业共生给予更全面的界定，将设备共享、物流集中和废弃物、多余能量交换等纳入企业之间进行研究。Ehrenfeld（2004）更是将技术创新、知识共享、学习机制等内容纳入共生关系的范畴。何自力和徐学军（2006）从共生视角研究了银企共生界面的测评，并提出了改善银企共生关系的建议。陈畴镛和吴国财（2007）、唐强荣和徐学军（2008，2009）、刘浩和原毅军（2010）等借用共生理论构建制造企业与生产性服务企业合作关系的模型（见图 4 -9）。

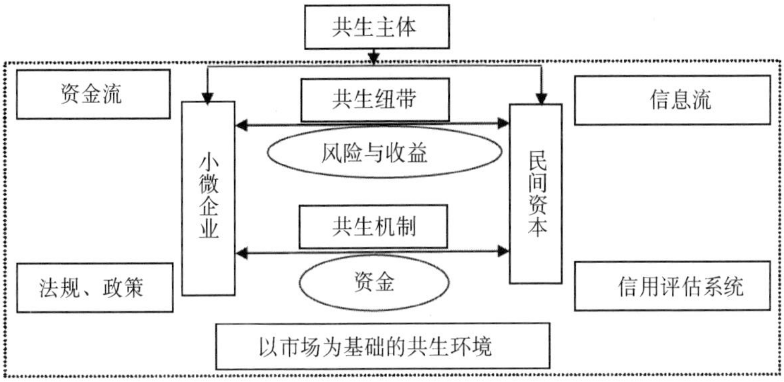

图 4－9　小微企业与民间资本共生运行图

依据以上分析可知，企业与银行之间的共生关系已经成为不争的事实。作为企业主要范畴的小微企业与银行大范畴内的民间资本之间同样存在着这种“生命互换”关系，构建了包括共生主体、共生纽带、共生机制和共生环境的相互依存的组织结构与生态系统。

（1）共生主体，是指整个生态系统中相互依赖与相互制约并存的众多主体中其中的两个。小微企业集资金生产者与消费者于一身，民间资本是集生产过程中资金提供支持者与在小微企业“消费”过程中不断实现自我积累于一身的共生主体之一。

（2）共生纽带。食物链与食物网构成了生态系统中的共生纽带。小微企业通过资金这个中介连接了民间资本，基于资金来回移动的风险与收益构成两者之间的共生纽带。根据 2011 年我国政府颁布的《关于依法妥善审理民间借贷纠纷案件　促进经济发展维护社会稳定的通知》，民间资本融资借贷利润率最高不得超过银行同类贷款利率的 4 倍，实现了高收益与高风险的匹配，即支撑了小微企业与民间资本金融之间的共生纽带。

（3）共生机制。维持生态系统在各个生物链上的长期共生构成了生态系统的共生机制。小微企业最稀缺的是资金，民间资本最富有的是资金，根据资源禀赋理论，二者可以进行交换。合理、良性、有序、共赢的相互依存、相互发展，就构成了二者的共生机制，即如何搭建共生机制平台，平衡资金稀缺的小微企业与资金富裕的民间资本，以保持两者之间长期稳定、和谐、共赢的共生关系。

（4）共生环境。生态环境是生态系统的生物群落赖以生存的基础。维持小微企业与民间资本长期稳定持续良性共生发展的一切环境因素构成了两者共生的环境。政府通过公共资源搭建小微企业与民间资本之间的资金流、信息流等沟通的平台，以及完成信用评估系统的建设、管理，法规政策制定、执行与监督等，以市场经济为基础，形成小微企业与民间资本竞争与合作的良性的可持续发展的共赢局面。

基于以上分析，小微企业与民间资本属共生理论基本范畴，可借鉴共生理论构建我国银行业的“正金字塔形”发展模式来解决我国“麦克米伦缺陷”难题。

针对中国民间富裕资本与小微企业融资难向融资贵的转变，基于共生理论，应变革现存的中国银行业与企业“双金字塔”结构现状，有针对性地释放民间资本，使其正规化、合法化，构建“正金字塔”式的与中国小微企业数量、融资所需额等相适应的中小银行等金融机构。为此，我们提出以下建议。

第一，完善相应制度，引导民间资本进入金融领域。我国现行的各项法规对于民间资本进入金融服务领域并无限制，但在实践中，民间资本很难直接发起设立。究其原因在于准入门槛比较高，国家经常以股东性质限制进入。国际上采用达标制，只要符合监管要求的足够资本等条件就可设立中小企业银行，我国现行的要求与市场化改革方向有些出入，需要进一步完善相应制度，引导民间资本进入金融领域：一是加强制定有效支持小微企业发展的金融法律制度，吸引社会闲散民间资本对小微企业进行有效融资；二是建立与完善中小企业融资管理机构，组成具有综合协调能力的管理机构，明确其为我国小微企业提供金融服务的性质；三是出台规范担保公司行为的相关法律制度，禁止高额担保费用与违规操作；四是建立民间融资监测通报制度，包括民间金融风险预警机制与风险处置机制等。

第二，规范民间金融机构，加快发展社区型金融机构。可借鉴发达国家经验，规范民间金融机构，引导小规模的私人钱庄和民间资本参与地方银行的股份制改革。一是加快民间融资合法化进程，完善民间金融监管机制。学习香港《放债人条例》、南非《高利贷豁免法》等制定经验，使社会民间融资合法化。二是针对地方特色，加快发展社区型金融机构，提升社区型金融机构在小微企业贷款中的比例。三是成立民间借贷综合服务机构。组建一个为民间借贷交易提供登记、公正评估等综合服务的机构，提高民间资金利用效率，拓展小微企业融资渠道。四是搭建信息沟通平台，使得政府相关监督部门、小微企业、社区型金融机构之间的信息流、资金流等信息对称，提升资金使用、流通等的合理合法性，有效得到核心利益相关者的有效监督。五是科学制定信贷管理制度和信用评级体系，建立严格融资主体信用度、风险控制、还债等能力信贷审查、发放和责任追究制度，以及相应信贷激励奖赏机制，改变银企之间“不敢贷、不愿贷、不能贷”的“三不”现状。

第三，设立专门针对小微企业发展的对口银行。一是争取试点，设立小微企业政策性银行。通过利率优惠、信贷投向指导、向优势产业倾斜等措施，为小微企业提供专门化、低成本的融资。二是设立专业的中小企业银行。国际经验表明，解决中小企业融资难的行之有效的方法之一是设立专业的中小企业金融机构。根据我国实际，建议设立小微企业政策性银行和商业银行。政策性银行针对小微企业创业初期发展所需资金进行免息、低息和贴息贷款支持。商业性银行针对小微企业发展成熟期，按照正常或者低于市场经济利息率进行支持。三是成立金融互助基金。工商联（商会）牵头，以现有涉及扶持中小微企业发展的各类资金为基础，在自愿有偿的基础上吸纳企业资金加入，组建金融互助基金，委托银行对中小企业进行低息无担保贷款。四是由股份制银行、城市合作发展银行、城乡信用合作社改制等组建区域性商业性银行。充分发挥和运用区域性商业银行经营机制的灵活性，经营方式的多样性、实用性以及对当地经济比较熟悉等优势，更好地为中小微企业服务。五是将小微企业参与政府采购的比例提高到30%以上，给予一定比例的价格扣除，以扣除后的价格参与评审。

第四，降低中小金融机构准入门槛，释放民间资本能量，构建民间资本市场。作为现代服务业，金融是国民经济的命脉，风险相对较大，究其本质属于竞争性行业，应以价值为中心，随着供求关系波动，最终使供求基本平衡，压缩寻租空间。一是放宽中小金融机构市场准入，构建竞争性的基层金融服务体系，有效破解民间资金多但投资难，中小企业多但融资难的“两多、两难”问题。二是大力发展地方性金融机构和逐步放开民间借贷市场，拓宽中小企业直接融资渠道。三是建立向中小企业融资的激励和约束机制，鼓励和支持股份制银行、城乡合作金融机构等以中小企业为主，鼓励国有商业银行建立向中小企业发放贷款的激励和约束机制。四是鼓励民营资本进入信用担保、创业投资等领域，切实解决企业融资难题。五是建立中小微企业行业协会或联盟，实行互助性的会员制管理。协会或联盟内的会员共同出资成立互助管理基金，主要用于解决会员间资金短缺时的困难。

二、构建以政府为主导的、以非政府为辅助的多元化监管模式政策路径

通过目前对我国民间金融监管的初步了解，对民间金融监管不能采取单一模

式，在承认民间金融合法地位的基础上，实行以政府为主导的、以非政府为辅助的多元化监管模式。由此，我们对构建民间金融监管协调机制提出如下政策路径。

1. 加快推进地方金融改革与创新。以温州为例，该城市全力推动和落实《中共温州市委、温州市人民政府关于进一步加快温州地方金融业创新发展意见》，在政府指导思想和总体目标下，充分发挥金融综合改革试验区的先发优势，深化改革，先行先试，积极探索利率市场化；大力推动温州市地方金融机构的股份制模式改革，增强核心资本充足率，继续完善公司治理，深化风险控制；不断强化地方金融政策支持，完善对金融机构和金融管理部门的考核制度。

2. 实行差异化监管。我国监管部门应该转变监管方式，对不同金融组织确立相应标准，有针对性地实施分类监管，对不同级次、类别的金融组织，监管力度应有所差别，对打击和取缔非法民间金融实行差异化监管。

3. 形成立体化监管。从东部沿海发达地区到西部欠发达地区，从大中城市到偏远的乡村，我国民间金融分布广泛、活动频繁，分布于各个层面、各个地区，将民间金融组织和活动监管起来，必须有一个非常完善而具体的监管模式。为此，建议国家成立专门的民间金融监管机构，从中央到地方，在纵向和横向上形成网状的立体监管结构。根据我国民间金融的特殊性，构建政府外部监管、行业自律监管、组织自我管理、社会监督及司法监管等5个层次相互配合的监管体系，推进我国民间金融健康、有序、可持续发展。

4. 加强民间金融立法。加强立法和监管机构的执法，依法规范民间借贷行为，是构建和谐民间金融生态环境的必然选择。从法律上确立民间融资主体的权利义务关系，建立健全法律制度规范和引导民间金融，合理界定民间融资行为，对民间融资方式、期限、利率、用途等在法律上作出明确、详细的规定。

5. 完善行政监管手段。第一，明确监管机构与职能。民间融资能否稳定运行还取决于组织制度是否合理有效，故应当按照合理分工原则，明确相关监管部门的职责，强化监管手段，建立起系统化、专业化和信息化的监管队伍。第二，推行民间融资登记备案制度。例如，温州金融改革试点实行的民间融资登记备案制度具有现实意义。通过设立借贷服务中心，引导民间融资公开登记备案，加强融资双方互通消息，明确民间资本流向。第三，完善信息披露和检测措施。健全信息披露制度是规范民间融资的必要措施，能够使监管部门及时掌握地方资金走向、利率走势，应发布利率指数，引导当地民间资本的流向。

三、我国民间金融法律监管保障体系的创建与完善

温州民间金融危机的爆发再次显示出我国民间金融监管问题。为规范资金供需矛盾催生的民间金融组织的设立和经营，更好地解决不同领域资金的供需矛盾，有必要针对民间金融组织的特殊情形，对市场准入、运营活动和监管体系进行研究，制定和采取有针对性的市场准入、监管机制与法律保障，促进民间金融组织的“优生”与持续健康发展。国外民间金融法律管制的实践告诫我国民间金融法律监管的重要意义。目前，我国针对民间金融监管的法律定性是否定的，民间金融的规范化、合法化有待加强。因此，我国应尽快进行顶层设计，从法律层面上给予民间金融制度保障，同时加强对民间金融监管的法律制度建设，使其规范化、合法化、明确化。

（一）我国民间金融的法律机制

基于合理引导、立足于疏导原则，本部分认为民间金融法律机制包括民间金融的市场准入制度、民间金融组织产权制度、民间金融创新产品法律制度以及差异化税收减免管理等。

1. 民间金融市场准入制度。第一，规范违法与非法明确详细界限。第二，按照分类治理原则，对不同借贷主体设定不同进入条件。第三，加强经营性监管，防范经营性风险。

2. 确立民间金融组织产权制度。在维护《宪法》私有经济定位定性权威的基础上，着重维护民间金融债权人的权利，重视民间金融权利的授予与保护，以及涉及的产权保护制度等，进一步修改涉及民间金融监管的相关法律制度，制定《民间金融监管管理办法》等，建立健全我国民间金融监管的法律体系。

3. 完善民间金融创新产品法律责任制度，包括：金融创新产品法律责任的更新理念、法律责任主体、形式、模式；完善归责原则；设计相关配套制度等。

4. 实行差异化税收减免管理，适当考虑基于主体行为实施差异化民间金融税收制度设计。

（二）我国民间金融的法律监管

1. 构建民间金融多样化利率监管：通过有效激励工具建立健全差别化利率规制机制。

2. 建立民间金融区域竞争机制：放宽经营范围限制，根据区域经济差异性在不同区域展开有效竞争；产业制度与产业政策引导民间金融在不同行业竞争，

产生租金信息支付效应。

3. 规范民间金融借贷形式与借贷内容：合理监管民间金融借贷形式，使借贷形式符合国家规定的正规形式，对于不合法不合规的恶性民间金融借贷形式坚决予以取缔，触犯《刑法》的坚决予以处罚。

4. 监管放贷人融资渠道：对放贷人的融资来源、融资渠道进行合理监管，避免高利贷形式的非法集资，将银行资金与民间金融进行隔离，避免扰乱正常金融秩序。

5. 扩大贷款担保物范围、方式及关联交易。

6. 对暴力催款、变相洗钱、涉黑问题等予以刑法处理。

7. 制定民间金融行业协会管理条例。

（三）我国民间金融的刑法治理

1. 确立民间金融犯罪与具体界定的《刑法》监管。目前，我国现行有关民间金融的法律对民间借贷、非法集资和吸收公众存款的界定不明确。应当将设置合理的刑法治理标准和边界、科学规定相关罪名、确定罪与非罪的界限、设置适当的刑罚幅度等问题纳入《刑法》，并进行明确与具体界定。

2. 完善民间金融犯罪的罪名设置。明确《刑法》相关罪名、犯罪构成、犯罪认定标准、刑罚体系，增设欺诈集资罪、高利贷罪等。

3. 建立健全分类管理的刑法监管模式，改革当前“非法集资”的“大一统”的监管模式。民间金融活动多种多样，所造成的社会影响也不相同，对民间金融活动管理，应根据其不同种类、不同行为方式、不同活动内容、不同特点进行不同规制模式的选择。

第五章　商会组织创新培育、促进实体经济发展的影响研究

2001 年，随着我国加入 WTO，我国社会经济等各方面都发生了很大变化。国内外经济环境和市场运行规则也要适应经济全球化、经济区域化的大趋势。在这个大趋势下，政府职能也要随之改变，政府对企业管理由直接管理转变为间接管理、行政干预转变为市场调节。政府不再是包罗万象的“万能政府”，政府也从大量具体、琐碎的事物中分离出来。这些事物就由商会填补和承担。商会成为一个民间组织，成为政府与企业之间的桥梁，承担部分过去由政府部门行使的管理职能。可见，商会的发展与变迁对社会具有重大影响。本章主要探讨商会发展的现状，分析我国城市商会对政府、社会、企业、管理等发展的影响，最后通过借鉴上海、成都、奉天（现沈阳）等国内商会和英国、美国、德国、日本等国外商会的成功经验，提出相应的对策。

第一节　中国商会发展现状

商会在我国出现得比较早。早在隋、唐、宋朝时期，市肆中出现的“行”“团”成为我国商会的雏形。明、清时期，出现了“会馆”“公所”等行会组织。到了 20 世纪初期开始正式建立商会。可以说，从晚清到民国这一段时间，我国商会发展迅速，形成了一套比较完整的组织系统。到 20 世纪 20 年代，商会组织突破了“在商言商”的戒条，开始发起或者参与各种政治运动。1927 年以后，我国商会的政治作用有所减弱，但社会影响力继续存在。中华人民共和国成立以后，我国旧商会基本被改造成为以统战为主要目的工商联组织，其经济功能和社会功能逐步削弱，其政治功能转强。“文革”中，工商联组织活动停止。改革开

放以后，随着社会主义市场经济体制的建立与发展、完善，我国各级各类商会组织开始逐渐发展壮大起来。地方城市商会也同样在这个大背景下成立并发展完善起来。

关于什么是商会，有多种界定。具有代表性的有：美国在《经济学百科全书》中将其界定为“是一些为达到共同目标而自愿组织起来的同行或商人的团体”。美国著名律师 George P. Lamb 和 Carrington Shields 将商会界定为非营利性组织，其成员为行业中的竞争者。美国协会执行官组织（American Society of Association on Executives）将商会界定为单一行业内的竞争者所组成的非营利性组织，目的是提高该行业产量、销量和提供各种互助性服务。日本经济界人士将商会界定为“以增进共同利益为主要目的而组织起来的事业者的联合体”。英国权威人士将商会界定为“由独立的经营单位所组成，是为保护和增进全体成员的合理合法的利益的组织”。英国协会管理专家斯坦利·海曼将商会界定为由独立的经营单位组成，保护和增进全体成员既定利益的非营利组织。

在国内，改革开放以来，不同专家学者对商会的界定也有不同。具有代表性的有：“商会是根据生产技术的进步和发展需要由同行业中各企业自愿组合起来的一种组织形式。”“商会是同行业的企业联合起来的服务性组织，是建立在企业自愿参加基础上的非营利性的社会经济团体”。宋养琰教授将商会界定为企业在自愿的基础上为了谋取和增进自身的利益而组织起来的自律管理的社会经济团体。

中华人民共和国成立以后，我国商会发展经过了一定的过程。1952 年 8 月，中央人民政府颁布了《工商业联合会组织通则》，给中国商会予以界定，标志着工商联的新生。改革开放基本方针确定后，原国家经贸委于 1979 年 3 月组建了我国第一家全国性商会——中国企业管理协会。随后，国务院于 1980 年和 1981 年相继批准成立了中国包装技术协会、中国食品工业协会等十几家全国性的商会，开辟了商会组织的先河。20 世纪 80 年代中后期，随着个私经济出现，工商联的工作开始逐步涉及个私经济服务。到 1988 年，先后组建了 162 个全国性商会。随着改革开放的深入，中央政府逐渐认识到商会作用。中央政府于 1991 年在《中共中央批转中央统战部〈关于工商联若干问题的请示〉的通知》中赋予工商联新的职能。各地区顺应经济发展潮流，纷纷成立商会。2010 年中央在《中共中央、国务院关于加强和改进新形势下工商联工作的意见》中又为新形势下工商联的发展指明了方向。

第二节　商会组织创新培育、促进实体经济发展的社会影响

商会组织对中国各个方面发生了较大影响，特别是对政府、社会、企业、管理等方面起到了促进作用。商会组织改变了政府传统的管理模式，促使政府寻求新的现代服务性的管理模式。商会组织推进了旧的社会价值观念和道德伦理观念向同市场经济相适应的普遍的公民意识、自治观念、法制观念、契约精神、公益精神逐渐转变，使得社会利益更加广泛，满足不同利益群体的利益。商会组织促进企业由传统企业观念向现代企业观念转变。商会组织对管理起到了推动作用，促进管理创新与组织创新。

（一）商会发展对政府的影响

商会与政府关系是商会建设的关键，部分专家学者对其进行了研究。具有代表性的有：郑成林主张政府与商会、行业协会之间应是一种相互结合的互动关系；荣敬本主张政府与商会之间应建立一种公私合作伙伴关系；汤可可主张二者之间应保持相互补偿又相互制约的关系等。针对商会对政府的影响，具有代表性的观点有：郑成林认为，商会发展最终目标就是民间化，在市场经济逐渐完善的过程中，商会将保持“半官半民”的性质。政府和商会之间建立相互配合、相互促进、相互监督、相互制约的制衡关系，保持与经济社会发展方向一致，与社会公共利益要求一致。荣敬本在比较英美模式、欧洲模式、日本模式的基础上，认为政府与商会之间保持一种公私合作伙伴关系。商会通过制度性的公开渠道来反映成员的利益诉求，代表着一定阶层、行业、利益集团参与集体谈判，促进政府作为市场经济法则的公平的裁判员，从而使社会全体成员受益。汤可可在总结近代地方商会与政府之间经济利益的合作与冲突，得出在社会发展过程中，政府和商会之间相互补偿与制约，从而实现社会各方力量的有效广泛的合作。张春霖认为，在现代社会结构中，商会等民间组织是与政府相平行的现代化建设的推动力量。现代社会运行与现代市场经济运行一样，应当以规则为基础，而不是以人情关系为基础。浦文昌的研究表明，目前中国工商联（商会）作为统一战线的人民团体，与政府（党政机关）的关系是直接的领导与被领导关系，其领导团队由党政机关提名、任命或批准，经费来自政府拨款，活动也接受党政机关的领导和控制。

我们认为，由于我国现代化是后发类型，为实现经济赶超式发展，在开始阶段需要由政府主导来进行改革。在进行改革的过程中，特别是我国加入 WTO 以后，需要完善社会主义市场经济，这就使得商会的发展迅速，从而要求政府进行改革，并形成政府机构改革与商会发展政府转型与商会发展的互动关系。现阶段，商会发展促进我国政府职能发生转变。“所谓政府职能的转变不是指政府三项职能的转变而是指在不同的历史时期政府核心职能的转变。”商会组织能够起到约束和制约政府公共管理权力，促进政府职能转变的作用。非政府组织作为公共服务的提供者，其地位和作用受到社会广泛重视。非政府组织对政府职能转变的促进作用主要从“政事分离”和“政企分开”两个角度来体现。政府又通过引导商会组织建立自律机制，提高社会组织的自治能力，同时注重商会组织发展的均衡性等来发挥商会组织的监督作用。商会组织的出现和迅速发展是我国社会进步的重要表现，它不仅有助于推动中国的政治民主化进程、提高政府的执政能力，更有助于构建社会主义和谐社会。商会组织的这种监督作用在一定程度上可以不受政府权力体制的约束，是保障政府决策的有效组织形式。商会组织的这种政治参与可以提高政府的绩效水平。总之，商会组织和政府决策之间是一个互动的过程。商会组织行使第三方作用，一方连接的是目标群体，另一方连接政府。商会能够通过保持这种联系、对话和沟通调节政策失误，有效地行使监督职能，实现经济政治社会的和谐发展。工商联作为党领导的统一战线组织和人民政协的重要界别，在非公有制经济人士参与国家政治生活和社会事务方面发挥着重要作用。工商联密切同非公有制人士的联系，深入了解他们的意愿和要求，及时反映非公有制经济人士诉求，维护民营企业合法权益，向党和政府提出意见和建议，引导非公有制经济代表人士增强大局意识和责任意识，帮助其提高参政议政能力和水平，积极反映社情民意，有序参与政治生活和社会事务。围绕推进中国非公有制企业转型升级，推动了民营经济发展环境不断改善，为中国民营经济又好又快发展做出了积极的努力。

（二）商会发展对社会的影响

商会等非政府组织的产生源于结社自由。结社自由理论认为，“公民有可以不经政府许可，为满足自己的需要建立一定形式的社会组织的权利。结社自由是公民享有的最基本的宪法权利”。自由结社是民主政治的体现，同时更是民主政治的保障。商会等非政府组织是人们通过自由结社形成的社会团体，对我国社会发展起到了推动作用。伴随着改革开放，为了适应经济建设和社会发展的要求，商会等组织使得政府的社会管理职能增强。在西方发达国家，社会管理职能已经让位于新的治理理念。“治理即多个主体对公共事务的共同参与和实施管理，是一个上下互动的管理过程，通过合作、协商、伙伴关系确立认同和共同的目标等方式实施对公共事务的管理。”商会等组织引导政府把“善治”作为努力目标。所谓“善治”是指“能够使公共利益最大化的社会管理过程，善治的本质特征就在于它是政府和公民对公共生活的合作管理。在公共管理领域，表现为政府职能社会化、管理主体多元化以及公民社会的发育成长等”。故，现代社会、经济发展、社会阶层分化等促进了社会利益主体的多元化。不同的利益主体有不同的需求，而且这些需求往往是分散的。不同利益主体的需求无法反映到社会中，只有通过商会组织等来实现社会利益的广泛性，满足不同利益群体的利益。商会还可以促进社会环境和社会氛围的改善。在中国社会转型期，由于受市场经济的冲击，旧的社会价值观念体系和道德伦理观念正在失去效力，而同市场经济相适应的普遍的公民意识、自治观念、法制观念、契约精神、公益精神日益增强。改革开放以来，随着中国社会主义市场经济体制的逐步确立，在中国社会结构转型和社会体制转轨的过程中出现了剧烈的社会阶层分化，造就出一个成长中的中产阶级。中产阶级是中国有活力、有希望的一个群体。他们的工作方式、政治态度、生活理念及消费方式日趋影响渗透到社会生活的各个层面。中等收入群体的壮大，促进了中国社会需求的多元化。他们政治上追求民主、自由，崇尚法治，有积极参与社会公益事业的积极性。总之，商会组织对当前我国社会产生了重大影响。在国际大环境下，经济全球化、经济区域化成为世界经济社会发展的总趋势，这就更需要商会等组织来接替以往政府职能，从而管理社会，代表各利益相关者的利益，通过国际性的行业联合会来制定行业标准、规范行业行为，并通过商会、协会来维护成员的利益。我国社会也需要商会等组织来实现国内行业的专业化、规范化、国际化。

（三）商会发展对企业的影响

组建行业商会是发展的客观要求，尤其是民营企业自身发展的需要。现阶段，民营经济发展迅猛，但发展中也遇到一些新情况，如发展中的问题找谁诉求、同行业的恶性竞争如何解决等。建立行业商会，就能很好地解决上述问题。同时，企业在发展中需要互助，从而达到互赢的目的。单个企业难以做到这一点，而多个企业联合方能实现。商会有利于国内企业的整体利益。随着社会主义市场经济体系的不断完善，企业商会、行业协会等组织的作用越来越显得重要。

组建行业商会是与国际经济接轨的需要。实行市场经济的国家的行业商会发展成熟，发挥着企业与政府间不可替代的作用。随着经济全球化、区域经济一体化进程的进一步加快，企业已经置身于世界经济大舞台中。按照国际通行的做法，企业与企业间的协调、企业与政府或其他政府间的协调、企业与其他国家或地区间企业的贸易纠纷谈判、制定行业规则与行业标准、实行行业自律都是由行业商会来完成的。加强商会和企业的沟通交流。商会作为企业发展的平台，除了为企业发展提供服务外，要把商会的资源调动起来形成合力。及时沟通信息，交流工作经验，加强各理事和会员单位间的联系。跟踪了解会员企业动态需求，为会员企业排忧解难，切实解决问题。在商会与会员企业的互动中加强内部控制，规范操作流程，提高工作效率，接受会员企业的监督，对会员企业负责。因此，商会的发展对企业的发展提出了新的要求，要求我国企业遵守行业规则，建立公平的竞争机制，协作我国企业做大做强；同时，商会的发展也促进我国企业家更换观念、树立全球意识、服务于社会意识、勇于承担社会责任等，最终实现企业的可持续发展。

（四）商会发展对管理的影响

商会的发展对管理起到了推动作用，对管理的各方面影响比较大。商会发展要求管理创新。商会的发展与管理创新是加快我国社会建设和社会管理体制创新的重要组成部分。商会发展还要求组织创新，包含组织结构创新、组织关系创新、组织功能创新、组织生态创新等。（1）组织结构创新要求增强组织复杂性、提高组织正规化水平、科学配置组织权力。随着商会的持续发展，会员不断增多，规模不断扩大，产业覆盖面也越来越大，这就增加了组织的复杂性。专业化发展、多元化发展、国际化发展成为其新的特点。组织正规化水平要求健全内部管理制度、创新内部管理模式等。科学配置组织权力要求完善完善权力架构、明确权责范围、建立有效的激励和约束机制等。（2）组织发展到一定阶段需要对组织关系进行创新。当前，商会发展要求建立合作机制、协商机制、融合机制等。合作机制包括跨业连横、区域联动、国际互动等。融合机制要求组织融合、业务融合等。（3）在商会推动下，组织功能创新包含服务企业、规范行业、发展产业。通过建设行业交易市场、行业产品专卖店、公共服务平台等来发展商会中的行业。通过建立行业信息化监管平台、行业产品溯源平台、行业标准化体系等来规范行业。通过指数引领法、价格指导法、规范引导法、集体商标法等来发展产业。（4）随着商会组织生态链开始显现、组织群落开始出现、组织生态规则开始浮现，要求对组织生态进行创新。

商会发展对组织的影响，进而影响商会管理创新。我国各级政府包括地方政府通过健全政策法规、制订发展规划、转变政府职能等来加强和创新商会的管理。目前，在商会影响下，商会管理主要形成了三种模式：第一种，主体培育模式。在这种模式下，尊重行业协会商会的主体地位，加大对行业协会商会的培育力度。进一步实施政社分开，通过规范行业协会商会行为、畅通行业协会商会利益诉求渠道、加强行业协会商会人才队伍建设、培育社会复合主体等途径来完善市场主体培育。第二种，公益市场建设模式。商会发展离不开社会公益市场，通过建立社会创新孵化园、公益服务园等来完善商会发展，形成公益市场建设模式。第三种，综合监管模式。通过对行业协会双重管理体制进行突破性改革，把业务主管单位改为业务指导单位，业务指导单位不再干预行业协会的人、财、物；在登记方式上，变业务主管单位同意再申请登记为行业协会成立直接向登记管理机关申请；在管理机制上，由以登记管理机关和业务主管单位为主向多个相关部门依法各司其职来加强综合监管转变。近年来，各级城市工商联加快组织建设步伐，积极发展会员、大力组建商会，创新工作模式、打造工作品牌，加强指导服务、规范组织程序，基本形成了纵向到底、横向到边的组织网络，做到了基层组织全覆盖。

第三节　对策与建议

随着我国社会主义市场经济的完善，商会将作为市场经济的中介组织来发展，成为中国特色社会主义的微观经济基础。在未来，商会将是小政府大社会的重要组成部分，成为培育我国社会主义市场主体的中坚力量以及社会建设的必要内容。因此，商会作为市场经济的主体，在完善中国市场经济的过程中将起到重大作用。笔者通过借鉴上海、成都、北京等国内商会和英国、美国、意大利、日本等国外商会的成功经验，结合现阶段中国商会的发展现状，提出以下对策：

（一）将商会发展与城市功能提升战略相融合

城市是由多种复杂系统构成的有机体，城市功能是城市存在的本质特征，是城市系统对外部环境的作用和秩序。城市主要功能主要界定为生产功能、服务功能、管理功能、协调功能、集散功能、创新功能等。城市功能是主导的、本质的，是城市发展的动力因素。在我国城市化进程中，大量企业、人员、资金、技术等流向城市。各个城市在发展的过程中，把提升城市功能作为其发展战略，学习日本以及上海商会发展经验，将商会发展与政府城市规划连接起来，从而提升城市功能。中国城市商会的发展能够完善城市功能，加快建成科技创新中心和创新型城市。在国际上，在20世纪90年代美国高技术经济形态的形成期，美国经济版图便显出地区内的发展差距，有65%是由高科技经济活动的地区差异引起的。例如，和中国城市资源条件相似度很高的美国波士顿，在重要的转型期，通过实施创新驱动型城市发展战略，实现了从美国"工业革命摇篮"向高科技创新中心的华丽转身。为此，中国城市商会发展要与地方城市功能发展战略相融合。完善商会组织的参政议政有效机制，构筑商会组织与地方政府合作交流的平台，促进城市功能的提升战略，真正实现商会组织本质功能，能够表达社会各界各层次的真正利益，实现地方政府、地方企业、城市人民的和谐发展。

（二）以现代服务业实现对行业"全覆盖"

现代服务业是相对于传统服务业而言，适应现代人和现代城市发展的需求而产生和发展起来的具有高技术含量和高文化含量的服务业。可借鉴美国商会发展，通过建立现代服务业行业商会来向全行业进行"全覆盖"。美国学者马克卢普在《美国的知识生产与分配》一书中，明确给出了现代服务业的一般范畴和简单分类模型，认为现代服务业主要包括4个行业，即教育、科学研究、通信媒介和信息服务，突出强调了现代服务业的知识性和信息服务性。专家研究认为，现代服务业一般具有知识性、高增加值性、高素质性、高科技性和新兴性等5个基本特征。根据对现代服务业的定义和特征进行分析，一般认为，现阶段宽泛标准的现代服务业大致包括通信、信息服务、金融保险证券、物流、中介和咨询服务、旅游、房地产等行业。在我国，最早提出现代服务业的是1997年9月的党的十五大报告。2002年，党的十六大把"加快发展现代服务业，提高第三产业在国民经济中的比重"作为国民经济发展的战略任务之一。2017年党的十九大提出"支持传统产业优化升级，加快发展现代服务业，瞄准国际标准提高水平"。为此，要抓住国家服务业综合改革试点的机遇，重点发展现代服务业，将现代服务业覆盖各行各业。商会顺应城市产业发展趋势，通过与国内外发达城市商会的交流与联合，加强信息的交流，提供更多的信息平台，转变经济发展方式，以促进产业高端发展和绿色增长为取向，优先发展现代物流、金融保险、商务会展、总部经济、信息服务、科技服务、文化创意、服务外包等现代服务业，使二三线城市成为我国加紧“公关”的重点城市。

（三）优化城市创业创新环境，为小微企业提供优质服务

目前，小微企业的发展遇到了很大问题。融资难、出口难、用工难、市场难等压力使得部分小微企业倒闭。应该借鉴意大利商会经验，优化城市创新环境，为小微企业提供优质服务。为此，商会正好适应当前经济形势。为此，商会应为小微企业提供优质服务，优化城市创业创新环境。同时，商会可以建立扶植创业资金、年轻人创业天使投资基金等，为小微企业、年轻人创业等提供资金支持，建立一套完整的互联网企业管理模式，包括做到上市的经验，而且投资互联网相对成本较小，风险可控，主要投向是全国范围内的小微企业等。

（四）以商会的社会责任行动，促进文明城市建设

随着商会在经济发展中所起的作用日益显著，商会作为企业与企业的交流平台，可以让参与交流的企业对社会的良性作用增加。商会即将成为社会第三大板块，承担更多社会责任。北京泉州商会自成立以来，面向会员企业和社会各界推行“爱的教育”理念。2006 年，商会对考上北京高校的泉州籍的学子给予奖励，对于那些贫困生，用各种方式帮助他们，直到他们能自己“造血”，更多地来承担社会责任，促进文明城市的建设。为此，要建立、完善和规范商会的发展，发挥商会的公共决策作用，可以为促进经济统筹发展、建设和谐社会发挥更大的作用。商会组织应当担负起促进全市非公有制经济又好又快发展的工作责任，着力在“好”与“快”上做文章；同时，也要担负起引导全市非公有制经济人士参与构建和谐社会的工作责任，在着力处理好企业内部和外部关系上做文章。商会要整合资源，促进民营企业规模化发展：首先，加大成立和指导行业商会的力度。其次，组织兼并、重组，包括参与国企改制、推动连锁经营。再次，商会应在改善投资经营环境上促进民企健康有序发展。最后，商会应在提供合作交流平台方面发挥作用，促进民营企业跨国、跨地区发展，实现商会组织的区域化、国际化。

（五）发挥商会职能作用，促进地区各行业有序竞争和共同发展

商会如何推动行业的协调发展是商会工作的第一要务。商会应当发挥民主监督和参政议政职能作用，积极开展地区各行业发展以及地区经济、社会问题的调查和研究，并利用一年一度的理事会会议以及每年商家座谈会的机会，邀请政府领导、各级职能部门参加，为地区行业建设与发展建言献策。这些活动为商会会员提供了更多的商业机会，为商会中的会员提供公平的竞争机制，提升区域竞争

力，规范商贸秩序，以促进整个地区行业有序竞争和共同发展。

(六) 加强商会组织建设，提升整体规模和队伍素质

应充分履行民间商会的职能，团结本地区各行各业的商家，促进地区的经济繁荣和发展，搞好商会的组织建设。

第一，积极创造条件，广泛开展吸收会员工作。

第二，会员队伍建设。商会始终致力于把会员队伍建设成一支能够拥护党的方针政策，能够从地区经济发展和商会利益出发，为地区“三个文明”建设贡献力量的队伍。应严格遵照“团结、帮助、引导和教育”方针，通过组织举办多种形式的政治学习、开展法律讲座、举办业务知识培训，使全体会员提高了解和掌握党和政府的各项方针政策的意识，增加法律法规、金融、财税以及经贸等方面的业务知识，整体自身素质和能力得到较大幅度的提高。

综上所述，商会是随着人类社会实践活动的扩大与深度广度的拓展而产生并得以发展和完善的社会经济组织。商会的变迁促进地方政府、企业、管理等方面的发展。在完善我国社会主义市场经济的过程中，商会组织发挥独特而不可替代的作用。因此，对商会的研究无疑具有重要的现实意义。

第六章 服务外包企业创新培育、促进实体经济发展研究

作为世界第二大服务接包国，中国服务外包产业面临着严峻的挑战。从外部来说，发包国业务回流，市场空间缩小；最大的竞争对手印度已凭借其语言优势、人才优势、培训优势将其服务外包产业成功升级，市场竞争加剧。从内部来说，逐渐攀升的劳动力成本和物流成本以及同质化、低端服务所带来的价格战，不断挤压利润空间。外部的发展环境和内部的成长压力都迫使我国的服务接包企业必须由低端服务向高技术、高附加值产业端延伸，必须由先前提供单一服务的接包方，转变为提供包括更为先进的应用程序、风险管理、金融分析、研究开发等在内的高技术含量、高附加值的服务外包提供商，创新成为中国服务接包企业的最大发展诉求。本章立足于企业层面，旨在从现有的研究中提炼出服务接包企业创新的理论基础，探讨中国的服务接包企业“以创新求生存，以创新谋发展”的路径。

第一节 服务外包促进实体经济发展概述

美国毕博管理咨询公司将“服务外包”定义为：服务外包是指企业为了将优先资源专注于其核心竞争力，以信息技术为依据，利用外部专业服务商的知识劳动力，来完成原来在企业内部完成的工作，从而达到降低成本、提高效率、提升企业对市场环境迅速反应能力，并优化企业核心竞争力的一种服务模式。从该定义可以看出，服务外包最初立足于发包方利益，目的是增强发包方的核心竞争力。随后，开放式创新和用户创新的出现以及网络技术、信息技术的飞速发展突破了空间距离对创新的障碍，使发包企业开始重视来自企业外部的创新，其中接

包企业成为其创新的重要来源。所以，目前现有的学术研究，尤其是西方的学术研究主要是站在发包方的角度研究服务外包与创新的，主要包括：发包方服务外包创新的目标（Ulrich 和 Ellison，2005）、发包方服务外包创新的动机（Mol，2005；Cassian 和 Veugelers，2006）、发包方服务外包创新的益处和弊端（Hamel，1991；Mitchell 和 Singh，1996；Poppo 和 Zenger，1998；Powell，Koput 和 Smith－Doerr，1996；Weigelt，2009；Ciravegna 和 Maielli，2011）、发包方服务外包创新的影响因素（Tiwana，2008；Bengtsson 等，2013；Carmen 等，2012）、发包方服务外包创新的战略（Cui 和 Loch，2011）。

与关于发包方服务外包创新丰富而深入的研究相比，很少有文章关注接包方如何从接包中创新（Jean 等，2012）。近年来，服务接包企业创新的关注度有所上升，但总体来说，国外的学者仍然倾向于关注发包方如何更好地利用接包方创新（Schiele，2011；Inemek 和 Matthyssens，2013），这与西方发达国家主要是服务外包的发包国有关；相比之下，中国作为世界第二大服务外包接包国，国内学者立足于接包方创新，做出了更多探索。在宏观上，很多学者认为国际服务外包会积极地促进接包国企业的技术进步，但会受到开放程度、人力资本存量、技术差距等因素的影响（喻美辞，2008；崔萍、邓可斌，2013）。也有学者认为，服务外包的发展并未从根本上改变现行全球外包分工体系，发达国家仍处于主导地位，多数发展中国家的外包企业还处在被动接包的地位（杨丹辉，2009）。在微观上，现有的研究主要集中在服务外包与技术创新的关系、服务接包企业创新能力（谭云清、马永生、李元旭，2013；张千军、刘益，2013）、服务外包创新绩效的评价及其影响因素 3 个方面。由以上分析可以看出，服务接包企业创新的研究取得了一定成果，但仍然存在以下几个问题：服务接包企业创新的理论基础是什么？现有的研究为服务接包企业的创新提供了哪些思路？中国的服务接包企业如何在理论指导下有效提升创新能力？

本章旨在通过梳理现有文献的理论基础，为我国服务接包企业的创新给出系统的理论指导，并结合现有的研究成果，构建提升我国服务接包企业的创新能力的路径。

第二节　服务接包企业创新促进实体经济发展现状

（一）服务接包企业的创新能力落后于产业发展速度

目前，服务接包企业的创新能力与产业发展速度存在较大差距。我国服务外包合同执行金额快速增长，由 2009 年的 138.4 亿美元增长到 2013 年的 638.5 亿美元，增幅高达 361.3%。截至 2013 年底，我国共有服务接包企业 24818 家，从业人员 536.1 万人①，突显出我国服务外包产业发展势头强劲，但我国服务接包企业总体处于价值链低端，多数企业没有自主知识产权的产品和解决方案，价值链升级困难，企业议价能力较差，全行业利润呈现下降趋势，企业很难拿出大量资金搞研发创新，由此形成了一个恶性循环。如果将服务外包创新划分为成本领先阶段、规模制胜阶段、专业聚焦阶段和价值驱动阶段，目前，我国的服务接包企业仍然处于“成本领先”和“规模制胜”阶段（见图 6－1），而且这一优势受到了极大的挑战。由此可见，服务接包企业的创新能力落后于产业发展速度，提升服务接包企业的创新能力是促进产业升级的关键所在。

（二）服务接包企业创新学习效果有限

目前，我国服务接包企业的创新能力受到以下几个因素的影响：第一，外包业务模块化发展限制了创新知识（隐性知识）的流动。随着外包业务模块化程度的提高，一个项目或产品越来越易于被分解为若干个独立运行的模块，模块之间的知识的含量与内容均存在差异。发包方倾向于将需要与最终用户方频繁沟通的模块、需要大量隐性知识转移的模块留在企业内部或是发包给本地区的企业（李宏舟，2010）。在这种情况下，我国的接包企业所能承接的模块知识含量较低，降低了试图通过这些业务模块学习并掌握行业知识、系统集成经验和开拓市场的可能。第二，服务接包企业承接业务种类单一，项目类型集中在软件开发及测试、数据录入等领域，而对从设计到整体解决方案、研发等高端业务领域则很少涉猎。缺少多样化、高级知识的学习途径。第三，服务接包企业缺少创新型人才，行业平均人才缺口约为 20%—30%，调研显示，中高级人才的年需求缺口达 5 万人左右。以 IT 外包为例，印度从业者中约 1/4 为技术或管理高端人才，而中

---

① 中国服务外包网，http：//chinasourcing. mofcom. gov. cn/c/2014－10－17/176072. shtml。

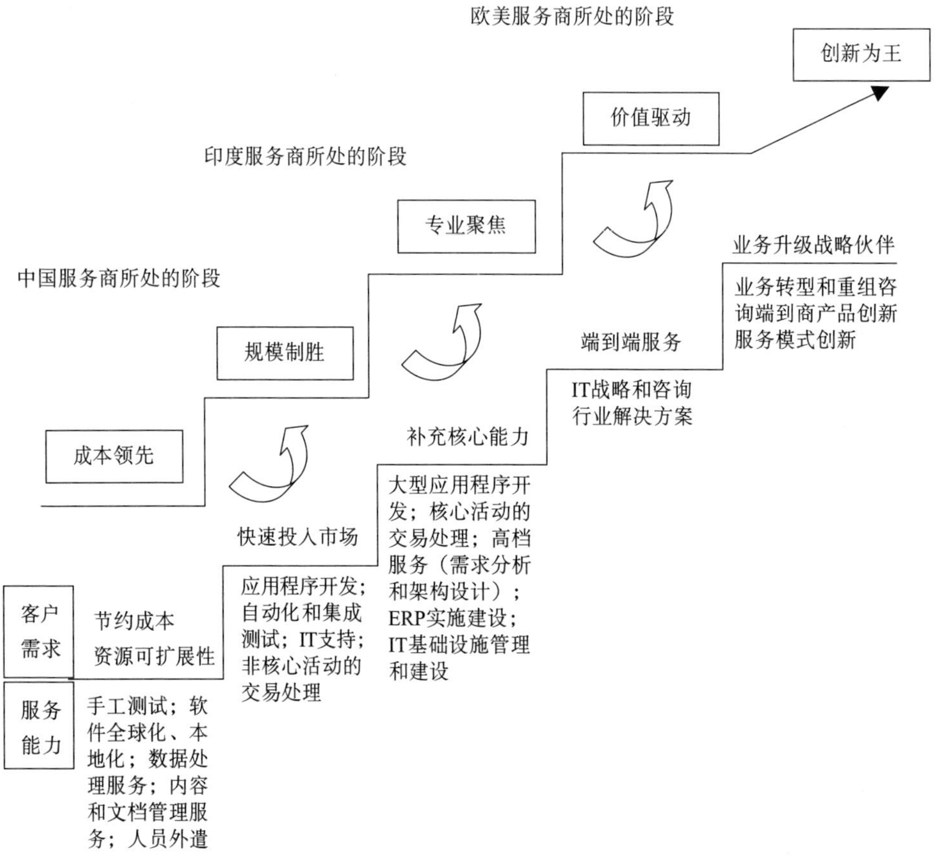

图6-1 服务接包企业的创新阶段

资料来源：鼎韬观点。

国中高端人才只占1/10到1/8①。

（三）服务接包企业创新类型多样化发展

服务接包企业的创新包括产品/服务创新、管理创新、技术创新、商业模式创新、流程创新、标准创新、知识创新7大类型。根据2011年中国服务接包企业50强的统计数据显示（见图6-2），技术创新是我国服务接包企业的主要领域，占总比例的24%，流程创新占22%，产品/服务创新占20%，而标准和知识创新两者相加仅占8%，这主要是因为这类创新一般企业很少涉足，主要集中在东软、药明康德等领军企业。另外，不同业务类型以及发展阶段的企业的创新类型也有所差异，ITO企业主要是技术创新，而数据处理和呼叫中心等BPO等企业

① 新华网，http：//news.xinhuanet.com/finance/2013-07/02/c_124941026.htm。

主要集中在产品/服务和商业模式创新等领域。

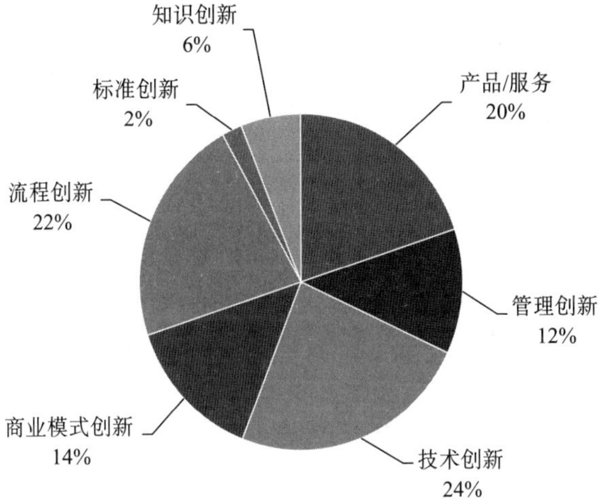

图 6－2　服务接包企业创新类型

资料来源：http：//article. pchome. net/content－1532520. html。

第三节　服务接包企业创新培育、促进实体经济理论基础

首先，任何创新的本质都是知识的创新，服务接包企业完成承接任务的过程就是知识的转移、吸收、转化的过程，通过这个过程将新知识整合进企业现有的知识库，扩大创新的基础。其次，任何企业都不可能占有全部关键资源，在和外界进行资源交换的过程中，必然存在着对环境的依赖。再次，每一个服务接包企业都嵌入纵向价值链以及横向的协作网络，并占据或高或低的网络位置，网络是其获取创新资源的重要来源。最后，创新的过程离不开组织学习，具有服务外包关系的双方通过关系型学习促进合作双方的创新，已经得到了理论验证，尤其是我国的服务接包企业整体上还处于价值链的低端，如何从与发包方的合作中提升自己的创新能力是值得进一步探讨的问题。

基于以上 4 点，结合现有的研究成果，本节将知识基础观、资源依赖理论、网络理论和组织学习理论作为服务接包企业创新的 4 大理论基础（见图 6－3）。

（一）知识基础观

知识基础观（Knowledge－Based View，KBV）起源于资源基础观，该理论的重要假设就是知识是组织中最重要的战略资源，是进行组织生产最重要的投入，

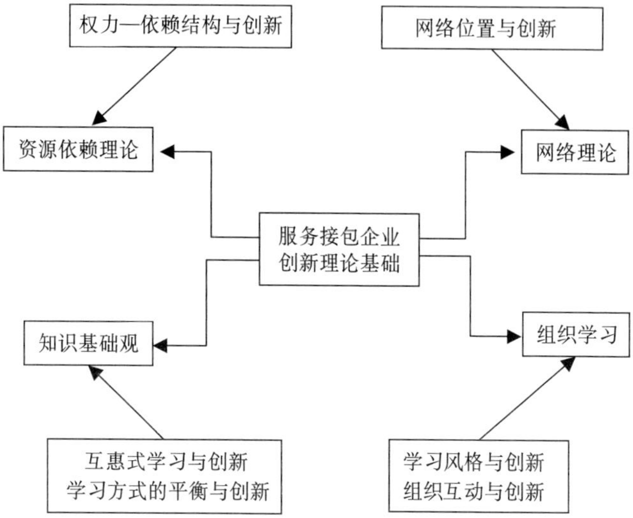

图 6-3 服务接包企业创新理论整合框架

资料来源：作者自行绘制。

是价值最重要的来源，而且也是企业获得持续竞争力的重要驱动力，而创新则是组织内部或组织间的知识获取、分享的产物（Grant，1996；Grant and Baden-Fuller，2004）。知识基础观对服务接包企业的创新的指导作用主要体现在：

1. 用互惠式学习代替竞争式学习。以往的研究认为在服务外包关系中，双方是以获取对方知识为目的，而且发包方是最大的受益方，它不但可以从接包方创新中直接受益，而且可以通过组织间学习产生的知识转移间接受益（Hamel，1991）。但以获取知识为指导思想的外包关系会导致“学习竞争”，合作双方都试图比对方学得更快（Hamel，1991），学习速度快、学习效果好的一方在双方关系中更有话语权，外包关系的存续时间也取决于获取对方的知识所需要的时间，这样的指导思想就会破坏合作关系的稳定性（Inkpen 和 Beamish，1997）。

知识基础观认为企业之间形成外包关系是为“接近”对方的知识，而不是为了获取对方的知识（Grant 和 Baden - Fuller，2004）。知识基础观强调的是互惠式学习（reciprocal learning）和双环学习（double - loop learning），关注的是学习过程的互惠，不是供应链企业间的学习比赛。这是一种非常有效的知识整合机制，该机制通过共同学习（co-learning）和共同发现（joint discovery）开发新知识，使外包关系存续时间更为持久。竞争式学习和互惠式学习的区别见表 6-1。

表 6－1　　竞争式学习和互惠式学习的区别

学习方式	目的	合作时间	合作结果	合作风险
竞争式学习	获取知识	长	趋同	大
互惠式学习	接近知识	短	互补	小

资料来源：作者自行整理。

2. 探索知识和利用知识的平衡。知识基础观认为外包情境下的创新包括知识的探索和利用过程。首先，知识的探索需要发包企业或接包企业利用外包或接包转移和吸引对方的知识；其次，知识开发要求服务外包协作企业都能在利用对方的互补性资源的同时保持自己鲜明的专业特色（Grant 和 Baden－Fuller，2004）。如果只强调转移或获取对方的知识，会使双方越发趋同（convergence），增加合作伙伴转变为竞争对手的风险。而以接近对方的知识为目的的合作，会使合作双方依然保持多样性（divergence）。

（二）资源依赖理论

根据资源依赖理论（Resource Dependence Theory，RDT），依赖是指为了获得稀缺资源而依靠对方的程度（Pfeffer 和 Salancik，1978）。那些能够控制关键资源的组织拥有更多的权力。资源依赖理论认为，当 A 组织手中掌握着 B 组织所需要的重要资源，而且这种资源具有不可替代性时，就可以说 B 组织依赖 A 组织，此时，A 组织因为掌握更多的资源，所以具有更多的权力。权力在 B to B 的交易关系中发挥着重要作用（Zhao，Huo，Flynn 和 Yeung，2008）。资源依赖理论强调在组织内部控制关键资源的重要性。但在现实生活中，很少有企业的关键资源是完全自给自足的，发包企业依赖接包企业获得互补性资产，从而满足顾客需求（Heide，1994；Pfeffer 和 Salancik，1978）。接包企业依赖发包企业谋求生存与发展。研究表明，交易关系中的权力—依赖结构会影响企业的创新行为（Tangpong 等，2008）。

1. 不平衡的权力—依赖结构影响接包企业的创新行为。在交易关系中，如果存在不平衡的权力—依赖结构，就代表着存在严重的权力不对称，拥有较多权力的一方可以利用权力向另一方施加压力。依赖越少的接包方越有权力控制它的交易对象并获得合适的知识来扩大自己的资源基础。Henke 和 Zhang（2010）研究发现，在交换关系中如果发包方利用“权力”处理与接包方企业的关系，对接包方企业的创新是有害的。Yli－Renko 和 Janakiraman（2008）也发现，接包方依赖发包方，对自身的创新是有影响的。反之，当接包方变得很有竞争力时就会使发包方形成一种依赖（Schiele 等，2011），同样由于这种不平衡的权力存在，接包方就会轻易地将成本转嫁给发包方并获得超额利润（Corsten 和 Felde，2005）。在这种情况下，“竞争”要好于“合作”（Forker 和 Stannack，2000）。当接包方较早地介入发包方的创新活动时，一旦创新活动完成，接包方就会利用这种地位谋取更高的价格（Koufteros 等，2002；Cousins 和 Crone，2003），或者产生一些其他的机会主义行为及其他冲突（Lonsdale，2001；Heide 和 John，1988；Kumar 等，1995）。所以，对于发包方来说，让接包方介入创新活动，就必须平衡如何既能利用接包方带来创新，又能防止对方提出过分要求。

2. 平衡的权力—依赖结构促进接包企业的创新行为。Casciaro 和 Piskorski（2005）认为，发包企业和接包企业越是感到相互依赖，越倾向于交换重要信息，彼此都从大量的信息分享和沟通交流中获益（Stock，2006）。发包方可以依赖接包方的互补性资源优化自身的内部流程。当发包方意识到自身越依赖接包方、满足终端顾客需求时，接包方的创新性越强，新创意越多，就越允许接包方的创新成果不断地流向发包方，并利用接包方的想法和机会来刺激自身企业内部新想法和新机会的产生（Lee 和 O'Connor，2003）。同时，接包方也可以利用权力—依赖关系与发包方进行知识的流动与传播，从而促进和支持创新活动（Davis 和 Golicic，2010）。

（三）网络理论（Network Theory）

网络理论认为，成员企业之间相互依赖的方式以及它们在网络中的位置影响了它们各自的机会、约束条件和行为（Granovetter，1973；Zaheer 和 Bell，2005）。已有一些文献将网络理论应用于研究企业内部或企业间的创新和新产品开发（Ahuja 和 Lampert，2001；Rindfleisch 和 Moorman，2001；Wuyts，Stremersch 和 Dutta，2004）。

1. 网络位置影响接包企业的资源控制力。企业在价值网络中的位置会影响它们是否能获取重要的新知识，用于新产品开发其新创意的生成（Tsai，2001）。也就是说，越占据有利的网络位置，越有可能获得理想的战略资源。因此，发包方依赖发包—接包关系的程度会影响到创新的驱动因素、创新本身以及最终的绩效之间的关系。一个依赖性较强的接包方会因占据非核心网络位置而不能控制重要的战略资源；相反，一个依赖性较弱的接包方会因占据价值网络中的核心位置而获得对关键资源更多的控制权。

2. 网络中心性影响接包企业的信息数量和质量。网络中心性可以促进信息的交流和产生（Burt，1997；Tsai，2001）。占据网络中心位置的接包方，对发包方的依赖较小，接包方拥有更多的自主权和更多的机会与其他发包方合作，这就使它可以从市场中不同的发包方那里获得更多数量和更优质量的资源。也就是说，事实上，网络发挥了信息处理和扫描的功能（Ahuja，2000）。强关系、弱关系理论也认为依赖性小的接包方可以借助中介作用，通过与不同的发包方合作，使自己获得多样化的信息，有益于新产品开发以及流程创新，而依赖性较强的接包方因为占据较差的网络位置，从而丧失从多种渠道获取信息的优势。

（四）组织学习理论（Organizational Learning Theory）

组织学习可以定义为“开发潜在的影响企业行为的知识或洞察力”。（Slater 和 Narver，1995）。组织学习往往是基于惯例的、具有历史依赖性以及目标导向性的（Levitt 和 March，1988）。不同的组织具有不同的学习能力，组织在解释（Daft 和 Weick，1984）、记忆（Easterby－Smith，1997）以及应用它们所学方面（Brown 和 Duguid，2001）表现出极大的不同。

组织学习理论认为，发包方和接包方的关系或者企业间的关系就是通过有效学习进行创新的过程（Powell，Koput 和 Smith－Doerr，1996）。有学者通过引入关系型学习将组织学习理论应用于组织间的情境下（Jean，Sinkovics 和 Kim，2008；Jean 和 Sinkovics，2010）。也就是说，通过发包方和接包方的共同行动，双方共享市场信息，双方通过共同解读以及共同整合这些信息从而形成双方关系范围内特有的记忆，而且这些记忆改变了关系双方行为的范围或者可能性（Selnes 和 Sallis，2003）。

1. 学习风格影响发包方与接包方之间的知识转移。组织学习理论认为，要想进行有效的知识转移，必须考虑两个问题：一个是有多少知识可以转移；另一个是如何更好地转移知识。第一个问题与接包方的创新性相关；第二个问题取决于组织间学习是如何发生的（Azadegan，2010）。因此，发包方与接包方之间学习风格的匹配对于知识转移发挥着重要作用（Azadegan，2010）。当接包方承担较少的设计责任时，发包方与和自己具有不同学习风格的接包方联盟，可以正向促进接包方创新对发包方绩效的影响；当接包方承担较多的设计责任时，发包方与探索式学习风格的接包方联盟，可以正向促进接包方创新对发包方绩效的影响。

2. 组织互动促进了发包方和接包方之间的学习。组织学习理论还认为，组织所在的网络是组织知识的来源，并为网络中的每个成员提供机会（Gulati，

1999；Tsai，2001）。组织间的关系可以促进资源和知识的流动、提高学习能力并产生新的知识（Dyer 和 Nobeoka，2000；Lane 和 Lubatkin，1998；Nobeoka，Dyer 和 Madhok，2002）。现有的研究认为，在知识的转移、再组合和新知识的创造过程中，组织间的互动发挥着重要作用。组织间的互动包括技术互动和社会互动，当组织间的互动模式化之后，就会形成互动惯例，这种惯例会促进专有知识在发包方和接包方之间转移，从而促进接包方的创新。尤其是当双方都为基于知识分享的互动进行投资时，双方学习的效果会好于由单方进行投资（Ahuja，2000）。在发包—接包关系中，接包方可以利用这种学习机会进行改变、调整，或者把从对方那里学习的知识转化为新创意、新产品或新技术（Kogut 和 Zander，1992；Nobeoka，Dyer 和 Madhok，2002）。

第四节　服务接包企业创新能力的提升促进实体经济发展的路径

承接服务外包业务，尤其是离岸外包业务可以提高服务接包企业的创新能力（崔萍，2010；胡水晶，2009），但是服务接包企业的创新仍然面临以下问题：首先，发包方的技术保护以及外包业务模块化程度的提高，减少了服务接包企业的学习机会，降低了学习效果。第二，对发包方的技术依赖容易使服务接包企业陷入“技术陷阱”，形成恶性循环。第三，服务接包企业长期从事低端简单的研发工作，不利于自主创新，削弱服务接包企业的可持续发展能力，进而在国际市场上丧失竞争优势；另外，服务外包对于接包方创新的促进作用不是自动发生的，它是基于接包方和发包方双方的因素共同作用而产生的。为了解决以上发展问题，根据以上对服务接包企业创新的四大理论基础的分析，结合前人的研究成果，本节提出了我国服务接包企业创新能力提升路径模型，见图 6 -4。

（一）以“知识互补”为导向，保持专业特色

我国绝大部分服务接包企业都是初创期的中小型企业，位于程式主导阶段，处在全球价值链低端弱势位置，服务接包企业的接包项目大部分为常规业务（在图 6 -4 中表示为常规业务的 Aa 和 Ba），知识含量和创新程度较低。一方面，服务接包企业在此阶段要有意识地吸收学习来自发包企业的显性知识、隐性知识以及各种信息和资源，形成并扩大能力和知识库的原始积累；另一方面，服务接包

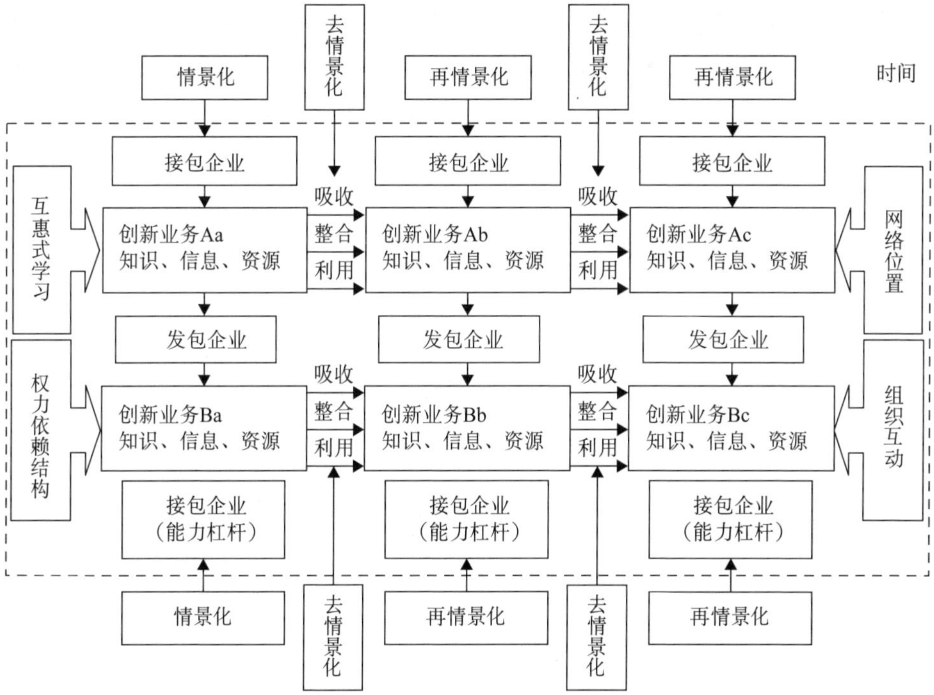

图6－4　服务接包企业创新路径

资料来源：作者自行绘制。

企业要立足于为发包企业提供互补知识，保持自身的专业特色，形成独特的产品定位，不但可以降低发包企业的潜在警惕心理，而且更易获得与发包企业共建联合项目组的机会，通过信任与密切联系的人际交流，增加富含隐性知识的嵌入情境和创新机会。

（二）以“创新事件”为契机，提高网络位置

我国部分服务外包领先企业已经处于成长期，如文思海辉技术有限公司、软通动力信息技术（集团）有限公司、博彦科技股份有限公司等，这些公司已经具备了较强的创新基础，在商业模式创新、流程创新、技术创新、管理创新、产品/服务创新等方面积累了一定经验，并且与一些国际知名企业建立了合作伙伴关系，如 Oracle、IBM、TIBCO、Microsoft 等。这些服务接包企业目前大多处于程式创新融合阶段，此时，它们拥有更多地获得来自发包企业“创新事件”的机会。所谓创新事件，是指使公司获得了以前不具备的能力的一些重要事件，这些能力可以使公司开发新的产品（服务）或改善了现有的产品（服务）（李宏舟，2011，2012）。创新事件的发生是基于美、日等国家的一些发包企业的价值链核

心环节前移留出来的市场机会；创新事件有助于服务接包企业涉及对方的核心职能业务并起到相应的示范作用，在提高企业核心竞争力的同时，会为企业带来更多的创新事件，如图 6 – 4 所示，从 A 领域的常规项目 a 扩展到 A 领域的创新项目 b；或经由 A 领域的常规项目 a 扩展到 B 领域的常规项目 a，再到 B 领域的创新项目 b。项目范围的不断扩大促进知识的不断情景化—去情景化—再情景化，知识的不断情景化—去情景化—再情景化又反作用于项目范围的扩大，从而使得企业在价值链中的位置不断上升（见图 6 – 5）。

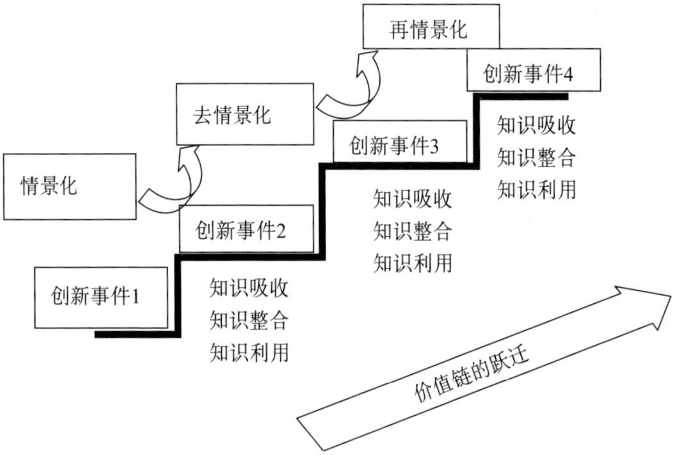

图 6 – 5 服务接包企业价值网络位置上升示意图

资料来源：作者自行绘制。

（三）以“能力杠杆”为抓手，深化组织学习

服务接包企业的创新需要以不断深化组织学习为基础，组织学习的深化需要两个条件：第一，借助服务接包企业自身的能力杠杆；第二，与发包企业之间的组织互动。所谓能力杠杆是指企业进一步开发已经掌握的知识，使其能够应用在新的领域（李宏舟，2010）。能力杠杆应用的过程就是在服务现有顾客的基础上应用知识、抽象知识和创新知识的过程。应用知识是为现有的顾客提供定制化解决方案，抽象知识是在服务顾客的过程中将同类项目的共性知识抽象出来，而创新知识则是将抽象知识应用于新的顾客并开启新一轮的知识创新过程，使知识不断地从具体到抽象再到具体，循环反复，形成组织学习环。我国的服务接包企业需要加强对情境知识的抽象以及进一步应用的能力；此外，发包企业和接包企业之间的组织互动会极大地影响组织学习，如双方的学习风格是否匹配，服务接包企业要动态平衡地使用利用式学习和探索式学习，使两者互为补充。

（四）以“相互依赖”为目标，提升资源控制力

从 ICT（Information，Communication Technology）向 ICD（Internet，Cloud & Data）迁移标志着外包产业进入 3.0 时代，服务接包企业的利润模式也由原来的“规模驱动”转变为“流程驱动”。企业之间的竞争不再是单个企业之间的竞争，而是它们背后整个价值网络的竞争，所以对于发包企业和接包企业来说都需要与对方进行更深入的业务流程整合，形成立足于价值共创的高度信任的跨组织战略关系。这就意味发包企业和接包企业之间的相互依赖水平进一步提高，依赖就会带来权力，我国的服务接包企业要抓住机遇，充分利用创新事件所带来的学习机会和示范作用以及早期合作业务带来的路径依赖和锁定效应，用“相互依赖”取代“单边依赖”，与发包企业构筑“你中有我，我中有你”的相互依赖的生态格局，提高双方合作中的资源控制力。

需要说明的是，在服务接包企业创新的过程中，知识基础观、资源依赖理论、网络理论以及组织学习理论不是独立发挥作用，而是作为一个整体发挥作用。总体来说，就是在发包企业和接包企业共同构建的价值网络中，在双方的业务往来过程中，服务接包企业为了改变目前的弱势地位，要有意识地利用创新事件带来的学习机会，充分发挥能力杠杆的作用，构建相互依赖的生态格局，加强知识的利用、转化和创新，深化组织学习，为服务接包企业的价值链位置的上升提供创新力和创新源。

第三篇

构建以“区块链”为核心的新动能培育与实体经济发展路径研究

第七章　商业地产企业承担社会责任，培育、促进实体经济发展研究

当前我国正处于“战略机遇期”和“矛盾凸显期”，这就要求我国商业地产企业承担社会责任。本章首先分析我国目前正处于“战略机遇期”和“矛盾凸显期”的“两期”阶段，接着分析在此背景下我国商业地产企业承担社会责任的必要性，并分析在此背景下我国商业地产企业通过承担社会责任如何提高其竞争力的策略。

第一节　对中国目前经济社会发展的“两期”论界定

改革开放40多年来，我国以平均10%左右的速度快速发展。2011年，我国GDP达471564亿元，按可比价格计算，比上年增长9.2%。全年居民消费价格指数（CPI）比2010年上涨5.4%，人均GDP达5432美元，达到中等收入国家水平。我国正处于国际上所公认的“中等收入陷阱”。20世纪70年代以来，西方国家，例如美国、欧洲等发达国家或地区相继实现了人均GDP4000—5000美元的跨越。东亚四小龙、日本等通过大力调整产业结构，发展重工业，实施出口替代战略，成功实现了劳动密集型向技术密集型的转变，经济普遍保持了10年以上的高速增长，并很快实现人均GDP5000—10000美元的突破。但是，在拉美国家，在人均GDP处于3000美元左右时，由于前一段时间的快速发展积聚的矛盾集中爆发，内需不足、贫富差距加大、社会矛盾加剧等问题突出。阿根廷、智利、墨西哥、马来西亚、巴西等国家在20世纪70年代均进入中等收入国家行列，经过40多年的发展，这些国家还是处于人均GDP3000—5000美元的发展阶段，并且看不到内需增长的动力与希望。这就是所谓的“中等收入陷阱”。

所谓“中等收入陷阱”，是指新兴市场经济国家人均 GDP 突破 1000 美元的“贫困陷阱”，很快奔向 1000 美元至 3000 美元的“起飞阶段”后，人均 GDP 在 3000 美元左右徘徊，快速发展中积聚的矛盾就会集中爆发，人均 GDP 无法突破 1.1 万美元进入高收入国家行列，以至出现诸多难以克服的矛盾，既不能继续又难以摆脱以往的增长模式，经济在起落中徘徊，长期停滞不前，陷入增长的困境难以自拔，这种发展停滞称之为“中等收入陷阱”。最早提出“中等收入陷阱”这一概念是德米尔特·吉尔和霍米·卡拉斯，他们在 2007 年主编的世界银行报告《东亚复兴——关于经济增长的观点》中提出，并把拉美国家作为长期无力摆脱该陷阱的“典型教材”。“中等收入陷阱”概念一经提出，便立刻在国际上引起各方面的反响。我国人均 GDP 已经跻身中等收入国家行列。根据我国经济发展的现状和国际上陷入中等收入陷阱的国家的实践，以及“中等收入陷阱”这一概念的内涵、特征、实质等，国内外的专家学者开始研究我国经济发展，探讨我国是否会陷入“中等收入陷阱”。更有很多学者探讨了我国规避“中等收入陷阱”的对策。也有部分学者认为并不是所有国家都会经历“中等收入陷阱”，“中等收入陷阱”只是个例，不是通论。

2008 年我国人均 GDP 突破 3000 美元后，到 2019 年，我国 GDP 和人均 GDP 每年都在增长。我国 GDP 2007 年为 3.55 万亿美元；2008 年为 4.59 万亿美元；2009 年为 5.1 万亿美元；2010 年为 6.09 万亿美元；2011 年为 7.55 万亿美元；2012 年为 8.53 万亿美元；2013 年为 9.57 万亿美元；2014 年为 10.48 万亿美元；2015 年为 11.06 万亿美元；2016 年为 11.23 万亿美元；2017 年为 12.31 万亿美元；2018 年为 13.89 万亿美元；2019 年为 14.34 万亿美元。我国人均 GDP，2007 年为 2280 美元；2008 年为 3266.8 美元；2009 年为 3711 美元；2010 年为 4628 美元；2011 年为 5432 美元；2012 年为 6316 美元；2013 年为 7050 美元；2014 年为 7678 美元；2015 年为 8066 美元；2016 年为 8147 美元；2017 年为 8879 美元；2018 年为 9976 美元；2019 年为 10261 美元。我国 GDP 总量和人均 GDP 均显示，我国经济在持续提升，是拉动国内经济乃至国际经济不可缺少的动力。瑞士信贷银行（Credit Suisse）2020 年 6 月 24 日发布报告称，随着发达国家经济陆续重启，全球经济有望走出阴霾，不过回升幅度有限。瑞士信贷银行预计 2020 年全球 GDP 同比下降 3.7%，而中国 GDP 增速可达到 3.3%。自 2007 年美国爆发次贷危机以来，世界经济长周期的发展节奏就被打乱，各国采用量化宽松的形式挽救危机与世界经济，带动全球经济复苏，推翻了“中国崩溃论”的论断。

在看到经济取得的成就的同时，我们也应该看到我国在经济发展过程中出现的问题。在国际环境方面，包括国际金融危机的深度影响仍在继续，发达经济体复苏步履维艰，欧元区主权债务危机仍然不断发酵和扩散，新兴经济体增速回落和物价上涨交织在一起。在国内，影响经济稳定增长的风险还是不少，保持经济平稳较快增长的难度增大，物价调控取得积极成效，但物价上涨的中长期压力仍然存在。部分小微企业资金紧张，生产经营仍然困难；结构调整也取得了重要进展，但节能减排的形势依然严峻。我国贫富差距比较大，基尼系数已经达到国际警戒线，地区与地区、城镇与乡村发展很不平衡。这些问题是改革开放以来四十多年的快速发展所积聚的问题。

对于我国是否进入“中等收入陷阱”，胡锦涛同志于 2011 年 2 月对我国现在和今后所处的阶段性特征做了一个科学的判断：“当前我国既处于发展的重要战略机遇期，又处于社会矛盾凸显期，社会管理领域存在的问题还不少。从总体上看，我国社会管理领域存在的问题，是我国经济社会发展水平和阶段性特征的集中反映。”这就是本书认为的“两期”论。“两期”论不同于“中等收入陷阱”论，两者之间有着本质区别。“两期”论是立足于我国改革开放的新阶段提出的，具有科学性和指导性。本书认为我国现在的大环境就是“两期”背景。

对于“战略机遇期”，放到国际环境中来看，第二次世界大战结束后，虽然局部战争频繁发生，但是，整个世界的主题已经变为和平与发展，世界进入了大发展、大变革、大调整时期，世界多极化、经济全球化、经济区域化不断扩展，各国和地区的交流在加大、思想文化在彼此渗透，各地区相互依存日益紧密。全球总体形势相对稳定，各国各地区不再是战争的较量，而是科学技术的较量。在 21 世纪，产业结构调整与转移、新技术新产业革命成为国家竞争力的制高点，从而引领世界经济增长。在这些方面，现阶段我国已经具有了较强的竞争力。从国内看，我国经过改革开放，经济社会得到快速发展，综合国力不断增强，国内市场日益扩大，社会基本稳定，国际地位不断提高，在此基础上，我国可以发挥制度优势，抓住国际环境产业结构升级和调整转移的机遇，实现我国惠及十几亿人口的小康社会的建设。

对于“矛盾凸显期”，特指当前我国经济经过四十多年的长期高速发展所积聚的各种矛盾会集中凸显，如处理不当，就会引起整个国家经济停滞、社会不安定因素增多、群体性事件频发等恶果。粗放式经营造成了“三高”发展，造成了资源成为未来经济发展的制约瓶颈，地区经济发展不平衡，贫富差距加大，在一定程度上增加了社会矛盾。在国际上，西方敌对势力对我国进行“和平演变”的图谋仍未停止。经济、社会、国际等因素显示出我国现阶段正处于“矛盾凸显期”。

总体上说，我国发展机遇大于挑战。因此，要抓住重要战略机遇期，把挑战变成机遇。我们借鉴杨承训教授对“两期”论与“中等收入陷阱”论的比较（见表7-1），认为我国现阶段就是集“战略机遇期”与“矛盾凸显期”于一体的“两期”。

表7-1　“两期”论与“中等收入陷阱”论之比较

指标	中等收入陷阱	两期
发展模式	只顾经济增长，不考虑全面、协调、可持续发展，忽视环境治理	坚持以人为本，可持续发展，加快转变经济发展方式
制度基础	资本主义经济（以私人大资本集团为主）占主导地位	公有制为主体、多种经济成分共同发展
发展道路	照搬资本主义发展的西方模式	突出中国特色社会主义道路特质，贯彻落实科学发展观
追求目标	全面资本主义市场经济，私有化	社会主义市场经济，增强社会经济活力，实现共同富裕
进行方式	突发式，企求一步到位	渐进式，分步骤实施
政府作用	政府更迭频繁、调控乏力，彻底放开市场，政策缺乏连续性	发挥市场配置与宏观调控合力，不断改善调控机制
对外经济	依附性开放，外资自由出入，外债负担沉重，受国际资本控制	自主性开放，立足自身，外汇储备充足，利用两种资源、两个市场
国外势力影响	千方百计插手干预，制造动乱乃至发动战争	不依赖外国，警惕西方敌对势力，抵制干预和渗透
社会环境	社会环境不稳定，矛盾经常爆发，民族和宗教关系紧张，局部冲突不断	正确处理改革、发展、稳定的关系，保持社会稳定
人口政策	不加控制，多数增长过快	计划生育政策
实际效应	经济时有大起大落，通货膨胀突出，受国际金融冲击，多次发生金融危机，两极分化严重	经济持续、高速发展，统筹解决诸多社会问题，有力化解国际金融风暴的冲击

资料来源：根据杨承训、张新宁在2012年第3卷第1期《政治经济学评论》中发表的《科学运用“两期论”把握阶段性特征——兼析“中等收入陷阱”论的非科学性》整理得出。

第二节　商业地产企业承担社会责任，促进实体经济发展的必要性

近几年，特别是2010年初，新“国十条”的出台，更为严格的差别化的住房信贷政策实行，住宅房地产受到一定的影响，为商业地产的发展带来了机遇。住宅地产投资下降，商业地产投资上升，随着城市化进程的加快，商业地产也从一线城市向二、三线城市转型，进军二、三线城市。在我国宏观经济政策上，我国宏观经济中长期发展趋势有利于商业地产的发展。目前我国商业地产企业也面临着巨大的挑战。第一，我国商业地产企业面临着招商困局，原因有企业战略性管理决定的内部原因和由环境决定的外部原因。我国乃至全球宏观经济不确定性因素影响商业地产的招商。第二，我国部分商业地产开发商受住宅观念束缚。第三，我国商业地产企业出现了定位不准导致了很多失败。第四，我国商业地产企业融资难、融资成本过高，导致商业地产企业无力长期持有物业，被迫尽快出售、回笼资金，形成了重地产开发出售而轻商业培育的不利情况。第五，社会不良影响力影响了很多商业地产企业等。我国商业地产企业面临的这些困境，加剧了在“两期”背景下提升我国商业地产企业竞争能力的紧迫性和重要性。

（一）社会企业理论与实践发展的大背景带来发展机遇

实践证明，企业竞争能力与企业承担社会责任有一定的正相关性。在企业日益重视承担社会责任的今天，商业地产企业可以通过承担社会责任提升商业地产企业竞争力，提高商业地产企业良好社会形象，扩大商业地产企业的知名度和美誉度，为企业带来高销售量，提高商业地产企业顾客的忠诚度。因此，在社会企业理论下，通过承担社会责任来提升我国商业地产企业的竞争能力就显得更为紧迫和重要。

（二）我国商业地产企业市场开拓空间与能力的瓶颈制约

在以功利性价值观为核心的传统企业，通过使其承担社会责任，为企业注入了非功利性价值观，这是对企业价值观进行了升华。企业要在未来激烈的竞争中获得可持续营利能力，这就要求通过履行社会责任来实现。企业开拓空间的能力能够提高企业可持续营利能力，它主要来自先进科学技术、企业经营管理水平、职工的劳动积极性发挥水平等。商业地产企业为实现其自身的可持续发展，必须

实施激励机制，也必须履行社会责任。因此，商业地产企业承担社会责任成为提高其开拓空间的能力的动力源泉。

（三）“企业办社会”向现代意义的企业社会责任转变

“企业办社会”是指在计划经济体制下，企业一统天下，搞“小而全，大而全”，每个企业变成一个个“小社会”。现代意义上的企业社会责任是在现代市场经济体制下，基于市场机制，在比较完备的社会分工下，企业统筹股东、用户、员工、环境等各利益相关者责任，让社会、经济、环境和谐发展来促进企业可持续发展，是建立在发达的社会分工基础上对社会资源优化配置的体制，与“企业办社会”有本质区别。现代意义上的企业社会责任增加了竞争，这就加剧了我国商业地产企业提升竞争能力的紧迫性和重要性。

（四）“以人为本”的企业理念制度创新对企业提出新挑战

很多企业目光短浅，仅仅看到短期经营利润，以牺牲劳工利益、社区利益、产品质量安全等为代价，仅依靠价格低来获取产品竞争力，没有在战略上来实现企业的可持续发展。实践证明，这种传统的发展模式不能保证企业可持续发展，特别是竞争激烈的今天，劳动力、资源等生产要素价格越来越高，传统的经营模式已经不能适应当前的竞争。要实现企业的竞争力的可持续发展，就要促进企业创新，实现经济增长方式的转变。要促进企业创新，就必须依靠技术创新、管理创新、制度创新。这些创新的关键就在于“人”这个生产要素。因此，在以人为本的新的企业理念制度创新下，我国商业地产企业对内需要通过营造更加和谐的劳资关系，更加注重人才的涵养、积极文化的培育，对外需要积极安排就业，营造更加符合城市发展、环保需求的人文环境来提高美誉度和忠诚度，也就是要更加系统地履行社会责任来提升其竞争能力。

（五）政府、社会、企业间良性互动形成和谐环境的要求

和谐社会的构建要求社会各方面保持和谐统一。商业地产企业通过承担社会责任为实现其可持续发展创造良好的外部环境和更为广阔的生存空间。商业地产企业若不能提供社会各方需求的产品或服务，其正常经营活动就无法进行，更不能实现长远发展。商业地产企业若能提供社会各方需求的产品或服务，承担其应该承担的社会责任，这样就能形成良好的勇于承担社会责任的企业声誉，在实现自身经济利润的同时，也实现了社会目标。因此，商业地产企业作为企业的组织形式，特别是占有社会资源较多的一种企业形式，就更需要企业、政府、社会之间的良性互动，这就增加了我国商业地产企业提升竞争能力的紧迫性和重要性。

第三节 商业地产企业承担社会责任，培育、促进实体经济发展、提升竞争力

商业地产的发展要比社会企业的发展历史悠久和成熟。现行的商业地产运营管理模式主要有：产权出售、物业持有、售后返租。SOHO 中国是“产权出售”的典型代表，主要方法是把开发建设完成后的商铺卖掉。万达首创“订单商业地产”模式。“订单式”商业地产的物业持有是以与商业企业的联合运营而形成的模式，是指开发商按照确定了合作关系的大型商业企业要求规划建设商铺，然后再把商铺租赁给经营者使用。“售后返租”是现阶段最流行的运作模式来运作商业地产项目。德兰集团则首创了“信息化商业地产”模式，是指在商业地产项目中大量使用最先进的 4 维、4D 等电子信息技术手段打造新业态来提升竞争力，同时使用电子商务手段拓展实体商城的辐射能力，利用网上商城助推实体商城，德兰集团旗下的“德客城”就是商业地产繁荣与信息化的领航者。商业地产发展到现在，对高额利润的追求、商业地产价值链条复杂、涉及利益主体多等问题，特别是在“两期”论下企业要承担社会责任，对于商业地产企业竞争能力和可持续发展提出严峻挑战。

资源基础论认为，企业竞争力主要来源于企业内部资源。重视企业能力的企业竞争力理论认为，企业核心竞争力决定企业核心商品，企业核心商品影响企业战略业务单位，并影响最终产品，从而决定了企业竞争优势。也就是说，市场竞争就是企业最终产品的竞争，核心能力就是企业获取竞争优势的源泉。企业核心竞争力的影响因素主要有：环境、资源（有形和无形资源）、能力（创新能力、市场营销能力、战略管理能力、组织管理能力、生产制造能力、人力资源、企业文化、行业环境）、知识。这 4 种要素之间存在一定的逻辑关系，4 个要素要相互联系才能形成企业现实的竞争优势。企业资源是基础，环境因素是条件，能动机制是企业资源之间以及企业与环境之间交互联系，企业知识是核心。而在社会责任对企业竞争力影响方面，殷格非于 2005 年 12 月在“中日企业社会责任研讨会”首次阐析了“责任竞争力”内涵：“责任竞争力即企业运用自身的专业优势解决社会、环境、员工等一系列问题，使得企业在履行社会责任的同时，经济效益也得以同步提升，责任竞争力得到增强。”在企业社会责任与企业竞争力关系方面，成党伟认为“企业家通

过积极承担社会责任进行了企业信誉投资、企业品牌投资、企业社会形象投资等回报社会，符合企业发展长远利益，增强了企业竞争力”。

从以上分析可知，在“两期”论下，特别是在我国的矛盾凸显期的环境下，商业地产企业要提高其企业竞争能力，就要承担一定的社会责任，来帮助政府解决社会凸显问题。商业地产企业的资源来自社会，商业地产企业的产业链和利益相关者涉及投资机构、基金、银行、保险公司等，利益相关者间要求分享利润，解决好商业地产产业链专业分工和各利益相关者利益将增强我国商业地产企业的竞争能力。从微观因素看，商业与地产有深度合作趋势，商业一般建立在社区，为当地社区居民服务，这就要求商业地产企业为多解决当地就业等社会问题作出一定贡献。因此，在“两期”背景下，商业地产企业要实现自己的可持续发展，就要提高其竞争能力，而要提高其竞争力，就要承担一定的社会责任。

第四节　对策与建议

随着我国商业地产企业的发展、人民生活水平的提高，人民要求的不仅仅是传统的以及日常的消费，而是很高的生活品质。在中国城市化进程加快的现阶段，商业地产成为我国城市化发展的驱动力，也体现了新阶段我国商业地产的发展趋势。笔者认为，在现行宏观经济政策下，我国商业地产主要向绿色生态商业地产——独立生态写字楼、在消费模式上以体验式消费为主、在经营模式上“开发 + 持有”型成为主流的方向发展。在我国“两期”背景下，我国商业地产企业应勇于承担社会责任，从而提升竞争能力。

一、因地制宜，合理规划，科学准确定位

在我国商业地产企业开发过程中，商业地产企业要根据各大城市的城市发展规划来因地制宜地选择适合自己的规划，要对地产规模、性质等准确定位，进行合理竞争。各地政府要充分合理地考虑城市的发展阶段、文化环境、经济发展层次、历史背景和已有的商圈因素等，对商业地产进行合理的商业地产选址规划，促进其可持续发展。同时，对商业圈要找出特色，避免恶性竞争。对于商业地产企业来说，要准确定位，根据现有资源和未来发展趋势，考虑地区消费水平、消费能力、消费结构等因素对其进行科学市场定位，选择进入目标市场的时间和营

销策略等。

二、鼓励先进的开发模式，尝试商业地产新模式

在国内，业界高度认可的模式有华润模式和万达模式。华润模式注重商业定位和选址规则，在后期主要以资源整合为主，增强其抗风险能力。万达模式通过提前谈好合作条件选定商家，缩短招商周期，提高商业地产效率和融合。这就为我国商业地产企业发展提供了经验，鼓励我国商业地产企业采用先进的开发模式。在国际上，体验式消费成为商业地产的新潮流。体验式消费在原有购物功能的基础上，形成集餐饮、剧院、酒吧、演绎中心等于一体的新型业态，是以休闲娱乐为主、购物为辅的一种新型的商业模式。我国商业地产企业可以借鉴国际上体验式购物中心的成功案例。国际上成功的案例主要有美国纽约第五大道、日本东京都新宿大街、德国柏林库达姆大街、法国巴黎香榭丽舍大街、英国伦敦牛津街、我国香港郎豪坊等世界超一流的体验式商业中心。体验式商业模式主要是以发现式消费为主。据有关部门统计，消费者在超市平均逗留时间为 45 分钟，而体验式消费是 3 小时左右。因此，体验式消费等新型模式就成为我国商业地产企业发展可以借鉴的模式。

三、创造稳定的融资环境，拓宽融资渠道，多元化地筹措资金

商业地产企业是典型的高投入、高风险、高产出的资金密集型产业。创造稳定的融资环境、拓宽融资渠道、多元化地筹措资金成为我国商业地产企业的发展关键。到目前为止，我国主要形成了房地产信托、房地产基金、公开上市、房地产债券融资、海外地产基金、私募融资等多种融资渠道；同时，合理使用预售、预租、出售一定年限的物业使用权等融资工具进行内部融资。总之，在我国“两期”背景下，我国商业地产企业应积极探索新的融资方式。我国政府相关部门应该结合我国的现实情况，合理设计融资方式，为我国商业地产健康可持续发展创造稳定的融资环境，拓宽其拓宽融资渠道。

四、注重商业地产企业的联盟合作

由于商业地产产业的发展历史比较短，商业地产是一种高资本、高投入的资本密集型产业。商业地产对于地产业来说是一个相对较新的范畴，是地产业发展到一定阶段的产物。就目前而言，商业地产已成为继住宅之后地产市场的主要业

务形态。自我国加入 WTO 以来，我国商业地产进入了前所未有的发展阶段。再加上，商业地产是一个跨行业的系统工程，包括地段选择、产品特性、人流、物流、定位、销售、招商经营等若干个复杂的具体环节。因此，商业地产企业具有很大的风险性。在“两期”背景下，我国商业地产企业应该注重联盟合作，要考虑到项目运行风险防范对策。在联盟合作时要注重选择联盟伙伴、加强市场研究和项目可行性研究、加强开发过程风险控制、打造商业运作团队、加强商业运作的统一性。

五、注重产学研结合，培养商业地产专业人才

商业地产是一个综合产业，涉及开发、经营、管理等多功能于一体。到目前为止，我国具有多方面才能的综合人才十分缺少。目前，我国商业地产企业的从业人员很多来自住宅领域或零售领域，对商业和地产都精通的人比较少。因此，我国应该注重产学研结合，培养商业地产专业人才。

第八章　绿色房地产创新能力培育、促进实体经济发展研究

房地产行业向绿色房地产转型是时代发展的新要求。在我国全面推广绿色房地产，推动房地产业绿色升级，不仅能为国家经济转型升级提供强劲的“绿色动力”，而且对实现节能减排和推进生态文明建设具有重大战略意义。本章以绿色房地产及相关理论为基础，通过对国内外绿色建筑评价体系的评价指标、评价对象和评价方法比较、分析，借鉴国外评价体系的可取之处，在充分理解绿色房地产开发概念的基础上，结合我国国情，以绿色房地产企业和绿色建筑为考察重点，从环境、经济、社会3个维度，选取14个指标构建了绿色房地产开发评价指标体系；运用专家打分法和AHP方法确定各级指标权重，根据模糊综合评价法建立模糊综合评价模型，实现绿色房地产开发定量评价，并以泰安海普地产开发的典型项目海普·凤栖湾为案例进行实证分析，进一步验证指标体系与评价方法的可行性。最后，为促进我国绿色房地产开发战略提出可行性建议。

第一节　绿色房地产理论基础

一、绿色房地产是时代发展的要求

长期以来，我国经济发展以粗放式的传统发展模式为主，这使得我国资源环境状况每况愈下，成为经济社会进一步发展的制约瓶颈。党的十七大确立了生态文明建设的战略任务，党的十八大更是将生态文明建设纳入“五位一体”的总体布局。在目前经济社会进入新常态的背景下，党的十八届五中全会更加强调“坚持绿色发展，加强生态文明建设”，将绿色发展作为推动未来国家发展转型

的五大发展理念之一。2015 年 5 月，国务院发布《关于加快推进生态文明建设的意见》指出，“必须加快推动生产方式绿色化，构建科技含量高、资源消耗低、环境污染少的产业结构和生产方式，大幅提高经济绿色化程度，加快发展绿色产业，形成经济社会发展新的增长点”。

一直以来，房地产业是国民经济发展的重要引擎，其最基本、最主要的经济活动内容就是房地产开发。我国房地产开发模式以高消耗、高产出、高污染为主，房地产行业的高速运转使得资源环境难以支撑。据有关部门测算，我国每年单位建筑面积能耗量为发达国家的 2—3 倍，建筑耗能的效率仅为发达国家的 35%左右，建筑物带来的环境问题十分严重，水资源浪费严重。绿色房地产要求在房地产的全寿命期内，最大限度地节约资源、保护环境和减少污染物排放。当前，国家发展方式的转变、行业发展的要求、市场的日新月异以及人们环保意识的加强，都要求房地产行业向绿色房地产转型和升级。

房地产行业向绿色房地产转型是时代发展的新要求，绿色房地产是 21 世纪房地产发展的必然趋势，是人民生活水平达到一定高度的必然结果。在我国，全面推广绿色房地产、推动房地产业绿色升级不仅能为国家经济转型升级提供强劲的绿色动力，而且对实现节能减排和推进生态文明建设具有重大战略意义。

二、绿色房地产及评价理论基础

（一）房地产生命周期基本理论

1. 生命周期理论（LCA）。国际标准化组织（ISO）认为：生命周期评价是对产品或服务系统整个生命周期中与产品或服务系统的功能直接有关的环境影响、物质和能源的投入产出，进行汇集和测定的一套系统方法。生命周期评价已成为 20 世纪 90 年代以来被广泛应用的环境管理工具之一。

传统的环境影响评价和治理方式局限于单一的生产过程及污染介质，不能满足环境保护的要求，甚至由于污染在不同生产过程或介质间的转嫁造成适得其反的结果。因此，人们期望通过研究整体生产行为与环境的相互作用来解决日益严重的环境问题。作为评价和解决环境问题的有效工具，LCA 方法及应用的研究已覆盖各行各业产品及生产工艺的设计、评价、改善及环境政策制定等诸多方面，成为许多发达国家制定产业发展战略的首选指导工具。

2. 房地产生命周期理论。基于全生命周期的角度，把房地产生产建设的整个过程看成是一件产品的生产过程。房地产开发是一项内容众多、头绪繁杂的工作，程序性较强，房地产开发商从酝酿投资意向开始到项目建设竣工出售或出租并实施全寿命周期的物业管理，其间均须遵循符合一定开发规律的基本运作程序。国内一般房地产产品的生产过程被整合为五大阶段，即房地产投资决策阶段、规划设计阶段、施工阶段、运营维护阶段、拆除再利用阶段（见图 8－1）。

图 8－1　房地产全生命周期划分

每一阶段的工作都有不同的内容和要求。在投资决策阶段，主要工作内容是项目选择和项目可行性研究，项目选择要求项目的选址、配套建设等合理且符合城市规划的总体要求，在此基础上从技术、经济、社会、财务等方面综合评价项目的可行性，达到以最小成本获得最佳产出的目的。在规划设计阶段，主要工作内容有确定建筑物的基本情况如地点、层高、结构等，确定节能节水措施，确定建筑材料，根据生命周期成本最小原则确定项目的设计方案。一个项目的规划设计应做到既合理安排用地又能满足功能需要，既要保证一定的经济、社会及生态效益，又要符合规划要求。施工阶段涉及多个工程包括主体建筑、配套工程、基础设施等，其中的关键是施工过程中的质量控制和成本控制，为了达到目的，要求施工单位提高工效的新工艺、新技术、新材料等，努力降低消耗；同时，根据清洁生产、减物质化、资源化、无污染等绿色理念进行绿色施工。运营维护阶段是房地产生命周期中最久的一个阶段，也是耗能最大的阶段，在此阶段应注重建立有效的管理制度，如节能管理、节水管理、生活垃圾处理、建筑智能化系统等，同时注重建筑室内外环境质量的评价。在拆除再利用阶段，建筑物在拆除时应考虑环保和可持续发展，既要减少粉尘，又要考虑建筑垃圾的循环利用，降低环境污染和最大化地实现资源循环利用。

绿色房地产追求的是全生命周期内实现高效率地利用资源，最低限度地影响环境，要在建筑全生命周期内实现低耗、提高资源的使用效率。由于全生命周期中各个阶段有不同的内容和要求，因此，对绿色房地产进行评价应该从项目的策划、选址、规划设计、施工、运营维护、拆除再利用的全过程出发，每一过程都要贯穿绿色房地产的低耗、低成本理念，采用绿色生态技术降低能源消耗量，实现包括节能、节水、节材、节地在内的经济效益，通过改善室内外环境质量，减少污染物的排放量来提高绿色房地产的环境效益，同时提高居民的居住舒适度和工作效率，提高绿色房地产的社会效益。基于全生命周期的绿色房地产评价能够将绿色理念贯穿房地产生命周期全过程，将经济效益与环境效益、社会效益相互融合，最终实现绿色房地产综合利益的最大化。

（二）绿色房地产基本理论

基于资源损耗、资源短缺、资源分布不均以及资源对经济的硬约束，在房地产界，人们提出了“绿色房地产”的概念。概括专家学者及业界对“绿色房地产”相关问题的研究，主题主要有：

1.“绿色房地产”概念界定。Rocky Mountain Institute（RMI）最早提出的“绿色地产”的定义为：“绿色地产”（或称“绿色开发”）指的是从经济角度出发，整合经济与环境目标的开发过程，它的表现包括项目的节能、对当地生态系统的修复、通过开发实现社区融合、减少人们对机动车的依赖性等。章向劼（2009）认为，绿色房地产是指为人们提供健康、舒适、安全的居住、工作、生活的空间，同时在建筑的全生命周期内（即建材的生产和运输，建筑的规划、设计、施工、维护到拆除建筑原材料回用的整个过程）高效率地利用资源（能源、土地、水、材料），最低限度地影响环境的建筑行为。李菊（2012）通过案例剖析，提出绿色房地产具有4个方面的内涵，即绿色房地产讲究“天时、地利、人和”，讲究“章法”，讲究“科学性”，注重“人性化”。高晨宇（2012）认为，绿色房地产即以最节约能源和最能有效利用资源的方式来建造最低的环境负荷情况下的最安全、最健康、最高效、最舒适的居住空间，从而达到人与自然、人与建筑之间的和谐可持续发展。具有舒适健康、高效清洁、优美和谐三大特点。

2. 绿色房地产发展路径探讨。罗勇（2012）从政府调控角度阐述了房地产绿色发展战略，认为房地产调控应涵盖绿色发展的重点领域，包括推广“减资源”的房地产开发、发展有环境优势的房地产产品、绿色的房地产能源生产和消费、城市生态型建设布局等。同时，需要进行必要的配套绿色目标建设、制订绿色行动计划、提高绿色融入的能力。罗勇（2013）又分别从绿色需求拉动和绿色有效供给角度探讨了推进城市绿色房地产发展的措施。高晨宇（2012）认为，绿色房地产可以通过绿色建材、绿色能源和绿色家电3种手段来达到。戚振强（2007）、龚建平（2008）、赵睿（2011）等从房地产企业绿色营销的角度探讨了绿色房地产的实现途径。徐建中、王莉静（2009）从绿色管理角度分析了房地产绿色管理中政府、企业、消费者的博弈策略，构建了基于内部动力、外部动力和负动力的房地产绿色管理系统模型，并提出实施房地产绿色管理的对策。叶祖达

(2013)、夏远君（2013）等从绿色建筑节能技术角度分析了绿色房地产的实现途径。

3. 绿色房地产开发研究。郑燕鸣、李启明（2001）基于生命周期评价体系，通过分析房地产开发生命周期各阶段可能造成的环境影响，提出避免环境问题的绿色开发原则要素，并建立了绿色开发管理的模型。符德军（2012）结合某绿色小区房地产开发项目，着重从绿色施工过程中的绿色能源管理应用、水资源绿色管理使用、绿色材料管理应用、施工过程中污染控制4个方面剖析了绿色房地产开发的实现途径。张建中（2011）认为，绿色房地产开发使用科学的整体设计，集成绿色配置、自然通风、自然采光、低能耗围护结构、新能源利用、中水回用、绿色建材和智能控制等高新技术，具有选址规划合理、资源利用高效循环、节能措施综合有效、建筑环境健康舒适、废物排放减量无害、建筑功能灵活适宜等6大特点。

4. 绿色建筑研究。我国《绿色建筑评价标准》中对“绿色建筑”的定义为：在全寿命期内，最大限度地节约资源（节能、节地、节水、节材）、保护环境、减少污染，为人们提供健康、适用和高效的使用空间，与自然和谐共生的建筑。李凌颖（2010）经综合分析整理，将绿色建筑定义为：在建筑全生命周期（物料生产、建筑规划、设计、施工、运营维护及拆除、回用过程）内，最大限度地利用资源（节能、节地、节水、节材）、最低限度地影响环境，以健康为主，适度舒适，实现“人、自然、建筑”三者和谐统一的建筑。符德军（2012）认为，绿色建筑指的是从规划设计阶段开始就全面考虑建筑环境影响的效果，施工过程中尽量减少环境不良影响，使用过程中给居住者提供和谐生活，拆除的时候能避免环境污染的现代化建筑，绿色施工决定着绿色建筑的应用。

综合以上研究可以看出，与“绿色房地产”相关的研究主题主要包括“绿色地产”“绿色房地产开发”“绿色建筑”等。绿色房地产关注的主要内容有节能、环保、节约资源等资源环境方面，为了实现绿色房地产发展战略，业界与学术界主要从绿色技术、绿色管理、绿色营销、绿色房地产供给侧和需求侧角度进行了探讨。

（三）绿色房地产国内外评价研究

国内外绿色房地产评价集中体现为绿色建筑评价。绿色建筑评价在国外开展较早，比较有代表性且具有广泛影响力的主要有英国BREEAM体系、美国LEED体系、加拿大GBC2000、日本CASBEE体系等，这些评价体系不断引导了世界各国建筑向节能、环保、健康舒适方向发展。我国绿色建筑起步较晚，20 世纪 90 年代以后随着建筑节能问题的频发以及人们节能环保意识的加强，绿色建筑概念开始引入我国，随后我国学者在充分研究国内外绿色建筑评价理论的基础上，结合我国国情，不断发展和完善绿色建筑评价体系，相继制定了《中国生态住宅技术评价手册》《绿色奥运建筑评价体系》《绿色建筑评价标准》等。

1. 国外评价研究。

（1）英国 BREEAM 体系。英国建筑研究院环境评估方法（Building Research Establishment Environmental Assessment Method，BREEAM）被称为英国建筑研究院绿色建筑评估体系，该体系 1990 年诞生于著名的英国建筑研究所（BRE），是世界上第一个也是全球使用最广泛的绿色建筑评估体系。因为该评估体系采取“因地制宜、平衡效益”的核心理念，使它成为全球唯一兼具“国际化”和“本地化”特色的绿色建筑评估体系。其评估对象为新建与现有的办公楼和新建民用建筑；评价内容包括管理、能源、健康舒适、交通、水资源、材料、污染、生态与土地利用等方面。从建筑性能、管理和运行两方面评价，计算 BREEAM 等级和环境性能指数，计分结果分为 5 个等级，分别是：通过（Pass）≥30%；良好（Good）≥45%；优秀（Very Good）≥55%；优异（Excellent）≥70%；杰出（Outstanding）≥85%。最后，授予绿色认证证书。

（2）美国 LEED 体系。美国 LEED 体系（Leadership in Energy and Environmental Design）由美国绿色建筑委员会于 1993 年开始着手制定，创立于 1998 年并于 2003 年开始推行，在美国部分州和一些国家已被列为法定强制标准，该体系是目前世界各国的各类建筑环保评估、绿色建筑评估以及建筑可持续性评估标准中被认为是最完善、最有影响力的评估标准。LEED 认证几乎适用于所有的建筑类型——无论是商业建筑还是住宅建筑，其认证体系包含：面向新建筑的评估体系——LEED for New Construction（LEED - NC）；提倡业主与租户共同发展——LEED for Core & Shell（LEED - CS）；针对商业内部装修——LEED for Commercial Interior（LEED - CI）；强调建筑运营管理评估——LEED for Existing Building（LEED - EB）；住宅评估——LEED for Home（LEED - H）；社区规划与发展评估——LEED for Neighborhood Development（LEED - ND）。其评价内容包括可持续的场址、能源与大气、用水效率、材料与资源、室内环境质量和设计过程的改进等 6 大方面。其中每一个方面又包括了 1—3 个必须满足的先决条件，以及 2—8 个（共计 34 个）评价子项目，每一个子项目又包括了若干细则。认证体系实行打分制，评价结果根据得分（认证得分目标为60分—79分）高低，给出通过（26—32分）、铜质（33—38分）、金质（39—51分）、白金（52分以上）4个不同等级的证书。LEED NC评价体系及得分表见表8-1。

表8-1　　LEED NC评价体系及得分表

项目、指标		得分	项目、指标		得分
一、可持续建筑场址		15分	四、材料与资源		12分
必要项	环境破坏与侵蚀控制	必要	必要项	再生资源收集	必要
1	场址选择	1	1	建筑再利用	2
2	城市开发	1	2	施工废物管理	2
3	污染地再开发	1	3	资源再利用	2
4	利用公共交通的替代交通	5	4	使用再生材料	2
5	减少场地对环境的影响	2	5	地方/区域性材料	2
6	雨水管理和综合利用	2	6	快速再生材料利用	1
7	景观设计和降低热岛效应	2	7	使用可持续认证材料	1
8	降低光污染	1	五、室内环境质量		15分
二、水资源利用		5分	必要项	室内空气质量要求	必要
1	节约景观用水	2	必要项	控制吸烟	必要
2	采用创新性废水技术	1	1	二氧化碳监控	1
3	降低用水量与节水	1	2	提供通风效率	1
三、建筑节能与大气		17分	3	建设中室内空气质量管理措施	2
必要项	基本建筑系统运行	必要	4	低排放材料使用	4
必要项	能源最低特性	必要	5	室内化合物和污染源控制	1
必要项	清除暖通空调设备使用氟利昂	必要	6	系统可控制性	2
1	优化能源特性	10	7	热舒适性	2
2	再生能源利用	3	8	自然光和视觉环境	2
3	测试与试运行	1	六、设计创新计划		5分
4	臭氧耗损	1	1	设计的创新性	4
5	检测和控制	1	2	LEED认定的专业创新	1
6	绿色能源利用	1	工程总得分		69分

（3）加拿大 GBC2000。绿色建筑挑战（Green Building Challenge）是由加拿大自然资源部（Natural Resources Canada）发起并领导，用以评价建筑的环境性能。GBC2000 评估范围包括新建和改建翻新建筑，评估手册共有 4 卷，包括“总论”“办公建筑”“学校建筑”“集合住宅”。评价的标准共分 8 个部分：环境的可持续发展指标、资源消耗、环境负荷、室内空气质量、可维护性、经济性、运行管理和术语表。GBC2000 采用定性和定量评价结合的方法，其评价操作系统称为 GBTool，采用的是评分制。该软件可以由用户用自己定义的评价标准和权重系数来代替软件默认设置的参数。在 GBTool 软件中，采用 0—5 的评分标准：0 代表行业平均水平；“ +3”代表行业最好的水平；“ +5”代表不考虑成本可以达到的最佳效果。

（4）日本 CASBEE 体系。日本 CASBEE（Comprehensive Assessment System for Building Environmental Efficiency）建筑物综合环境性能评价体系，是 2001 年由日本学术界、企业界专家、政府等 3 方面精英力量联合开发的一套与国际接轨的评价方法。其评价对象涵盖各种用途、类型和规模的建筑物，包括办公楼、商店、宾馆、餐厅、学校、医院、住宅。其评价内容包括建筑环境质量与性能（Q）与建筑物的外部环境负荷（L）。建筑环境质量与性能（Q）包括 Q1 室内环境、Q2 服务性能、Q3 室外环境等评价指标；建筑物的外部环境负荷（L）包括 L1 能源、L2 资源与材料、L3 建筑用地外环境等评价指标。每个项目都含有若干小项。CASBEE 采用 5 分评价制。满足最低要求评为 1；达到一般水平评为 3。参评项目最终的 Q 或 L 得分为各个子项得分乘以其对应权重系数的结果之和，得出 SQ 与 SL。评分结果显示在细目表中，接着可计算出建筑物的环境性能效率，即 Q/L 比值越高，环境性能越好，其结果直接由二维图标显示。当 Q 大、L 小时，BEE 斜率将会变大，表示建筑物的绿色性能好（见图 8 -2）。

将图 8 -2 划分为 5 个区域：S 级（最优）、A 级、B + 级、B - 级、C 级（最差），通过 BEE 所处范围来判断建筑项目的绿色等级。

CASBEE 体系引入环境效率属世界首创。它从两个角度来评价建筑，包括建筑的环境质量和性能（Q = quality）和建筑外部环境负荷（L = load）。当评价建筑综合环境性能时，定义一个新的综合评价指标：建筑环境效率指标（Building Environmental Efficiency，BEE），BEE = Q/L。

2. 国内评价研究。

（1）《中国生态住宅技术评估手册》。我国对绿色建筑评价标准的探索始于

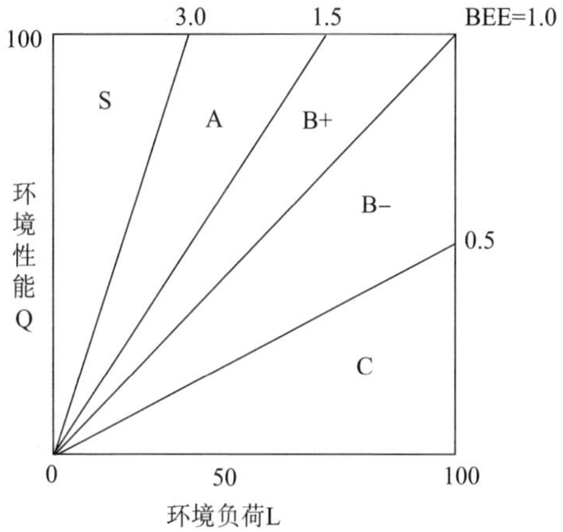

图 8－2　日本 CASBEE 评价等级图

20 世纪 90 年代末。为了使人们全面认识生态住宅，使生态住区的环境规划、建筑设计、施工管理有标准可依，全国工商联住宅产业商会联合清华大学、建设部科技发展促进中心等单位，并参考世界各国关于生态住宅技术的研究和评价方法，提出了生态住宅的完整框架，于 2001 年发布了《中国生态住宅技术评估手册》（第一版）。这是我国第一部生态住宅评估标准，它借鉴了美国 LEED 评分体系的结构，充分考虑我国的基本国情，结合了《国家康居示范工程建设技术要点》《商品住宅性能评定评价方法和指标体系》以及欧美绿色建筑评价体系的相关内容。《中国生态住宅技术评估手册》由“住区环境规划设计”“能源和环境”“室内环境质量”“住区水环境”“材料与资源”等 5 个子项构成，较 LEED 的评分体系结构在每个方面都设置了底线，而且各部分得分不能叠加，避免了与绿色、低碳理念背道而驰。2003 年，《中国生态住宅技术评估手册》（第三版）发布。评价体系及内容详见表 8－2。

（2）“绿色奥运建筑评估体系”。在科技部“奥运科技十大专项”的支持和“绿色奥运”高标准的鼓动下，“绿色奥运建筑评估体系研究”课题于 2002 年 10 月立项，集聚了清华大学、中国建筑科学研究院等多家单位的数名专家共同开展，于 2003 年 8 月推出了“绿色奥运建筑评估体系”。通过广泛吸收国际上几个主要绿色建筑评估体系的优点，采用 CASBEE 的评分体系结构，推出了一系列适合我国国情的评价指标。该体系将评分指标分为 Q 和 L 两类：Q 指建筑环境质量和为使用者提供服务的水平；L 指能源、资源和环境负荷的付出。“绿色奥运建筑评估体系”按照全过程监控、分阶段评估的指导思想，评估过程由 4 个部分组成：规划阶段、设计阶段、施工阶段、验收与运行管理阶段，针对不同建设阶段

表 8-2　　　　《中国生态住宅技术评估手册》评价体系

项目、指标		得分	项目、指标		得分
一、住区环境规划设计		100 分	2	室内热环境	10
1	住区区位选址	20	3	室内光环境	10
2	住区交通	10	4	室内声环境	10
3	规划有利于施工	10	四、住区水环境		100 分
4	住区绿化	15	1	用水规划	12
5	住区空气质量	10	2	给排水系统	6
6	降低噪声污染	10	3	污水处理与回收利用	11
7	日照与采光	10	4	雨水利用	8
8	改善住区微环境	15	5	绿化、景观用水	14
二、能源与环境		100 分	6	节水器具与设施	9
1	建筑主体节能	40	五、材料与资源		100 分
2	常规能源系统的优化利用	40	1	使用绿色建材	30
3	可再生能源	10	2	就地取材	10
4	能耗对环境的影响	10	3	资源再利用	15
三、室内环境质量		100 分	4	住宅室内装修	20
1	室内空气质量	30	5	垃圾处理	25

的特点和要求，分别从环境、能源、水资源、材料与资源、室内环境质量等方面开发相应的评价版本进行评估。只有在前一阶段达到绿色建筑的基本要求，才能继续进行下一阶段的设计、施工工作。当按照这一体系在建设过程的各个阶段都达到绿色要求时，这个项目就可以认为达到绿色建筑标准。通过对各阶段的控制，保证最终绿色建筑的实施。

以第一阶段即规划阶段为例，其评估内容如图 8-3 所示。

(3)《绿色建筑评价标准》[21-22, 36]。基于《生态住宅技术评估手册》和“绿色奥运建筑评估体系”的研究探索和经验总结，原建设部于 2006 年 3 月份公布了 GB/T50378-2006《绿色建筑评价标准》，并于 2006 年 6 月 1 日起开始实施。这是我国第一个较为完善的绿色建筑评价国家标准。2014 年，住房与城乡建设部发布了 GB/T50378-2014《绿色建筑评价标准》，并于 2015 年 1 月 1 日开始实施。它从建筑的全寿命周期出发，多目标、多层次地对绿色建筑进行综合性评价。评价内容包括环境、能源、水资源、材料与资源、室内环境质量 5 个方面，2014 年版又增加了施工管理和运营管理两个方面的评价内容。它分为 3 个评定等级，各大指标中的具体指标分为控制项、一般项和优选项3类。在满足控制项的前提下根据项目在优选项和一般项条文达标的数量，给予一、二、三星级绿色建筑标识（见表8-3、表8-4）。

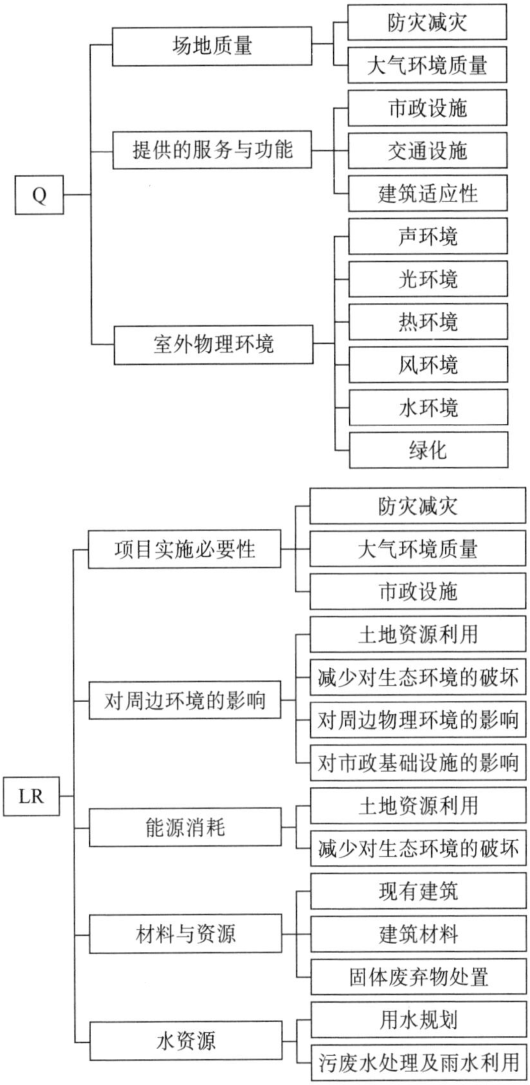

图8-3　“绿色奥运建筑评估体系”第一阶段的评估内容框架

3. 国内外评价研究对比。

（1）评价对象对比分析。英国BREEAM评价体系主要针对新建建筑和既有建筑，美国LEED体系在此基础上强调了既有商业综合建筑，加拿大GBC体系

表 8－3　　《绿色建筑评价标准》（2014 版）的评价内容

一、节地与室外环境	Ⅰ 土地利用	四、节材与材料资源利用	Ⅰ 节材设计
	Ⅱ 室外环境		Ⅱ 材料选用
	Ⅲ 交通设施与公共服务	五、室内环境质量	Ⅰ 室内声环境
	Ⅳ 场地设计与场地生态		Ⅱ 室内光环境与视野
二、节能与能源利用	Ⅰ 建筑与围护结构		Ⅲ 室内热湿环境
	Ⅱ 供暖、通风与空调		Ⅳ 室内空气质量
	Ⅲ 照明与电气	六、施工管理	Ⅰ 环境保护
	Ⅳ 能量综合利用		Ⅱ 资源节约
三、节水与水资源利用	Ⅰ 节水系统		Ⅲ 过程管理
	Ⅱ 节水器具与设备	七、运营管理	Ⅰ 管理制度
	Ⅲ 非传统水源利用		Ⅱ 技术管理
			Ⅲ 环境管理

表 8－4　　绿色建筑各类评价指标的权重（2014 版）

		节地与室外环境 w_1	节能与能源利用 w_2	节水与水资源利用 w_3	节材与材料资源利用 w_4	室内环境质量 w_5	施工管理 w_6	运营管理 w_7
设计评价	居住建筑	0.21	0.24	0.2	0.17	0.18	—	—
	公共建筑	0.16	0.28	0.18	0.19	0.19	—	—
运行评价	居住建筑	0.17	0.19	0.16	0.14	0.14	0.1	0.1
	公共建筑	0.13	0.23	0.14	0.15	0.15	0.1	0.1

增加了改建翻新建筑这一项，日本 CASBEE 体系包括新建建筑、既有建筑和改建建筑。评价体系中评价对象划分的细致与否，能够影响到体系框架的构成和具体评价内容的选择以及评价标准的适用性和针对性。相比于以上评价体系，我国绿色建筑评价体系主要侧重于住宅建筑和公共建筑，针对面窄，不能涵盖绿色建筑全部内涵，且存在不同类型建筑评价指标和体系不能够相互转换的问题，评价标准不统一更增加了绿色建筑评价工作开展难度（见表 8－5）。

表 8－5　　国内外主要评价体系评价对象比较

评价体系	年份	开发国家	评价对象
BREEAM	1990	英国	新建建筑、既有建筑
LEED	1998	美国	新建建筑、既有商业综合建筑
GBC	1998	加拿大	新建建筑、改建翻新建筑

续表

评价体系	年份	开发国家	评价对象
CASBEE	2001	日本	新建建筑、既有建筑、改建建筑
绿色奥运建筑评估体系	2003	中国	新建奥运建筑
绿色建筑评价标准	2006	中国	各类建筑

（2）评价内容对比分析。国际上具有代表性的绿色建筑评价体系的内容有共同之处，也有各自的侧重点和特点。“环境”和“健康”是所有评价体系的共同关注内容。在环境方面主要考虑对自然资源的消耗和对自然环境的破坏两个方面，具体主要涉及能源、水、材料、土地等各个方面；在健康方面主要考虑与人类健康密切相关的室内环境质量如热量、空气质量、通风条件等诸因素。由于国家或地区经济技术特殊性以及各国侧重点不同，各国评价体系在评价指标选取上有很大差异。LEED 体系最大的优点是增加了创新与设计这一指标，推动建筑不断创新，但该体系中没有运营管理指标是其不足之处。相对于绿色建筑评价体系，BREEAM 体系和 GBC 体系分别增加了交通、污染、生态价值和经济性能、服务质量几项指标，体现出我国评价体系在评价指标方面欠缺之处，即内容涵盖范围相对狭窄，不够全面具体，对建筑物进行评价缺乏针对性（见表 8－6）。

表 8－6　　　　国内外主要评价体系评价内容比较

评价体系	年份	开发国家	评价内容
BREEAM	1990	英国	健康与舒适性、能耗、交通、水耗、材料、土地利用、生态价值、污染
LEED	1998	美国	场地可持续性、水利用率、耗能与大气、材料与资源保护、室内环境质量、创新与设计
GBC	1998	加拿大	资源消耗、环境负荷、室内环境、服务设施质量、经济性、管理、出入交通
CASBEE	2001	日本	Q（Q1 室内环境、Q2 服务性能、Q3 室外环境）；L 环境负荷；建筑环境效率 Q/L
绿色奥运建筑评估体系	2003	中国	环境、能源、水资源、材料与资源、室内环境质量
绿色建筑评价标准	2006	中国	环境、能源、水资源、材料与资源、室内环境质量

（3）评价方法对比分析。在权重体系方面，美国 LEED 体系无独立的权重系统，是通过不同指标可获得的最高分数的多少来体现重要性的差别。而英国 BREEAM、加拿大 GBC、日本 CASBEE、我国的“绿色奥运建筑评估体系”及《绿色建筑评价标准》则包含了多级权重系统。

从指标合成方法上看，美国的LEED为各指标得分直接求和，即无权重线性求和；加拿大GBC评价总分由各指标得分与权重系数的乘积决定，即加权线性求和；日本CASBEE则采用加乘混合，在加权求和求得Q和L指数后，再通过两个指数的比值得到建筑环境效率；我国绿色奥运建筑评估体系主要参考日本CASBEE体系中的评价方法；《绿色建筑评价标准》（2006版）中由于各指标无权重设计，所以早期版本中的指标合成借鉴美国LEED体系，采用无权重线性求和法，在2014版中增加了各指标权重，采用的指标合成方法为线性加权求和法。

从评价等级划分看，国内外主要绿色建筑评价体系的评价结果都采用分级制确定实现绿色的程度。评价等级划分法主要有两种：一是根据总得分直接划分等级制，英国BREEAM、美国LEED以及我国的《绿色建筑评估标准》均采用此方法。二是将结果在Q和L二维图上表示，根据评价结果所在区域判定等级，日本CASBEE和中国的“绿色奥运评估体系”均采用此方法（见表8－7）。

表8－7　　　　国内外主要评价体系评价方法比较

评价体系	年份	开发国家	评价方法
BREEAM	1990	英国	采用全生命周期评价方法，每项指标均计分且分值统一，总分为所有分数权重累加之和，最后将分数转化为4个级别：通过、良好、优良、优异，并颁发相应绿色认证证书
LEED	1998	美国	采用条款评价方法，满足评价大项前提条件下，对子项进行打分，子项分数累加求和得到总分，将分数进行划档并颁发通过、铜质、金质、白金4个等级证书
GBC	1998	加拿大	采用定性和定量相结合的方法，设置四级权重，前两级固定，后两级根据使用国家实际情况而定，较低层系分值与权重百分比乘积相加为高一级层系得分，运用Excel进行计算，进而产生结果图表，最后进行判断
CASBEE	2001	日本	Q（质量）/L（环境）评分法，Q/L二维图标显示结果
绿色奥运建筑评估体系	2003	中国	Q（质量）L（环境负荷）评分方法，Q/L二维图标显示结果
绿色建筑评价标准	2006	中国	标准分为控制项、一般项与优选项；采用措施得分法，在满足控制项的基础上，按满足一般项数和优选项数程度划分三星等级

（4）对我国绿色建筑评价的启示。通过以上国内外主要绿色建筑评价体系对比分析，可以看出我国绿色建筑评价还需要进一步完善。从评价对象看，我国绿色建筑评价标准的评价对象仅限于住宅建筑和公共建筑，改造、扩建、临时建

筑等建筑类型并没有明确的评价标准，不同类型的建筑，其对环境的影响和资源消耗不同，需要有相应的评价标准与其对应，所以适当增加评价建筑类型，扩大评价体系的评价范围，同时针对不同类型的建筑，均应有独立完善的专项评估体系。

从评价内容上看，我国绿色建筑评价标准中吸收了世界各国所共同关注的评价内容即“环境”与“健康”。通过对其他国家的评价内容进行分析，还可以看到几乎所有国家的评价指标体系均没有评价社会历史人文方面的有关内容，从而造成了内容的欠缺，从“促进环境持续发展”和“保护人类健康”的角度来看，绿色建筑系统评价需要完善补充这方面的内容。另外，通过国内外评价内容的对比，还可以看出我国绿色建筑评价标准指标选项相对简单，指标项目未进行详尽分类，且定性指标偏多，因此应平衡定性指标和定量指标，在加强绿色建筑相关数据采集的基础上，采取技术措施和实际运行效果相结合的方法，实现考查重点从技术设备措施向实际效果的转变。

从评价方法上看，目前绿色建筑评价体系权重系数的确定及评价过程人为主观性色彩较浓厚，直接影响了评价结果的客观性和准确度，因此须淡化主观因素的影响，寻找一种能应用于绿色建筑评价，且使整个评价体系受主观因素的影响最低的评价方法。

因此，我国绿色房地产评价在评价指标建立、评价方法选择和评价系统运行等方面应借鉴国际绿色建筑评价体系成功经验，扬长避短，同时针对我国国情，建立一套适用、高效、完善的具有中国特色的绿色建筑评价体系，促使评估更加趋于科学化和系统化。

第二节　绿色房地产创新能力培育、促进实体经济评价指标体系的构建

综合国内外绿色房地产评价体系可以看出，评价对象集中于房地产产品即绿色建筑上，评价内容主要包括土地资源、能源、水资源、材料、环境质量等资源环境要素，这些评价体系的确立对规范和引导世界各国绿色房地产的发展起到了不可估量的作用。但从整个房地产行业发展来看，要促进绿色房地产开发，评价对象不仅包括绿色建筑，还应把房地产企业纳入评价体系，评价内容不仅包括资

源环境指标，还应增加经济性指标和社会性指标。因此，本节借鉴绿色房地产研究的成果，在绿色建筑评估体系的基础上，充分理解绿色房地产开发概念，结合我国国情，以绿色房地产企业和绿色建筑为考察重点，从环境、经济、社会3个维度出发，选取14个指标构建了绿色房地产开发评价指标体系，运用专家打分法和AHP方法确定各级指标权重，为绿色房地产业发展提供决策支持，促进绿色经济发展。

一、指标体系构建原则

构建绿色房地产开发评价指标体系时，主要考虑以下基本原则：

（1）科学性原则。各级指标的选取建立在对房地产开发和绿色建筑基本内涵的充分认识、理解基础上，能够较为客观准确地反映绿色房地产开发的基本要求。

（2）系统性原则。绿色房地产开发评价指标体系是一个复杂的有机整体，涉及经济、社会、资源环境等各个方面，所建立的指标体系要能全面反映绿色房地产开发各要素的特征及各要素之间的关系。

（3）独立性原则。绿色房地产开发各评价指标之间相互独立，提高评价的精准度。

（4）前瞻性原则。充分结合我国目前智慧城市、海绵城市、被动城市、生态城市建设的宏观背景，考虑生态文明建设及绿色经济发展的时代要求，所选指标要能适时反映绿色房地产开发的动态变化。

二、指标体系构建思路

在构建绿色房地产开发评价指标体系时，以对房地产开发和绿色房地产开发概念的理解为基础。房地产开发是指房地产开发经营企业根据城市规划的要求进行土地开发和房屋建设及相应的房地产营销与物业管理，以取得良好的经济效益、社会效益和环境效益为目的的综合性生产经营活动。关于绿色房地产开发的定义，郑燕鸣等认为，其是指基于LCA实现物质系统的首尾相接、无废无污、高效和谐、开放式闭合性良性循环，即用绿色的方式进行绿色房地产的开发。张建中认为绿色房地产开发是通过科学的整体设计，集成一系列节约资源、能源的高新技术，具有选址规划合理、资源利用高效循环、节能措施综合有效、建筑环境健康舒适、废物排放减量无害、建筑功能灵活适宜等六大特点。

借鉴以上研究成果，本节认为绿色房地产开发要求把绿色发展理念贯穿于房地产开发的全生命周期过程，绿色房地产企业根据时代发展要求，在符合国家标准的前提下，采用一系列节能、环保技术与措施进行绿色建筑等产品的开发建设、运营维护与管理，尽最大可能地取得经济效益、社会效益和环境效益的和谐统一，从而实现房地产开发从传统模式向绿色低碳模式的转变。绿色房地产开发的主体是绿色房地产企业，开发的产品主要指各种绿色建筑，开发的目的是取得良好的经济效益、社会效益和环境效益，因此，绿色房地产开发主要通过绿色房地产企业的可持续性和绿色建筑产品的性能体现出来，其评价应从全生命周期过程中重点考察绿色房地产企业和绿色建筑，绿色房地产企业主要从经济维度和社会维度考察其绿色可持续性，绿色建筑则重点从资源环境维度考察建筑性能与品质。

三、指标体系的选择与说明

依据上述指标体系的构建思路和构建原则，本节从环境、经济和社会3个维度选择14个指标重点考察绿色建筑性能和房地产企业的绿色可持续性，建立涉及多个评价因素的综合评价指标体系，如表8-8所示。

表8-8　绿色房地产开发评价指标体系

总目标	一级指标	二级指标
绿色房地产开发评价指标体系T	环境指标 A_1	水资源循环利用 A_{11}、土地集约利用 A_{12}、再生能源与节能技术利用 A_{13}、建筑材料性能与再生利用 A_{14}、室内外生态环境质量 A_{15}、绿色建筑智能管理 A_{16}、环境污染综合治理 A_{17}
	经济指标 A_2	绿色建筑工程造价 A_{21}、绿色房地产销售收入 A_{22}、绿色房地产运营维护费用 A_{23}、绿色房地产市场占有率 A_{24}
	社会指标 A_3	房地产企业信誉完整度 A_{31}、居民满意度 A_{32}、政府认可度 A_{33}

（一）环境指标

环境指标主要反映绿色建筑的基本属性。房地产开发主要是围绕建筑产品而展开的，绿色建筑是房地产开发的最终产品，因此，绿色房地产开发集中体现在绿色建筑上。根据我国《绿色建筑评价标准》，绿色建筑是指在全寿命期内，最大限度地节约资源（节能、节地、节水、节材）、保护环境、减少污染，为人们提供健康、适用和高效的使用空间，与自然和谐共生的建筑。借鉴国内外绿色建筑评价标准，结合我国国情，环境指标主要从资源、能源节约利用和环境保护角度选取了水资源循环利用、土地集约利用、再生能源与节能技术利用、建筑材料性能与再生利用、室内外生态环境质量、绿色建筑智能管理、环境污染综合治理7个指标。

（二）经济指标

经济指标主要反映绿色房地产企业经济效益。在市场经济条件下，房地产企业是房地产开发的主体，获得最大的经济效益是房地产企业的主要目的，也唯有此，房地产企业才能具备后续持续开发的资金条件。因此，从房地产企业的经济效益角度，经济指标选取了绿色建筑工程造价、绿色房地产销售收入、绿色房地产运营维护费用、绿色房地产市场占有率4个指标。

（三）社会指标

社会指标主要基于对绿色房地产企业社会形象的考量。良好社会形象是促进绿色房地产企业可持续发展的重要保障，企业的美誉度、居民对绿色房地产产品的满意度以及政府对企业的认可度是绿色房地产企业树立良好社会形象的基础。因此，从绿色房地产企业的社会形象入手，社会指标主要选取了绿色房地产企业信誉完整度、居民满意度和政府认可度3个指标。

第三节 绿色房地产创新能力培育、促进实体经济评价指标体系权重的确定

一、权重确定方法

本节选用层次分析法确定绿色房地产开发评价指标权重。层次分析法是一种定性与定量相结合的决策方法，在多约束选择、多目标决策中，对于判定不同要素对总体目标的重要程度来说，是一种既简便又具有相当可靠度的方法。具体操作时，先将待选择的评价指标体系分解为若干层，为确定下层元素对上层元素的贡献程度，由专家通过两两比较重要程度的方法，对各层子元素对上层元素的重要性一一给予评分，构成判断矩阵。根据判断矩阵求得最大特征值及对应的特征向量，利用一致性指标、随机一致性指标和一致性比例做一致性检验，若通过检验，则对这个向量做归一化处理后可作为各因素的权重。其计算步骤如下：

（1）构造判断矩阵。假定评价目标为A，评价因素集为$F\{f_1, f_2, \cdots, f_n\}$，

构造判断矩阵 P（A－F）。

$$P=\begin{pmatrix} f_{11} & f_{12} & \cdots & f_{1n} \\ f_{21} & f_{22} & \cdots & f_{2n} \\ \vdots & \vdots & \vdots & \vdots \\ f_{n1} & f_{n2} & \cdots & f_{nn} \end{pmatrix}$$

f_{ij}是表示因素 f_i对 f_j的相对重要性的数值（i＝1，2，…，n；j＝1，2，…，n），f_{ij}的取值见表 8－9。

表 8－9　　f_{ij}的取值

f_{ij}的取值	含义
1	f_i与 f_j具有同等重要性
3	f_i较 f_j稍微重要
5	f_i较 f_j明显重要
7	f_i较 f_j强烈重要
9	f_i较 f_j极端重要
2，4，6，8	含义分别介于 1—3，3—5，5—7，7—9 之间
$f_{ji}=1/f_{ij}$	表示 j 比 i 的不重要程度

（2）层次单排序和一致性检验。对于判断矩阵 P，计算满足：$PW=\lambda maxW$的特征根和特征向量。λmax 为 P 的最大特征根，W 为对应于 λmax 的正规化特征向量，W 的分量 W_i 就是对应元素单排序的权重值。为了检验判断矩阵的一致性，需要计算它的一致性指标 CI：计算公式为：

$$CI=\frac{\lambda_{max}-n}{n-1}$$

当 CI＝0 时，判断矩阵具有完全一致性；反之，CI 越大，则判断矩阵的一致性就越差。为了检验判断矩阵是否具有令人满意的一致性，则需要计算判断矩阵的随机一致性比例 CR，即 CR＝CI/RI，RI 为平均随机一致性指标，其标准值见表 8－10。一般地，当 CR＜0.10 时认为判断矩阵具有令人满意的一致性。

表 8－10　　平均随机一致性指标 RI 标准值

矩阵阶数	1	2	3	4	5	6	7	8	9	10
RI	0	0	0.58	0.90	1.12	1.24	1.32	1.41	1.45	1.49

（3）层次总排序和一致性检验。利用同一层次中所有层次单排序的结果，

计算针对上一层次而言的本层次所有元素的重要性权重值。为了评价层次总排序计算结果的一致性，类似于层次单排序，也需要进行一致性检验。

二、权重计算过程与结果

根据表 8－8 所建立的绿色房地产开发评价指标体系，依据各指标间的相互联系构造层次结构。绿色房地产开发评价指标体系分为 3 层：第一层次为总目标层 T，用来反映绿色房地产开发的综合水平；第二层次因素集为 A_1、A_2、A_3，分别代表环境指标、经济指标和社会指标，从属于第一层次；第三层次因素集从属于第二层次集，分别为 $\{A_{11}, A_{12}, A_{13}, A_{14}, A_{15}, A_{16}, A_{17}\} = A_1$，$\{A_{21}, A_{22}, A_{23}, A_{24}\} = A_2$，$\{A_{31}, A_{32}, A_{33}\} = A_3$，如表 8－8 所示。然后邀请来自土木工程、应用数学、产业经济学、地理科学等专业的专家对各层指标两两比较打分，构造判断矩阵，根据判断矩阵进行计算并进行一致性检验。计算过程与结果如下：

（1）判断矩阵 T－A 及层次排序结果见表 8－11。

表 8－11　　T－A 判断矩阵及层次排序表

T	A_1	A_2	A_3	W
A_1	1.00	2.08	2.13	0.5064
A_2	0.48	1.00	1.95	0.3018
A_3	0.47	0.51	1.00	0.1918

$\lambda_{max} = 3.0463$　　CI = 0.0232　　RI = 0.58　　CR = 0.0399 < 0.1

（2）判断矩阵 $A_1 - A_{1j}$ 及层次单排序结果见表 8－12。

表 8－12　　$A_1 - A_{1j}$ 判断矩阵及层次单排序表

A_1	A_{11}	A_{12}	A_{13}	A_{14}	A_{15}	A_{16}	A_{17}	W
A_{11}	1.00	1.37	0.38	2.89	0.35	4.25	4.72	0.1640
A_{12}	0.73	1.00	0.42	0.39	0.52	2.96	0.69	0.0872
A_{13}	2.63	2.38	1.00	2.07	0.48	3.16	3.09	0.2106
A_{14}	0.35	2.56	0.48	1.00	0.29	3.97	3.14	0.1247
A_{15}	2.86	1.92	2.08	3.45	1.00	4.51	5.03	0.3093
A_{16}	0.24	0.34	0.32	0.25	0.22	1.00	0.50	0.0415
A_{17}	0.21	1.45	0.32	0.32	0.20	2.00	1.00	0.0627

$\lambda_{max} = 7.6194$　　CI = 0.1032　　RI = 1.32　　CR = 0.0782 < 0.1

（3）判断矩阵 $A_2 - A_{2j}$ 及层次单排序结果见表 8－13。

表 8－13　　$A_2 - A_{2j}$ 判断矩阵及层次单排序表

A_2	A_{21}	A_{22}	A_{23}	A_{24}	W
A_{21}	1.00	1.24	2.48	0.58	0.2712
A_{22}	0.81	1.00	3.02	1.17	0.3048
A_{23}	0.40	0.33	1.00	0.53	0.1210
A_{24}	1.72	0.85	1.89	1.00	0.3030

$\lambda max = 4.1123$　　CI = 0.0374　　RI = 0.90　　CR = 0.0416 < 0.1

（4）判断矩阵 $A_3 - A_{3j}$ 及层次单排序结果见表 8－14。

表 8－14　　$A_3 - A_{3j}$ 判断矩阵及层次单排序表

A_3	A_{31}	A_{32}	A_{33}	W
A_{31}	1.00	1.05	2.26	0.4249
A_{32}	0.95	1.00	1.63	0.3688
A_{33}	0.44	0.61	1.00	0.2063

$\lambda_{max} = 3.0086$　　CI = 0.0043　　RI = 0.58　　CR = 0.0074 < 0.1

（5）层次总排序。根据以上层次单排序的结果，经过总排序计算和一致性检验，得到各二级指标的层次总排序即组合权重，表示了各指标对实现绿色房地产开发综合评价的相对重要程度。计算结果见表 8－15。

表 8－15　　指标权重总排序

一级指标		A_1	A_2	A_3	组合权重
		0.5064	0.3018	0.1918	
二级指标	A_{11}	0.1640			0.0830
	A_{12}	0.0872			0.0442
	A_{13}	0.2106			0.1066
	A_{14}	0.1247			0.0631
	A_{15}	0.3093			0.1566
	A_{16}	0.0415			0.0210
	A_{17}	0.0627			0.0318
	A_{21}		0.2712		0.0818
	A_{22}		0.3048		0.0920
	A_{23}		0.1210		0.0365

续表

一级指标		A_1	A_2	A_3	组合权重
		0.5064	0.3018	0.1918	
	A_{24}		0.3030		0.0914
	A_{31}			0.4249	0.0815
	A_{32}			0.3688	0.0707
	A_{33}			0.2063	0.0396

为了评价该层次总排序计算结果的一致性，需要进行一致性检验。计算公式如下：

$$CR=\frac{\sum_{1}^{3}W_iCI_i}{\sum_{1}^{3}W_iRI_i}=\frac{0.5064\times0.1032+0.3018\times0.0374+0.1918\times0.0043}{0.5064\times1.32+0.3018\times0.9+0.1918\times0.58}$$
$$=0.0613$$

显然，CR<0.10，层次总排序经过一致性检验。

三、结果分析

以上各指标权重向量是绿色房地产开发评价指标权重，为我国绿色房地产开发评价指标的量化及绿色房地产战略实践提供了基础和条件。

对于绿色房地产开发评价指标体系构建总目标而言，一级指标权重大小依次为环境指标（0.5064）、经济指标（0.3018）、社会指标（0.1918），二级指标中权重处于前5位的依次为室内外生态环境质量（0.1566）、再生能源与节能技术利用（0.1067）、绿色房地产销售收入（0.0920）、绿色房地产市场占有率（0.0914）、水资源循环利用（0.0831），其中3个指标属于环境指标，2个指标属于经济指标。

对于环境指标而言，室内外生态环境质量（0.3093）是最重要的影响因素，其次是再生能源与节能技术利用（0.2106），再次是水资源循环利用（0.1640）；对于经济指标而言，绿色房地产销售收入（0.3048）是最重要的影响因素，其次是绿色房地产市场占有率（0.3030），再次是绿色建筑工程造价（0.2712），三者是决定房地产企业利润高低的重要因素；对于社会指标而言，绿色房地产企业信誉完整度是最重要的影响因素（0.4249），其次是居民满意度（0.3688）。

第四节　绿色房地产创新能力培育、促进实体经济模糊综合评价模型的构建

为对绿色房地产开发进行合理评价，在构建完成指标体系的基础上，还必须确定合适的评价方法。从表 8－15 中所列的评价指标体系可以看出，既有定量指标，又有定性指标，无法对两者进行简单的加权加总从而得出一个标准值。为了将定量指标和定性指标有效地置放在同一个体系内进行评价，本节采用模糊综合评价方法作为绿色房地产开发的实证分析工具。具体步骤为：

一、绿色房地产开发评价要素指标体系的设置

评价要素指标体系的设置，是对绿色房地产开发程度进行综合评价的前提和基础。指标体系设置得是否合理和准确，直接影响着评价结果的科学性、可靠性和准确性。根据表 8－15 可知，评价要素集合为：

$A = \{A_1, A_2, A_3\}$

其中，各但要素子集 $A_i(i=1, 2, 3)$ 分别为：

$A_1 = \{A_{11}, A_{12}, A_{13}, A_{14}, A_{15}, A_{16}, A_{17}\}$

$A_2 = \{A_{21}, A_{22}, A_{23}, A_{24}\}$

$A_3 = \{A_{31}, A_{32}, A_{33}\}$

二、评语集合的确定

评语集又称评价集、决策集，即各指标对绿色房地产开发目标的满足程度可能出现的几种不同评价等级的集合。对于绿色房地产开发，根据评价决策的实际需要，将评判等级标准分为“优秀”“良好”“合格”和“不合格”4 个等级，即评语集合为：

$V = \{v_1, v_2, v_3, v_4\} = \{$优秀，良好，合格，不合格$\}$

三、评价要素权重子集的确定

本研究中各子集权重（一级权重）为：

$\tilde{W} = (W_1 \quad W_2 \quad W_3)$

各子集中 $A_i(i=1, 2, 3)$ 诸要素的权重（二级权重）分别为：

$$\tilde{W}_1=(w_{11} \quad w_{12} \quad w_{13} \quad w_{14} \quad w_{15} \quad w_{16} \quad w_{17})$$

$$\tilde{W}_2=(w_{21} \quad w_{22} \quad w_{23} \quad w_{24})$$

$$\tilde{W}_3=(w_{31} \quad w_{32} \quad w_{33})$$

四、评价的实施

根据对评价对象——绿色房地产开发的各种实际调查访问资料与研究数据，采用模糊数学和精确数学方法对各个评价指标进行定量估算，然后由评价专家小组的每一个成员根据已确定的评价等级标准依次对各个指标进行评价，经统计即可得到单因素模糊评价矩阵。例如，对评价指标水资源循环利用（A_{11}），有50%的成员认为优秀，30%的成员认为良好，10%的成员认为合格，10%的成员认为不合格，则可得出 A_{11} 对各级评价等级的隶属度：$A_{11}\rightarrow$（0.5，0.3，0.1，0.1）。

其余类推，从而得到各子集 $A_i(i=1, 2, 3)$ 中单因素的模糊评价矩阵 $\tilde{R}_i$ $(i=1, 2, 3)$ 为：

$$\tilde{R}_1=(r_{1ij})_{4\times7}=\begin{pmatrix} r_{111} & r_{112} & r_{113} & r_{114} \\ r_{121} & r_{122} & r_{123} & r_{124} \\ r_{131} & r_{132} & r_{133} & r_{134} \\ r_{141} & r_{142} & r_{143} & r_{144} \\ r_{151} & r_{152} & r_{153} & r_{154} \\ r_{161} & r_{162} & r_{163} & r_{164} \\ r_{171} & r_{172} & r_{173} & r_{174} \end{pmatrix}$$

$$\tilde{R}_2=(r_{2ij})_{4\times4}=\begin{pmatrix} r_{211} & r_{212} & r_{213} & r_{214} \\ r_{221} & r_{222} & r_{223} & r_{224} \\ r_{231} & r_{232} & r_{233} & r_{234} \\ r_{241} & r_{242} & r_{243} & r_{244} \end{pmatrix}$$

$$\tilde{R}_3=(r_{3ij})_{4\times3}=\begin{pmatrix} r_{311} & r_{312} & r_{313} & r_{314} \\ r_{321} & r_{322} & r_{323} & r_{324} \\ r_{331} & r_{332} & r_{333} & r_{334} \end{pmatrix}$$

然后，由各要素的权重系数向量 $\tilde{W}_i$ 和评价矩阵 $\tilde{R}_i$，经过合成运算即可得到：

$$\tilde{B}_i = \tilde{W}_i \circ \tilde{R}_i = (b_{i1} \quad b_{i2} \quad b_{i3} \quad b_{i4}) \quad (i = 1, 2, 3)$$

基于单要素模糊综合评价结果，可以得到 A 中各子集的综合评价矩阵：

$$\tilde{R} = \begin{pmatrix} \tilde{B}_1 \\ \tilde{B}_2 \\ \tilde{B}_3 \end{pmatrix} = \begin{pmatrix} b_{11} & b_{12} & b_{13} & b_{14} \\ b_{21} & b_{22} & b_{23} & b_{24} \\ b_{31} & b_{32} & b_{33} & b_{34} \end{pmatrix}$$

最后，再由 A 的各子集的权重系数向量 $\tilde{W}$ 和综合评价矩阵 $\tilde{R}$，经过合成运算，即得出对绿色房地产开发的模糊综合评价结果：

$$\tilde{B} = \tilde{W} \circ \tilde{R} = (W_1 \quad W_2 \quad W_3) \circ \begin{pmatrix} \tilde{B}_1 \\ \tilde{B}_2 \\ \tilde{B}_3 \end{pmatrix} = (b_1 \quad b_2 \quad b_3 \quad b_4)$$

第五节　绿色房地产评价实证分析

本节选取山东泰安海普地产有限公司开发的项目之一——海普·凤栖湾作为个案，探讨该地产公司绿色房地产开发的现实情况。

泰安海普地产有限公司成立于 1994 年，注册资本 2000 万元，国家二级开发资质，是泰安市规模大、信誉高的房地产综合开发公司。2004 年，该公司依据泰安市城市总体规划的要求，在南部新城投资 1.8 亿元开发建设了占地 200 亩的海普·凤栖湾高档住宅小区。

针对海普·凤栖湾项目，有关部门领导、建筑、环保等领域的专家共 10 人组成评价组进行了评价。

一、确定指标权重

使用专家打分法和 AHP 方法确定各级指标权重，其中，一级指标的权重分配为：

$\tilde{W} = (0.5064 \quad 0.3018 \quad 0.1918)$

二级指标的权重分配为：

$\tilde{W}_1 = (0.1640 \quad 0.0872 \quad 0.2106 \quad 0.1247 \quad 0.3093 \quad 0.0415 \quad 0.0627)$

$\tilde{W}_2 = (0.2712 \quad 0.3048 \quad 0.1210 \quad 0.3030)$

$\tilde{W}_3 = (0.4249 \quad 0.3688 \quad 0.2063)$

二、确定单因素模糊评价矩阵

根据每位专家对每一个二级指标进行的评判，统计得出如下单因素模糊评价矩阵：

$$\tilde{R}_1 = \begin{pmatrix} 0.20 & 0.40 & 0.30 & 0.10 \\ 0.30 & 0.40 & 0.20 & 0.10 \\ 0.30 & 0.50 & 0.10 & 0.10 \\ 0.50 & 0.40 & 0.10 & 0.00 \\ 0.40 & 0.40 & 0.10 & 0.10 \\ 0.30 & 0.40 & 0.20 & 0.10 \\ 0.20 & 0.30 & 0.30 & 0.20 \end{pmatrix}$$

$$\tilde{R}_2 = \begin{pmatrix} 0.20 & 0.30 & 0.40 & 0.10 \\ 0.30 & 0.40 & 0.20 & 0.10 \\ 0.20 & 0.30 & 0.40 & 0.10 \\ 0.30 & 0.40 & 0.20 & 0.10 \end{pmatrix}$$

$$\tilde{R}_3 = \begin{pmatrix} 0.40 & 0.40 & 0.20 & 0.00 \\ 0.30 & 0.40 & 0.20 & 0.10 \\ 0.40 & 0.40 & 0.20 & 0.00 \end{pmatrix}$$

三、对二级指标的模糊综合评价

矩阵合成运算采用“加权平均型”算子。

$$\tilde{B}_1 = \tilde{W}_1 \circ \tilde{R}_1$$

$$= (0.1640 \quad 0.0872 \quad 0.2106 \quad 0.1247 \quad 0.3093 \quad 0.0415 \quad 0.0627) \circ \begin{pmatrix} 0.20 & 0.40 & 0.30 & 0.10 \\ 0.30 & 0.40 & 0.20 & 0.10 \\ 0.30 & 0.50 & 0.10 & 0.10 \\ 0.50 & 0.40 & 0.10 & 0.00 \\ 0.40 & 0.40 & 0.10 & 0.10 \\ 0.30 & 0.40 & 0.20 & 0.10 \\ 0.20 & 0.30 & 0.30 & 0.20 \end{pmatrix}$$

$$= (0.33 \quad 0.41 \quad 0.16 \quad 0.09)$$

$$\tilde{B}_2 = \tilde{W}_2 \circ \tilde{R}_2 = (0.2712 \quad 0.3048 \quad 0.1210 \quad 0.3030) \circ \begin{pmatrix} 0.20 & 0.30 & 0.40 & 0.10 \\ 0.30 & 0.40 & 0.20 & 0.10 \\ 0.20 & 0.30 & 0.40 & 0.10 \\ 0.30 & 0.40 & 0.20 & 0.10 \end{pmatrix}$$

$$= (0.26 \quad 0.36 \quad 0.28 \quad 0.10)$$

$$\tilde{B}_3 = \tilde{W}_3 \circ \tilde{R}_3 = (0.4249 \quad 0.3688 \quad 0.2063) \circ \begin{pmatrix} 0.40 & 0.40 & 0.20 & 0.00 \\ 0.30 & 0.40 & 0.20 & 0.10 \\ 0.40 & 0.40 & 0.20 & 0.00 \end{pmatrix}$$

$$= (0.36 \quad 0.40 \quad 0.20 \quad 0.04)$$

四、对一级指标的模糊综合评价

$$\tilde{B} = \tilde{W} \circ \tilde{R} = (0.5064 \quad 0.3018 \quad 0.1918) \circ \begin{pmatrix} 0.33 & 0.41 & 0.16 & 0.09 \\ 0.26 & 0.36 & 0.28 & 0.10 \\ 0.36 & 0.40 & 0.20 & 0.04 \end{pmatrix}$$

$$= (0.32 \quad 0.40 \quad 0.20 \quad 0.08)$$

五、评价结论

由 $\tilde{B}$ 中元素的大小，由于 $\max(0.32 \quad 0.40 \quad 0.20 \quad 0.08) = 0.40$，即对“良好”这一评价的隶属度最大，根据最大隶属度原则，得出对泰安海普地产进行绿色房进行地产开发的总体评价为“良好”。

第六节 对策与建议

本章通过借鉴国内外绿色房地产评价指标体系，在充分理解绿色房地产开发基本概念的基础上，从绿色房地产企业和绿色建筑出发，建立了一个包括环境、经济、社会3个一级指标，14个二级指标在内的绿色房地产开发评价指标体系，通过专家打分法和AHP法，最终确定了各指标权重，借用模糊综合评价法选择泰安海普地产有限公司开发的房地产项目进行实证分析，较好地反映了各因素对绿色房地产开发的影响以及绿色房地产开发的现实状况，研究发现：

(1) 绿色建筑、房地产企业经济效益和社会形象对绿色房地产开发具有重要意义。其中，绿色建筑是实现绿色房地产开发的核心，房地产企业经济效益为绿色房地产开发奠定雄厚的经济基础，房地产企业社会形象也起了推波助澜的作用。

(2) 室内外生态环境质量不仅是绿色建筑中最重要的影响因素，而且对于整个绿色房地产开发起到关键性作用。

(3) 在当前我国资源环境条件的硬约束下，能源和水资源成为绿色建筑的重要制约因素，再生能源与节能技术的充分利用以及水资源的循环节约利用在实现绿色房地产开发中至关重要。

根据上述理论内容、实证分析和研究结论，为实现绿色房地产开发战略，增强我国绿色经济发展水平，提出如下建议：

加强绿色建筑产品开发建设，提高房地产开发项目的绿色性能。2016年，中共中央、国务院《关于进一步加强城市规划建设管理工作的若干意见》强调要“提高建筑节能标准，推广绿色建筑”。绿色建筑不是节能、环保材料的简单堆积，也不是绿化较好的建筑产品，它追求“人—建筑—自然”的和谐统一，不仅具有“四节一环保”的优点，而且代表了健康、舒适、安全，体现了建筑品质的综合提升，是未来人们对建筑发展的需求。将绿色开发理念更好地落实到建筑产品的开发建筑中，是推进绿色房地产开发的重点。

积极研发和推广应用节能、节水技术，最大限度地节约能源和水资源。将微电子技术、生物技术、信息技术、新材料、新能源技术等广泛应用于绿色建筑的生产、建筑节能、居住环境等方面，优化推广太阳能、风能和地热等自然能源的利用技术、建筑围护结构热工性能技术、污水处理和回用技术等，全方位降低建筑能耗与水耗，努力打造绿色节能环保建筑，对我国实现节能减排和生态文明建设具有重要意义。

综合提升室内外生态环境质量。绿色建筑的“绿色”，主要通过健康舒适的室内环境和自然和谐的室外环境来体现。健康、舒适的室内环境是绿色建筑的关键，包括良好的空气质量、热环境、光环境和声环境等，为此房地产企业在室内结构设计、环保材料应用、部品选择等方面严格把关，满足消费者卫生、健康、舒适的生活要求。最大限度地利用项目所在地的地形、地貌、气候等自然环境条件，因地制宜，营造良好的室外建筑环境，达到人与自然环境的和谐共生、互动发展。另外，室内外生态环境质量也直接影响了绿色房地产产品的销售价格和保值增值潜力。

提高房地产企业的绿色可持续性。房地产企业是绿色房地产开发的主力军，经济效益的高低影响着企业对绿色产品的持续开发，房地产企业尽可能地降低绿色产品开发建造成本、技术成本，推广绿色营销渠道，提高绿色产品的销售收入和市场占有率，凸显绿色开发的经济效益。另外，鉴于我国绿色房地产开发处于起步阶段，政府应加强绿色开发的激励政策，激发房地产企业的积极性和创造性。良好的绿色品牌形象和美誉度是企业良好社会形象的反映，它为绿色房地产企业持续的发展创造了条件，这要求绿色房地产企业以市场为导向，积极拓展、开发真正意义上的绿色产品，以高质量、高附加值的绿色建筑精品赢得消费者的信赖。

绿色房地产开发作为房地产业最基本、最主要的经济活动内容，为我国绿色经济发展、推动国家经济转型升级提供强劲的绿色动力。参照国内外相关文献以及我国绿色建筑评价标准，本章建立了绿色房地产开发评价的指标体系；同时，采用模糊综合评价法，借助模糊判断矩阵实现指标的量化转换，通过科学定量评价绿色房地产开发的实现程度，为绿色房地产开发战略的实施提供理论依据，从而促进绿色房地产开发更好地嵌入我国绿色经济发展。

也应看到，绿色房地产开发评价指标体系是一个多因素组成的多层次的复杂系统，由于时间紧迫，本章在指标的选取上难免考虑不周全，且部分指标难以量化。指标权重的确定采用特尔菲法，模糊综合评价法中各指标的隶属度的确定也是根据专家评议统计得出，因此评价结果存在较强的主观性。为了提高绿色房地产开发评价的客观性和准确性，今后还需要进一步深化拓展指标体系，使之趋于科学化、系统化，强化定量研究，淡化主观因素等。

第九章　区域创新能力培育、促进实体经济发展研究

城市是国家或一定区域内的经济、政治、文化中心，是具有相当大面积和相当高人口密度的一个区域共同体。城市是以人为主体、以自然环境为依托、以经济活动为基础、社会联系极为紧密的有机体，它有着自身的成长机制和运行规律，具有密集性、高效性和多元性等特征。城市的人、物质、空间与活动的高度密集，带来了人才、信息、资金等要素的聚集。城市是基础设施、智力资源、风险资本、信息服务等多方面功能的综合体，是推动区域经济发展的中心。区域创新的主体区域内企业、大学、科研机构、政府等使城市成为区域创新的中心。

第一节　区域创新能力概述

一、创新概念的提出

“创新”一词最早是由美籍奥地利经济学家约瑟夫·阿罗斯·熊彼特（J. A. Schumpeter）于1912年在《经济发展理论——对于利润、资本、信贷、利息经济周期的考察》一书中提出的。他从经济增长的角度较好地阐明了技术创新和经济发展的关系问题，指出“创新的基本内涵是旨在建立一种新生产函数或供应函数，是在生产体系中引入生产要素的生产条件的新组合，不断地打破经济均衡，经济发展依靠内部自身创造性来实现”。熊彼特所指的“创新”是一个比较宽泛的概念，它从企业的角度涵盖整个企业技术、生产、管理全过程，不局限于某一特定领域，既包括产品创新、生产技术创新，又包括市场创新（即销售市场创新和供应市场创新）和组织制度创新，是一种广义的创新。具体来说，包括以

下5个方面：①采用一种新产品——也就是消费者还不熟悉的产品——或一种产品的一种新的特性；②采用一种新的生产方法，也就是在有关的制造部门中尚未通过经验检验的方法，这种新的方法决不需要建立在科学新发现的基础之上，并且也可以存在于商业上处理一种产品的新方式之中；③开辟一个新的市场，也就是有关国家的某一制造部门以前不曾进入的市场，不管这个市场以前是否存在过；④掠取或控制原材料或半制成品的一种新的供应来源，也不问这种来源是已经存在的，还是第一次创造出来的；⑤实现任何一种工业的新组织，比如造成一种垄断地位，或打破一种垄断地位。其后的创新理论都在此基础上在技术、制度、国家创新系统、区域创新系统等很多方面进行了发展。在区域创新系统中，城市创新又是一个主要的发展方向。

二、城市创新的产生与发展

国内学者对城市创新的探索始于20世纪80年代，城市创新是一种全新的城市发展动力机制。宋德勇（2006）认为，城市创新就是根据城市整体的自然资源、基础设施以及科技资源等条件，通过城市内各创新主体之间的协调合作，促进城市创新环境的完善，改变资源配置方式，提高资源配置的效率，转变城市发展模式，提高城市竞争力。赵黎明（2006）认为，城市创新主要是指在特定的区域经济背景条件下，在充分认识城市自身的资源条件和社会经济文化特点的基础上，进行关于城市的制度、观念、技术以及管理等方面的创新性变革，并对城市进行准确定位，改变传统的城市发展模式，为城市经济发展寻求新的增长点，以使得城市的经济和社会各方面在未来较长的时间内得到协调发展。综合以上观点，本章将城市创新界定为：城市创新就是以城市整体的自然资源、基础设施以及科技资源等为依托，通过城市内各创新主体（官、产、学、研和中介）之间的协调合作，完善城市创新环境，创造有效的资源配置方式，改革原有的城市发展模式，提高城市竞争力。城市创新过程是一个重新配置创新资源和确定新型运行规则的过程。改革传统的城市发展模式，建立依靠技术创新和制度创新促进城市经济、社会、生态等全方面地发展是城市创新的主要目标。本章对城市创新的理论框架主要从城市创新主体、内容、功能以及城市创新运行机制等方面展开分析。

（一）城市创新的主体

城市创新的主体是指参与城市创新活动且具备创新功能的行为主体。最早研究创新的学者熊彼特认为创新只是企业界的事情，创新的主体只是企业。随着创新活动的发展和创新研究的深入，人们发现创新存在于人类所从事的一切活动中。目前，研究国家创新系统的学者都认为创新的主体包括企业、大学和科研机构、教育和培训机构以及中介服务机构，以及与之相辅相成、不可分割的政府。综上所述，城市创新的主体主要包括企业、科研机构和大学、政府和中介服务机构。这些创新主体是通过要素资源流动来联系在一起的。这些要素资源流动主要表现为资金要素的流动、人才与劳动力要素的流动、技术要素的流动、资源与产品的流动以及管理要素的流动等。

1. 企业。企业是城市创新的重要主体。企业作为理性经济人，它的经营活动是以追求利润最大化为目的的。为追求利润最大化，企业更有进行创新活动的动力。企业作为科技和经济的结合点，关系到技术创新的成败。企业规模大小、企业组织结构形式、企业内人员素质高低以及企业所处市场环境的优良和是否具有区位优势等都是影响企业创新能力的重要因素。只有具有良好的创新环境、高精尖的企业员工、合理的企业组织结构、良好的市场环境及优越的区位等才能使企业发挥更大的创新潜能。

2. 高等院校和独立科研机构。城市创新是人的主观能动性的体现，城市创新以杰出的科学家和科学技术人才群体作为其决定因素，而高校又是传授高等知识和进行学术研究的地方，是为国家培养高素质建设者和接班人的地方，是培养高科技人才的地方。高校在城市创新中的作用集中体现在两个方面：研究开发和人才培养。因此，高校对于城市创新能力的提高具有至关重要的作用。独立科研机构则一般不进行人才培养，是专门从事科学研究和试验开发的地方，是向社会提供包括发表的学术论文、出版的科学著作、完成课题任务、获得技术专利等各种形式的科学研究成果的部门。高校和独立科研机构作为城市创新的主体，不仅从事科学研究、知识创造和技术创新，也承担着人才培养和知识传播的任务。因此，高等院校和独立科研机构成为城市创新不可缺少的一部分。

3. 政府机构。政府机构是指在所辖的行政区域范围内管理各项行政事务的机构。政府通过制定和执行政策和法规，管理和规范系统中其他要素的创新活动；同时，政府还规划、设计了一系列的项目和措施，直接参与实际的技术研发和扩散项目活动。在创新过程中，政府可以直接有效地调控机制的具体运行，特别是在一些市场机制无法发挥作用的地方，政府可以凭借其特殊的身份完成其他创新主体无法实现的功能。因此，政府在整个创新过程中可以发挥其他主体难以发挥的作用。但是，在市场经济环境中，要转变政府在整个创新过程中的地位，要由原来的管制者变成服务者。在城市创新中，政府机构起着举足轻重的作用。可以说，政府是城市创新活动规则的制定者和直接参与者。

4. 中介服务机构。中介服务机构主要是指介于企业、政府以及高等院校和科研机构之间的为创新活动提供各种服务的一系列机构的总称。它们是联系科技与经济的中介，是市场经济条件下组织创新、衔接创新组织系统中各部分之间的重要桥梁和纽带。中介服务机构主要包括：培训中心、咨询公司、技术评估机构、创业服务中心、生产力促进中心、技术开发交流中心，以及技术市场等。其主要创新功能表现为向创新活动提供所需的各种服务，具体表现为：沟通衔接各创新资源或创新行为主体实现协同创新以降低成本和风险；为创新活动提供信息、知识等方面的全方位支持；协调或重组各种创新资源或创新活动主体；提供公共基础服务和社会服务等。

（二）城市创新的主要内容

从创新对象的角度来看，城市创新的主要内容包括：技术创新、知识创新、制度创新、产业创新和服务创新。

1. 知识创新。广义的知识创新是指通过特定的认识活动，增进技术创新和制度创新所需知识的过程；狭义的知识创新是指通过科学研究获得新的基础科学和技术科学知识的过程。知识创新是一个包含新知识的产生、扩散、传播以及转移的过程，是由基础研究推动的创新活动。知识创新是技术创新的先导和源泉，是城市创新的基础。在城市创新中，城市内的高等院校和科研机构就构成了城市知识创新的主体。

2. 技术创新。最初研究者对于创新的研究主要集中在技术创新的研究。国内外学者对技术创新从不同的角度进行了定义。国外学者缪尔塞（Mueser）认为，当一种新思想和非连续性的技术活动经过一段时间后，发展到实际和成功应用的程度，就是技术创新。国内学者吴贵生、傅家骥等也都对技术创新提出了不同的理解。大多数观点认为，技术创新是指企业通过与其他的创新主体应用创新知识，形成新技术、新工艺，采用新的生产方式和管理模式的过程。技术创新的主要功能是提高产品质量，开发生产新产品，提供新服务。技术创新通过对技术知识的生产、应用以及传播方式进行变更，提高创新主体的创新能力，并直接影响到城市的技术层次。因此，技术创新也是城市创新最主要的内容之一，是城市创新的基础。在城市创新中，企业就构成了技术创新的主要主体。

3. 制度创新。制度是指约束人们社会、经济和政治行为的一系列规则。城市创新中的制度创新是指在城市经济发展中，改进现有的制度安排或引入一种全新的制度以提高效率、协调经济利益主体间的关系，有力地刺激和规范经济主体的行为，进而有效地创造、改进和扩散新的知识技术，保证城市创新取得更好的绩效，保证城市经济的可持续发展。政府作为这一过程中的主体，主要是为创新活动提供制度保障和法律、法规及政策保障，并着力解决系统失效和市场失效的问题，转变城市规划、管理和建设的传统观念，维系城市与区域协调和统筹发展的可持续性，为城市的知识和技术创新、产业创新等提供了外部条件。

4. 产业创新。产业创新一般指特定产业在成长过程中或在激烈的国际竞争环境中，几个大型企业主动联手开展研发活动或单个技术领先企业通过技术扩散实现产业内的共同创新。产业创新可具体理解为企业突破已有结构化的产业约束，运用技术创新、管理创新、市场创新或组合创新等来改变现有产业结构或创造全新产业的过程。产业创新是技术创新、管理创新、市场创新等的系统集成，是企业创新的最高层次和归属。产业创新是城市创新的核心，其目标是实现城市产业结构的演进，增强产业整体的竞争能力。城市创新在本质上是一种产业突变。城市产业创新的主要表现是城市主导产业的更替和发展。城市产业结构由原来以工业为主的产业结构向以服务业为主的产业结构的路径演进，本身就是城市产业创新的一种表现形式。产业创新的主体由产业内各级组织的联合体构成，既包括企业、科研结构和服务中介组织，也包括政府。

5. 服务创新。本章所论述的服务创新是在城市创新中起内部支持和服务作用的服务中介的创新行为，其作用在于为城市创新提供物质载体和为创新主体提供有效联络，以加速知识的传播和技术的流动。服务创新的主体主要是教育培训机构和中介服务机构。前者的主要功能是传播知识和培养各类专门人才、高素质劳动者，尤其是高层次、高素质创新人才。后者的主要功能是为创新活动及知识、技术的传播和应用提供中介服务，其核心是中介机构和基础设施，既包括推动科技成果市场化、产业化的社会机构和组织，如高新技术产业开发区、高新技术园区等；又包括协助、促进成果转化，在创新活动中起桥梁和纽带作用的机构和组织，如技术开发中心；还包括为创新活动提供服务咨询的机构和组织，如会计事务所、审计事务所、律师事务所、技术评估机构、企业咨询事务所、风险投资机构等。服务创新的强度决定城市系统各种创新行为的协调性与灵活性。

上述城市的各种创新活动之间存在着复杂的交互作用关系。知识创新增进了技术创新和产业创新的知识存量，技术创新和产业创新反过来又拓展了知识创新的领域，并为知识创新提供必要的资金和技术支持。制度创新为知识和产业创新提供激励氛围和良好环境，知识、技术和产业创新又构成制度创新的必要条件；服务创新为各个环节创新活动的开展铺平了道路，而其他创新成果的出现也为服务创新的改善创造了条件。在这种相互促进和相互制约的关系中，产业创新居于中心地位，而知识创新和技术创新是城市创新的基础，制度创新是城市创新的保障，服务创新是“桥梁”和“润滑剂”。

6. 城市创新环境。城市创新环境是指在城市创新过程中与城市创新活动有关联的条件及事实的总和。城市创新存在于具体的城市区域之中，而城市创新环境同样也与城市本身有着密切的关系。从创新影响因素的属性来看，城市创新环境可以分为：自然环境、社会文化环境、制度环境、经济环境等。城市创新的自然环境主要是指该城市地域范围内存在的各种对创新系统产生影响的自然因素，通过相互作用与组合而形成的综合体。这些自然因素主要包括：地理地貌、气候、生物资源、矿产资源、水文等。城市区域内的自然资源为城市创新提供了先天的资源禀赋。社会文化环境主要是指对创新系统产生影响的各种文化因素所构成的综合体，主要包括区域内居民的风俗习惯、价值观念、思维方式、宗教信仰，区内劳动力资源平均的文化水平、心理素质、主流价值观念、社会风气等。制度环境是指与创新活动相关的区域内以及区域外的政治、法律、行为规范等因素构成的综合体，主要包括政策、法律法规、道德规范、行为准则等。新制度经济学认为，制度的存在，可以解决不断出现的社会问题和约束人们的竞争和合作方式。制度可以降低创新中的不确定性和交易费用，可以提高对创新的奖励，好的制度选择会促进创新，不好的制度选择会将创新引离经济发展的轨道或扼制创新。社会经济环境是指区域内与创新活动密切相关的诸多经济要素（如市场、劳动力、资金等）所构成的经济活动的综合体，包括经济实力、经济结构、市场态势、基础设施等。

三、城市创新能力

（一）创新能力和城市创新能力的概念

目前，学术界并没有统一的关于创新能力的概念，对于创新能力的概念，大多是从国家、产业和企业的角度来理解的。Furman，Porter and Stem（2002）认为，国家创新能力是一个国家长期形成的和商业化具有创新性的技术流的能力。

我国学者颜晓峰认为，国家创新能力是一个国家依靠国家创新体系运用各种资源进行创新活动的能力，国家创新体系是国家创新能力的主体。汪方胜（2005）和史清琪（2000）则从技术推动产业发展的作用方面入手，认为技术是推动产业发展的根本动力。关于企业技术创新能力的概念国内外研究得比较多，有代表性的有：Barton（1992）认为，掌握专业知识的人、技术系统、管理系统的能力及企业的价值观才是企业技术创新能力的核心。Elson（2000）认为，创新能力是指企业为满足市场需要而开发新产品引起创新的总体能力。对城市创新能力的概念，不同学者有不同的论述。周振华（2002）认为，城市创新能力是指城市创新体系中各要素和行为主体有机结合的整体能力。他将城市综合创新能力的含义概括为5个方面，即所有行为主体创新能力的综合体现、创新投入—产出整个过程及其效率的综合能力、创新以及创新后改进与创新扩散等一系列能力的综合体现、创新互动能力与创新集群能力的综合表现和自主创新能力与模仿创新能力的综合体现。《中国区域创新能力报告（2001）》给出区域创新能力的定义，认为区域创新能力是指一个地区将知识转化为新产品、新工艺、新服务的能力。综上所述，我们给出城市创新能力的概念，即一个城市将知识等各种要素转化为新产品、新工艺、新服务的能力。

（二）城市创新能力的构成

城市创新能力是一个城市的综合创新能力，它是由城市创新系统的各个子系统的创新能力综合而得的。城市创新能力主要由城市知识创新能力、技术创新能力、制度创新能力、产业创新能力、服务创新能力以及城市创新环境等要素构成。

1. 知识创新能力。知识创新能力是指知识创新主体由科学研究获得新的基础科学和技术科学知识的能力。知识创新能力包括知识创新的投入能力、知识生产能力以及知识创新成果产出能力3个方面。

2. 技术创新能力。技术创新能力是城市创新能力的核心，技术创新的主体是企业。技术创新通过变更技术知识的生产、应用以及传播方式，提高城市技术创新能力，进而提高创新主体的创新能力。在知识经济时代，技术创新通过改善产品结构、提高产品附加值等手段来增强企业竞争力，是促使产业结构高级化的主要动因，是经济增长的根本源泉。因此，要提高城市创新能力必须鼓励技术创新，提高城市技术创新能力。

3. 制度创新能力。制度创新能力是城市创新能力得以提高的重要保障。制度创新是创新主体在制度变迁过程中，为了获得潜在利益而进行的制度安排。制度创新的主要功能是为创新活动提供制度保障和法律、法规及政策保障。制度创新能力则是制度创新主体即政府为创新活动提供政策制度保障的能力。制度创新能力的高低体现在政府对创新的重视程度、政策的完善程度以及管理水平上。

4. 服务创新能力。服务创新能力就是服务中介为城市创新提供物质载体和为各创新主体提供有效联络的创新能力。本节认为，服务创新能力应包括技术市场成交合同金额、科技咨询服务项目数、中等职业技术教育机构数 3 个方面。

5. 产业创新能力。产业创新是城市创新的重要内容，其目标是实现城市产业结构的演进。城市创新在本质上是一种产业突变。从宏观来看，产业创新应包括两个方面。产业结构优化度包括第三产业的比重、第三产业对第一产业比重之比、高新技术产业产值所占比重三个方面；产业国际竞争力包括城市商品进出口贸易额占全国的比重。在下文中，将从这两个方面来确定衡量产业创新能力的评价指标。

6. 城市创新环境。城市创新能力由知识创新能力、技术创新能力、服务创新能力、制度创新能力和产业创新能力构成，任何影响这五个方面的因素都会影响城市创新能力。这五者之间也存在相互联系、相互作用和交叉影响，因此我们将影响城市创新能力的主要因素概括为：宏观经济发展水平和基础设施水平。城市创新能力对经济增长具有重要的促进作用，同时宏观经济发展水平也成为影响城市创新能力的重要因素。城市宏观经济发展水平的高低直接影响市场对创新的需求。经济发展水平较高、经济活跃的城市，往往对创新的需求比较旺盛，从而产生较强的创新动力和创新活力；同时，经济发展水平的高低也影响城市对人才的吸引、基础设施的建设、创新制度的完善以及创新资金的投入等，进而影响城市创新能力。本节采用人均 GDP、城市化水平、人均社会固定资产投资额、人均邮电业务总量、社会货运量等评价指标来衡量城市创新环境。

第二节　区域创新能力培育、促进实体经济发展指标评价体系的构建

要深入地了解城市创新能力的内涵与本质，就必然要求对其进行科学的量化分解。从衡量标准看，创新型城市要考虑有哪些因素以及具体有什么样的数量标

准要求，这就需要科学构建城市创新能力的评价体系。从现有的理论与实践发展来看，尽管人们在理论和实践上尝试用评价指标来评价创新型城市，但是关于城市创新能力的评价指标体系目前尚无公认、统一的定论。

一、国内外有关创新能力评价的研究

有关创新能力的评价可以追溯到20世纪50年代出现的科技指标，当时，欧洲国家普遍采用R&D支出作为衡量科技活动的指标。到20世纪70年代，OECD组织的成立使创新评估研究进了一步。OECD的统计主要侧重于对科技活动的描述，包括组织科技水平、产业科技水平、国家（地区）科技水平以及国际水平，采用传统的投入产出法、应用与冲击分析法。其选用的指标包括投入指标和产出指标两类。国外学者在对几十个创新型城市进行考察和研究之后，提出了许多评价城市创新能力的指标体系，主要可以分为硬件指标和软件指标。硬件指标是激发城市创新能力的前提。城市中硬件设施的数量、质量以及多样性和可获得性对鼓励创新十分重要，主要体现在：大学、政府研究机构和私人企业研究部门的研发能力；信息和通信的可获得性，表现在城市的图书馆系统、信息和交通设施；城市的综合教育系统，包括从小学教育到技术型和人文型的各类大学；从大众文化到高雅艺术的各类文化设施。创新型城市的软件指标表现在城市历史、城市危机感、城市的内在创新能力以及城市的组织能力、市民的价值体系或生活方式，以及市民对城市的归属感等方面。

在国内，在城市创新能力评价方面，杨华峰、邱丹、余艳（2007）从知识创新能力、技术创新能力、管理与制度创新能力、服务创新能力、文化创新能力及创新综合绩效6个方面建立一套四层次的综合评价指标体系，并进一步分解为知识创新主体、知识创新投入、技术创新主体、技术创新投入、经济增长及社会进步等16个指标类，包括高校科研机构数量、全社会R&D投入占GDP的比重等55个具体指标。张继飞、刘科伟、刘红光（2007）等人建立了西安城市创新能力的纵向和横向指标体系，对西安城市创新能力纵向分析后提出，城市创新能力纵向指标包括知识创新能力、技术创新能力、制度创新能力和服务创新能力，并根据它们在城市创新能力中的不同地位和作用，对它们分别赋以不同的权重。这4个因子又可以细分为全市研发机构筹集资金总额、全市科研单位发表论文总数等13个指标，同时每个指标也被赋予不同的权重。根据各指标的总权重计算出各因子的得分，再根据因子权重计算总得分，比较不同年份西安市在知识创新能力、技术创新能力、制度创新能力、服务创新能力上的得分，得出西安横向创新能力的发展变化。倪鹏飞、周宏山等人从城市竞争力的角度对创新做出评价；段利忠、刘思风等人从知识创新能力、技术创新能力、制度创新能力、服务创新能力、宏观发展水平 5 个角度构建了涵盖 24 个指标的评价体系，其指标的选择充分考虑数据的可获取性，因此在评价中受主观因素影响较少；樊杰等人在对世界高科技城市进行分析的基础上，提出了包括科技投入规模与产出效率、创新凝聚力与持续力、保障体系完善程度、城市形象建设水平 4 个一级指标在内的高科技型城市发展指标体系；中国城市创新能力评价体系课题组采用了 AHP 法（主成分分析法），也对城市创新能力进行了具体测评，分别从 3 个方面进行，即：城市科技创新能力评价，城市新技术产业化能力评价和城市品牌创新能力评价。

城市创新能力评价方法，目前主要包括主观赋权法和客观赋权法。主观赋权法有层次分析法、德尔菲法、综合评判法等。客观赋权法包括主成分分析法、因子分析法、熵值法等。本节采用德尔菲法。德尔菲法是一种预测方法，在城市创新能力评价中，影响城市创新能力的各因子不发生横向的联系，通过多次的征询、归纳、修改，最后汇总成各因子基本一致的观点，作为预测的结果。德尔菲法可以避免各因子之间的相互影响和重复作用，是对多种属性的事物，或者说其总体优劣受多种因素影响的事物，做出一个能合理地综合这些属性或因素的总体评判。

二、该区创新能力指标评价体系的建立

本节将城市创新能力的评价分为三级指标层次，即一级指标层、二级指标层和因子层。一级指标层主要分为知识创新能力、技术创新能力、制度创新能力、产业创新能力、服务创新能力、城市创新环境 6 个大的方面。在知识创新能力指标下又分为知识创造能力和知识流动能力 2 个二级指标。对知识创造能力，用 4 个指标即高校和独立科研机构研究开发经费总额、研究开发机构总数、在校研究生、每百人拥有的图书馆藏书量等指标来衡量。对知识流动能力指标，用城市实际利用外资金额指标来衡量。技术创新能力指标分为技术创新投入能力和技术创新成果产出能力 2 个二级指标。对技术创新投入能力指标，用大中型工业企业技术开发机构经费筹集总额、大中型工业企业技术开发机构数量、大中型工业企业技术开发机构人员数量、技术开发项目数量等 4 个三级指标来衡量。对技术创新

成果产出能力指标，用全年申请各种专利授权的数量、新产品产值 2 个三级指标来衡量。制度创新能力指标又分为政府对创新的重视程度和政府政策完善程度 2 个二级指标。政府对创新的重视程度指标用科技三项经费支出占财政支出的比例和人均国家财政教育支出 2 个三级指标来衡量。政府政策完善程度指标用政府为科技创新提供各种优惠政策指标来衡量。产业创新能力指标分为和教育培训能力 2 个二级指标。对中介服务能力指标，用技术市场成交合同金额、科技咨询服务项目数等 2 个三级指标来衡量。对教育培训能力指标，用中等职业技术教育机构数指标来衡量。城市创新环境指标分为宏观经济发展水平、基础设施水平等 2 个二级指标。宏观经济发展水平指标用人均 GDP 和城市化水平等 2 个三级指标来衡量。基础设施水平指标用人均社会固定资产投资额、人均邮电业务总量等 2 个三级指标来衡量。对城市创新能力的评价共分为 6 个二级指标、25 个三级指标，构成城市创新能力评价体系。经过对该问题的多次征询、归纳、修改，最后汇总成各因子基本一致的观点，并赋予 6 个二级指标、25 个三级指标一定的权重，对城市的评价作出一定的量化。从而可以对多种属性的事物及其总体优劣受多种因素影响的事物，做出一个能合理地综合这些属性或因素的总体评判。6 个二级指标、25 个三级指标以及其权重见表 9 - 1。

表 9 - 1　　城市创新能力评价指标体系

目标层	一级指标层	二级指标层	因子层（指标名称）	单位
城市创新能力	知识创新能力（0.25）	知识创造能力（0.70）	X_1：高校和独立科研机构研究开发经费总额（0.40）	万元
			X_2：研究开发机构总数（0.30）	个
			X_3：在校研究生（0.15）	人
			X_4：每百人拥有的图书馆藏书量（0.15）	册
		知识流动能力（0.30）	X_5：城市实际利用外资金额（1.00）	万美元
	技术创新能力（0.25）	技术创新投入能力（0.70）	X_6：大中型工业企业技术开发机构经费筹集总额（0.25）	万元
			X_7：大中型工业企业技术开发机构数量（0.25）	个
			X_8：大中型工业企业技术开发人员数量（0.25）	人
			X_9：技术开发项目数量（0.25）	项
		技术创新成果产出能力（0.30）	X_{10}：全年申请各种专利授权的数量（0.60）	项
			X_{11}：新产品产值（0.40）	万元

续表

目标层	一级指标层	二级指标层	因子层（指标名称）	单位
城市创新能力	制度创新能力（0.10）	政府对创新的重视程度（0.55）	X_{12}：科技三项经费支出占财政支出的比例（0.60）	%
			X_{13}：人均国家财政教育支出（0.40）	元/人
		政府政策完善程度（0.45）	X_{14}：政府为科技创新提供各种优惠政策（1.00）	分
	产业创新能力（0.20）	产业结构优化度（0.55）	X_{15}：第三产业的比重（0.30）	%
			X_{16}：第三产业对第一产业比重之比（0.30）	%
			X_{17}：高新技术产业产值所占比重（0.40）	%
		产业国际竞争力（0.45）	X_{18}：城市商品进出口贸易额占全国的比重（1.00）	%
	服务创新能力（0.10）	中介服务能力（0.55）	X_{19}：技术市场成交合同金额（0.60）	万元
			X_{20}：科技咨询服务项目数（0.40）	个
		教育培训能力（0.45）	X_{21}：中等职业技术教育机构数（1.00）	个
	城市创新环境（0.10）	宏观经济发展水平（0.55）	X_{22}：人均 GDP（0.55）	元
			X_{23}：城市化水平（0.45）	%
		基础设施水平（0.45）	X_{24}：人均社会固定资产投资额（0.55）	元/人
			X_{25}：人均邮电业务总量（0.45）	元/人

注：括号中为该指标的权重。

第三节 区域城市创新能力培育、促进实体经济发展评价

泰安是山东省西南部重要城市，与山东省的政治、经济、文化中心济南市衔接，是“济南都市圈”的重要组成部分，发挥着“都市圈”中心集散、辐射、服务、创新、窗口和生产功能，成为都市圈“四大中心”，即技术、商贸、金融和信息中心。泰安市的城市创新能力的发展对山东省西南部城市的发展有一定的促进作用。通过对其城市创新能力的评价，能为我国其他城市提供具有参考价值的经验。

一、知识创新能力

在知识创新能力一级指标中，近几年来，该市高校和独立科研机构研究开发经

费总额年均为1250万元，研究开发机构总数为138个，每百人拥有的图书馆藏书量为24万册。应该说，在山东省同一级别城市中有一定实力，但是，与发达地区相比，还有很大差距。根据指标数据，该市知识创造能力指标得分为1.33。

在知识流动能力指标方面，泰安市城市实际利用外资2009年为233600万美元，在山东省西部地区排名比较靠前，但与东部发达地区相比，差距比较大。例如，2009年，上海实际利用外资585022万美元，仅仅为上海的39.9%，可以说，泰安市与发达地区差距比较大。根据该指标，泰安市的知识流动能力指标得分仅为39.90，知识创新能力总得分为12.90。

二、技术创新能力

技术创新能力包括技术创新投入能力和技术创新成果产出能力两个二级指标。在技术创新投入能力方面，该市大中型工业企业技术开发经费筹集总额年均3100万元，大中型工业企业技术开发机构数为15个，大中型工业企业技术开发人员数为635人，技术开发项目数量年均为50项，具备一定的技术创新投入能力。但与发达地区相比，还有一定的差距。例如，东部地区的上海，每年大中型工业企业技术开发经费筹集总额2771800万元，而泰安市的大中型工业企业技术开发经费筹集总额年均仅为3100万元，相差甚远。泰安市的技术创新投入能力指标得分仅为1.53。

在技术创新成果产出能力方面，泰安市年均申请各种专利授权的数量年均为144项，新产品产值年均2204万元。由于大中型工业企业技术开发经费筹集总额、大中型工业企业技术开发机构数、技术开发人员数等等都远远低于东部发达地区，所以全年申请各种专利授权的数量和新产品产值两个指标也远远落后于东部发达地区。所以，在技术创新成果产出能力指标上，该市得分仅为0.56，技术创新能力总得分为1.24。

三、制度创新能力

制度创新能力包括政府对创新重视程度和政府政策完善程度两个二级指标。在政府对创新重视程度方面，该市2009年科技三项经费支出占财政支出的比例为0.02%，科技三项经费所占比例相对该市的发展来说，支出比例相对比较低；该市2009年人均国家财政教育支出为1124元，该指标相对于发达地区来说，教育支出相对较低。根据指标数据，该市在政府对创新重视程度指标的得分为21.66。

在政府政策完善程度上，该市在2009年政府为科技创新提供各种优惠政策得分为1，而上海得分为5，北京得分为4，南京、西安得分都为3，所以，泰安市与东部发达地区相比，在政策完善方面有待进一步加强。泰安市政府政策完善程度指标得分仅为20.00，制度创新能力总得分为20.91。

四、产业创新能力

产业创新能力包括产业结构优化度和产业国际竞争力两个二级指标。在产业结构优化度方面，泰安市第三产业比重为26%，第三产业对第一产业比重之比为52%，可以说达到了中等发达城市的初级阶段，但第三产业在高新技术产业产值所占比重，该市2009年为3%，可以说，这个指标过低，与发达城市相比，差距很大。例如，2009年上海该指标为46%，北京为34.2%，西安为16.7%，南京为7.3%。泰安市产业结构优化度得分为10.58。

在产业国际竞争力方面，泰安市2009年城市商品进出口贸易额占全国的比重仅为0.16%；与东部地区有一定差距，在同一年中，上海、北京、南京分别为7.5%、11.1%、1.4%。在产业国际竞争力方面，泰安市得分为1.40，产业创新能力总得分为6.45。

五、服务创新能力

服务创新能力包括中介服务能力和教育培训能力两个二级指标。在中介服务能力方面，泰安市2009年科技市场成交合同额为32400万元，科技咨询服务项数目为150个。这与发达地区差距比较大。2009年科技市场成交额，北京为8825603万元，泰安市仅为北京的0.4%。可见，在中介服务能力方面，该市与发达地区相差甚远。泰安市中介服务能力得分为0.40。

在教育培训能力方面，截至2009年，泰安市中等职业技术教育机构仅仅有1家，而在发达地区，例如上海有121家，北京有296家，相差甚远。泰安市教育培训能力指标得分仅为0.30，服务创新能力总得分为0.36。

六、城市创新环境

城市创新环境包括宏观经济发展水平和基础设施水平两个二级指标。在宏观经济发展水平方面，泰安市2009年人均GDP为78151元，城市化水平为100%，可以说完成了城市化进程，实现了中等发达城市水平。可见，在宏观经济发展水平方面，该市得分为100.00。

在基础设施水平方面，泰安市2009年人均社会固定资产投资额为5118元，人均邮电业务总量为254元。该市基础设施水平指标得分仅为10.71，城市创新环境总得分为59.82。

第四节　泰安市与发达城市区域创新能力培育促进实体经济发展比较

根据城市创新能力评价体系建立表9－2。

表9－2　五大城市城市创新能力评价原始数据表

		南京	西安	上海	北京	泰安
知识创新能力	X_1	819485	1356090	842700	1686234	1250
	X_2	501	380	1108	8550	138
	X_3	67775	62801	81763	187414	0
	X_4	191.7	41.8	439.3	292.1	24
	X_5	221022	25557	585022	214675	233600
技术创新能力	X_6	826363	359264	2771800	1059602	3100
	X_7	150	98	315	312	15
	X_8	39147	33374	83700	50520	653
	X_9	3607	4076	12186	2607	50
	X_{10}	3778	2529	24481	14954	144
	X_{11}	9177180	9927118	45290900	29069126	2204
制度创新能力	X_{12}	1.36	1.16	0.14	0.87	0.02
	X_{13}	738	337	2055	2167	1124
	X_{14}	3	3	5	4	1
产业创新能力	X_{15}	48	52	53	72	26
	X_{16}	1862	1101	6293	6555	52
	X_{17}	7.3	16.7	46	34.2	3
	X_{18}	1.4	0.2	7.5	11.1	0.16
服务创新能力	X_{19}	555902	627390	4326400	8825603	32400
	X_{20}	7356	19184	37509	4990	150
	X_{21}	113	154	121	296	1
城市宏观经济社会发展水平	X_{22}	53500	21339	66367	77090	78151
	X_{23}	68.5	43.7	77.6	72.3	100
	X_{24}	30513	18781	32335	32499	5118
	X_{25}	1519	100	344	5544	254

资料来源：根据2010年中国统计年鉴，北京统计年鉴、上海统计年鉴、南京统计年鉴、西安统计年鉴和新疆统计年鉴整理。

在泰安市与其他几个发达城市创新能力的比较中，本节以各级指标的最大值为指数 100，其余相对其的指数转化（见表 9-3、表 9-4）。

表 9-3 五大城市城市创新能力评价对原始数据指数化表

		南京	西安	上海	北京	泰安
知识创新能力	X_1	48.6	80.4	50.0	100	0.074
	X_2	5.86	4.44	13.0	100	1.6
	X_3	36.2	33.5	43.6	100	0
	X_4	43.6	9.5	439.3	66.5	5.5
	X_5	37.8	4.4	100	36.7	39.9
技术创新能力	X_6	29.8	13.0	100	38.2	0.11
	X_7	47.6	31.1	100	99.0	4.8
	X_8	46.8	39.9	100	60.4	0.8
	X_9	29.6	33.4	12186	21.4	0.4
	X_{10}	15.4	10.3	100	61.1	0.6
	X_{11}	20.3	21.9	100	64.2	0.5
制度创新能力	X_{12}	100	85.3	10.3	64	1.5
	X_{13}	34.1	15.6	94.8	100	51.9
	X_{14}	60	60	100	80	20
产业创新能力	X_{15}	66.7	72.2	73.6	100	26
	X_{16}	28.4	16.8	96	100	0.6
	X_{17}	15.9	36.3	100	74.3	6.5
	X_{18}	12.6	2.7	67.6	100	1.4
服务创新能力	X_{19}	6.3	7.1	49.0	100	0.4
	X_{20}	19.6	51.1	100	13.3	0.4
	X_{21}	38.2	52.0	40.9	100	0.3
城市宏观经济社会发展水平	X_{22}	68.5	27.3	84.9	98.6	100
	X_{23}	68.5	43.7	77.6	72.3	100
	X_{24}	93.9	57.8	99.6	100	15.7
	X_{25}	27.4	1.8	6.2	100	4.6

表 9-4 五大城市城市创新能力得分表

城市总得分	一级指标层得分	二级指标层得分
南京（37.40 分）	知识创新能力 34.56 分	知识创造能力 33.17 分
		知识流动能力 37.80 分
	技术创新能力 32.12 分	技术创新投入能力 38.45 分
		技术创新成果产出能力 17.36 分
	制度创新能力 67.50 分	政府对创新的重视程度 73.64 分
		政府政策完善程度 60.00 分
	产业创新能力 24.86 分	产业结构优化度 34.89 分
		产业国际竞争力 12.60 分
	服务创新能力 23.58 分	中介服务能力 11.62 分
		教育培训能力 38.2 分
	城市创新环境 66.46 分	宏观经济发展水平 68.50 分
		基础设施水平 63.98 分

续表

城市总得分	一级指标层得分	二级指标层得分
西安（31.28分）	知识创新能力29.18分	知识创造能力39.94分
		知识流动能力4.40分
	技术创新能力25.03分	技术创新投入能力29.35分
		技术创新成果产出能力14.94分
	制度创新能力58.58分	政府对创新的重视程度57.42分
		政府政策完善程度60.00分
	产业创新能力23.89分	产业结构优化度41.22分
		产业国际竞争力2.7分
	服务创新能力36.96分	中介服务能力24.70分
		教育培训能力52.00分
	城市创新环境33.74分	宏观经济发展水平34.68分
		基础设施水平32.60分
上海（85.10分）	知识创新能力97.43分	知识创造能力96.34分
		知识流动能力100.00分
	技术创新能力100.00分	技术创新投入能力100.00分
		技术创新成果产出能力100.00分
	制度创新能力69.26分	政府对创新的重视程度44.10分
		政府政策完善程度100.00分
	产业创新能力80.40分	产业结构优化度90.88分
		产业国际竞争力67.60分
	服务创新能力56.58分	中介服务能力69.40分
		教育培训能力40.90分
	城市创新环境70.79分	宏观经济发展水平81.62分
		基础设施水平57.57分
北京（77.78分）	知识创新能力77.49分	知识创造能力94.98分
		知识流动能力36.70分
	技术创新能力57.03分	技术创新投入能力54.75分
		技术创新成果产出能力62.34分
	制度创新能力79.12分	政府对创新的重视程度78.40分
		政府政策完善程度80.00分
	产业创新能力94.35分	产业结构优化度89.72分
		产业国际竞争力100.00分
	服务创新能力80.93分	中介服务能力65.32分
		教育培训能力100.00分
	城市创新环境92.72分	宏观经济发展水平86.77分
		基础设施水平100.00分

续表

城市总得分	一级指标层得分	二级指标层得分
泰安市 (12.93 分)	知识创新能力 12.90 分	知识创造能力 1.33 分
		知识流动能力 39.90 分
	技术创新能力 1.24 分	技术创新投入能力 1.53 分
		技术创新成果产出能力 0.56 分
	制度创新能力 20.91 分	政府对创新的重视程度 21.66 分
		政府政策完善程度 20.00 分
	产业创新能力 6.45 分	产业结构优化度 10.58 分
		产业国际竞争力 1.40 分
	服务创新能力 0.36 分	中介服务能力 0.40 分
		教育培训能力 0.30 分
	城市创新环境 59.82 分	宏观经济发展水平 100.00 分
		基础设施水平 10.71 分

一、知识创新能力

知识创新能力分为两个二级指标：知识创造能力和知识流动能力。在知识创造能力方面，泰安市得分为 1.33，与发达地区相差甚远；在知识流动能力方面，泰安市得分为 39.90，高于北京、南京、西安，低于上海。这两者构成泰安市在知识创新能力方面得分为 12.90，明显低于上海、北京、南京，与西安有一定差距。主要原因是知识创造能力不足造成的。在知识创造能力方面，泰安市高校和独立科研机构研究开发经费总额、研究开发机构总数、在校研究生、每百人拥有的图书馆藏书量等指标明显低于其他四个城市。

二、技术创新能力

技术创新能力分为两个二级指标：技术创新投入能力和技术创新成果产出能力。在技术创新投入能力方面，泰安市得分为 1.53，与发达地区相差甚远；在技术创新成果产出能力方面，泰安市得分为 0.56，也明显低于北京、南京、西安、上海。这两者构成泰安市在知识创新能力方面得分为 1.24。主要原因是大中型工业企业技术开发经费筹集总额、大中型工业企业技术开发机构数、大中型工业企业技术开发人员数、技术开发项目数量等指标明显低于其他四个城市。

三、制度创新能力

制度创新能力包括政府对创新重视程度和政府政策完善程度两个二级指标。

在政府对创新重视程度方面，泰安市得分 21.66，明显低于北京、南京、西安，也低于上海；在政府政策完善程度方面，泰安市得分 20.00，也明显低于上海、北京、南京和西安。这两者构成泰安市在制度创新能力方面得分为 1.24。主要原因是科技三项经费支出占财政支出的比例、科技三项经费所占比例、人均国家财政教育支出等指标低于其他四个城市。

四、产业创新能力

产业创新能力包括产业结构优化度和产业国际竞争力两个二级指标。在产业结构优化度方面，第三产业比重、第三产业对第一产业比重之比、高新技术产业产值所占比重等指标偏低，造成泰安市在产业结构优化度方面得分为 10.58；在产业国际竞争力方面，城市商品进出口贸易额占全国的比重与西安相差不是很大，而与东部地区有一定差距，从而使得泰安市在产业国际竞争力方面得分为 1.40，在产业创新能力方面总得分为 6.45。

五、服务创新能力

服务创新能力包括中介服务能力和教育培训能力两个二级指标。在中介服务能力方面，泰安市科技市场成交合同额、科技咨询服务项数目等指标与发达地区相差甚远。故在泰安市这方面中介服务能力得分为 0.40；在教育培训能力方面，截至 2009 年中等职业技术教育机构仅仅有 1 家，在教育培训能力方面得分仅为 0.30。这两者构成泰安市在服务创新能力方面总得分为 0.36。

六、城市创新环境

城市创新环境包括宏观经济发展水平和基础设施水平两个二级指标。在宏观经济发展水平方面，泰安市城市化水平为 100%，得分为 100.00；在基础设施水平方面，泰安市人均社会固定资产投资额、人均邮电业务总量偏低，得分仅为 10.71。在城市创新环境总得分为 59.82，高于西安，低于北京、上海、南京。

总的来说，发达城市占据先天优势。在总的城市创新能力评价中，上海得分最高为 85.10，其次为北京、南京、西安、泰安市，依次得分为 77.78、37.40、31.28、12.93。

第五节　对策与建议

增强城市自主创新能力、加快建设创新型国家，是党中央在新的历史时期，开创社会主义现代化建设新局面的重大战略举措。增强城市自主创新能力，有利于促进城市经济、产业结构优化和增长方式转变，增强城市经济增长的动力，有利于发挥和强化产业以及城市的集聚作用，对周边其他城市产生辐射功能，促进资源节约型和环境友好型社会的建设，使城市综合竞争力得到进一步增强。为此，本章结合泰安市的创新能力现状，有针对性地提出提升城市创新能力的对策。

一、确立企业在城市创新中的主体地位

企业是企业技术创新的主体，企业技术创新又是城市创新的核心，因此，要发挥企业技术创新在城市创新体系中的主体地位，就必须在城市创新体系中加快形成以企业为中心的技术创新体系，在这个体系中，企业是技术创新的核心，起主导作用。为此，要加快确立企业在城市自主创新中的主体地位，就要强化以下几方面的工作。第一，进一步引进国内外高新技术，增强企业自主创新活力。大中型企业是企业技术创新的核心主体，同时，中小企业和民营科技企业也在不断地发展，在继续保持大中型企业创新能力的同时，应扶持一批民营科技型企业做大做强，鼓励民营科技型企业和中小型企业继续增强创新意识，形成科技型企业和中小型企业的内部创新机制，对中小型企业和民营科技企业的创新予以支持和鼓励。第二，支持企业做好专利和标准化工作。大力扶持企业的专利申请，对发明专利和以出口为目的的企业的专利申请进行资助，对专利持有人给予一定年限的专利权保护，同时鼓励技术市场交易的实现。鼓励企业参与行业标准、国家标准和国际标准的制定，形成有自主知识产权的技术和标准，切实维护专利申请人的合法权利。第三，加大政府对自主创新产品的采购。加大政府对本地区自主创新产品的购买，将有效提高企业自主创新的积极性。应完善政府购买向自主创新产品倾斜的有效措施，实施政府首购政策和订购制度，不断增加政府对本国、本地区产品的采购数量，提高政府采购中本国、本地区创新产品和服务的比例，采取积极的引导和鼓励措施。因此，政府应制订关于对自主创新产品的采购计划，

切实为自主创新产品找到出路。

二、放大高校、独立科研机构创新资源优势，鼓励与发达地区科研机构合作

加强与高校、独立科研机构的全面合作。应消除区域、体制和行业阻隔，探索高校、科研机构、企业、政府间的合作模式，加强政府、企业与高校、科研机构之间的合作与联系，建立以企业为主体，高校和科研机构优势互补、风险共担、利益共享、共同发展的产学研合作机制。充分发挥高校、科研机构在城市创新中的源头作用，鼓励高校和独立科研机构研究成果的市场化，促进科技成果的转化，并且对就地转化的科技成果给予优先扶持。同时，依托高校、科研机构建设技术共享平台。应充分发挥高校和科研机构科教资源优势，构建开放式技术共享平台，促进共性技术和信息资源的高效利用。鼓励和支持企业与高校、科研机构进行多种形式的产学研联合，包括产业部门与大学共建研究开发机构、建立重点实验室或工程（技术）中心、创建合资合股合作科技公司、地区与大学共同组建产学研联合体、从发展高新技术产业入手，组织产学研联合等形式的技术开发联合体。要进一步推进和完善科研机构管理体制和运行机制改革。加快建立现代化科研院所制度，深化内部人事、分配、管理等方面的改革，建立相应的激励和约束机制。

三、加快建设技术转移服务平台，完善高新科技园区服务功能

设立技术产权交易机构，为科技项目、科技企业提供技术产权交易和股权融资等服务，提高技术转移和技术产业化的效率。支持中介服务机构的发展，为中介组织的发展制定相关的促进措施和制度，充分发挥中介机构的作用，进一步活跃技术市场。进一步加强各类高新区的建设力度，完善高新科技园区的集聚功能、孵化功能、扩散功能、示范功能、渗透功能和波及功能，提高其创新和服务能力，充分发挥各类高新区的载体作用，以增强技术创新能力、提高科技成果产业化水平、建设高新技术产品出口重要基地和切实实现国际产业在国内转移。同时，要不断提升科技国际合作和区域合作水平；积极吸引跨国公司来国内设立研发机构，开展研发活动。

四、强化科技创新人才的培养、引进，完善科技人才市场，构筑科技人才集聚高地

第一，加大政府和企业对人力资源的投入力度，建立和完善政府、企业、社会多元化的人才培养和投入机制。积极依托大型企业、博士后流动站以及各类创业指导中心等研究和培训机构，建立各种高层次企业经营管理人才、高级专业技术人才的培训基地，鼓励高级管理和高级技术人才的培育。第二，大力引进各类符合地区经济结构调整与产业发展方向的人才，包括具有特殊技能的高级技师、获得“国家学科带头人”称号的高层次人才以及海外留学人才等。第三，完善科技人才市场，促进科技人才合理流动。要建立功能完善的科技人才市场，转变劳动力所有制观念，承认科技劳动者的劳动能力是个人的天然特权，实现科技人才的自由择业权，促进科技人才合理流动。要打破科技人才管理的条块分割，推动人事制度改革，使用人单位和劳动者个人都有自由选择的权利。第四，要创造人才流动的适宜社会环境，减少科技人员对单位的依附关系。第五，要健全和完善保障科技人才合理流动的法律、法规，以立法促进科技人才的合理流动。

五、完善促进自主创新的多元化投融资体系

第一，强化财政投入对自主创新的导向作用，优化财政科技投入的结构，有重点、有选择地进行财政投入，以提高财政资金的使用效率。建立财政科技经费的绩效评价体系，明确政府科技计划和应用型科技项目的绩效目标，建立面向结果的追踪问效机制，确保财政科技经费的高效使用。第二，制定和落实有关税收激励政策。应充分发挥税收在城市创新中对创新主体的激励作用。制定符合企业自主创新的信贷管理和服务政策，建立自主创新贷款机制，降低对企业自主创新所需资金的信贷门槛，增加信贷品种，简化信贷手续，为企业创新提供宽松、便利的融资环境。对国家鼓励的高新技术产品出口，银行可以通过提供银行信用的方式，为企业高新技术产品走向市场提供金融支持。银行信用具体可采用出口卖方信贷方式，也可向进口方提供保函，且办理出口信用险的情况下，开办出口买方信贷业务。大力推进金融工具创新，为创新活动提供更加方便快捷的金融服务。

六、营造鼓励自主创新的社会环境

优化科技进步法制环境，提高城市自主创新能力，必须要优化利于科技进步

的法制环境，加大对知识产权的保护力度，依法严厉查处打击侵犯知识产权的各种行为，保护创新者的合法权益不受侵犯。政府应加强科技法制宣传，严格科技执法，形成良好的科技法制环境。良好的法制环境是保护创新者合法权益的基础。同时，积极培育创新文化，扎实做好科普知识的普及工作，积极动员和组织全社会力量，形成有利于提高城市创新能力的强大合力。积极提倡“勇于创新、敢于创业、鼓励竞争、宽容失败”的新风尚，形成有利于创新的城市文化。

七、建立健全创新型企业家的培养机制，完善企业家成长的激励机制，建立企业家成长的制约机制，构筑创新型企业家支撑体系建设

第一，要改变企业管理者由上级组织部门任免和调动的做法，将竞争机制引入企业家选举，将具有创新精神和经营管理能力的人才聘到企业任职，促使企业家脱颖而出。完善在企业内企业家选拔和培养机制，建立企业家人才市场。第二，完善企业家激励机制的关键是要将企业家的报酬与企业家的经营业绩有机结合起来，使企业家的利益与出资者的利益紧密相连。实行企业家内外结合的监督制度。切实有效地监督企业家的行为，防止企业家行为损害企业的利益。鼓励企业家的创新活动，发挥企业家在企业技术创新中的核心作用。

八、加快产业结构的优化，增强本区产业国际竞争力

随着西部大开发的深入发展，政府对西部地区的政策支持的加大和发达国家以及我国东部地区产业转移，加快产业升级，促进产业结构的优化。推进产业结构调整是转变经济发展方式的战略重点。应大力培育新的经济增长点和竞争优势，不断提高经济发展质量和效益。以园区建设带动产业发展和城市功能完善。转变土地开发模式，促进产业园区向规模化、集约化、集聚化方向发展。认真学习借鉴先进地区以产业园区聚集、服务、发展、培育高科技产业的做法和经验，在产业园区开发建设上狠下功夫，强化后续滚动服务和管理，使之真正成为创新创业的载体。加大产业园区开发投入，发挥重点园区示范带动作用。建设园区公共服务和基础配套设施，加大园区周边的环境综合整治，以园区建设带动城市发展，完善城市功能。

第十章　打造中国产品海外形象促进实体经济发展研究

当前，全球经济已进入产品海外形象及其国际知名品牌竞争时代。从全球范围来看，一个国家产品的海外形象与品牌是一种新的战略资源，它集成了技术、质量、服务、管理、诚信、文化等各种综合能力，是企业全球核心竞争力的体现。可以说，谁拥有国际知名产品及其品牌，谁就占领了国际市场的制高点，就可以拥有全球资源。我国在提升产品海外形象与发展国家知名品牌方面处于不利地位。统计资料表明，我国贸易进出口总额位居世界首位，但在国际市场竞争中，我国却严重缺乏国际知名产品及其品牌企业。全球著名品牌咨询管理机构Interbrand公司连续13年评选的“全球企业品牌价值100强”榜单中，我国企业产品与品牌至今仍没有一个能够名列其中。在国际分工中，我们许多企业只能为外国知名产品及其品牌企业打工，是典型的“制造大国，品牌小国”，绝大部分利润流入拥有国际知名品牌的跨国公司。在2016年“世界品牌500强”排行榜中，美国上榜品牌有227个，英国、法国各有41个，日本有37个，而我国只有36个。在最新的国家品牌指数排行榜中，我国在163个参评国家中仅列第64位。这显然与我国世界制造业第一大国、世界第二大经济体的地位很不相称。因此，有人形象地说：“中国企业是世界知名产品品牌的加工厂。”中国提升产品海外形象与发展国际知名品牌进展缓慢。ISO26000《社会责任指南》的发布为中国加快提升产品海外形象与发展国际知名品牌提供了历史性的战略机遇和指导。为此，本章总结国内外各国提升产品海外形象与发展国际知名品牌的经验以及对中国提升产品海外形象与发展国际知名品牌战略的借鉴意义，设计我国产品海外形象评价指标体系，找出影响中国提升产品海外形象的制约瓶颈，从加强海外沟通推广、完善企业政策体系、加强文化促进策略、强化国家形象策略、实施自主创新战略、健全知识产权保护体系、建设危机应对机制等方面构建一套中国企业加快提升产品海外形象的促进与保护体系，可为政府各级管理部门、社会和中介组织支持我国加快提升产品海外形象提供良好的政策。

第一节 研究背景

一、当前全球经济已进入产品海外形象及其国际知名品牌竞争时代

一个国家的产品海外形象与品牌是一种新的战略资源，集成了技术、质量、服务、管理、诚信、文化等各种综合能力，是企业全球核心竞争力的体现。可以说，谁拥有国际知名产品及其品牌，谁就占领了国际市场的制高点，就可以拥有全球资源。据调查，在经济全球化的今天，全球市场份额已明显向国际知名产品及其品牌企业集中。中国要塑造国际知名品牌，产品形象至关重要。

二、中国提升产品海外形象与发展国际知名品牌面临严峻的国际挑战

第一，在全球产业链上寻求提升中国产品海外形象的竞争优势，是一项十分重要且异常艰巨的任务。伴随着经济全球化的浪潮，发达国家的跨国公司已基本控制了全球主要产业链的战略核心环节。他们通过掌控全球各个产业链的核心技术、产品品牌、高端销售渠道，以及产业链上的重要战略资源，形成了在全球各个产业链上的竞争优势，进而获得全球各个产业链的高额利润。据统计，世界品牌实验室和《财富》杂志分别发布的“世界品牌500强”和“世界（销售额）500强”榜单上的跨国公司，近75%都进军到中国，他们凭借居世界领先的品牌、技术、资金和管理优势，抢占中国产品与品牌市场。许多中国企业产品与品牌还未出国门就遭遇这些跨国公司强势产品与品牌日益残酷的挤压。而中国广大制造企业，大都是全球各个产业链上的生产型加工企业与装配企业，对各个产业链上的核心技术、专业服务、销售渠道、规则制定等“高端环节”无话语权，处于全球各个产业链的中低端环节。因此，中国企业通过实施转型升级战略，在全球产业链上寻求提升中国产品海外形象与国家品牌的竞争优势，是一场十分重要且异常艰巨的攻坚战。

第二，后金融危机时代世界经济需求与增长的大调整、大转换对中国提升产品海外形象形成新的“倒逼机制”。在后金融危机时代全球经济需求与增长面临

下行压力的背景下，发达国家通过提高关税、反倾销税和反补贴税、劳工标准、社会责任等手段实行贸易保护，针对中国企业的贸易摩擦有所增加。据商务部统计，中国与主要贸易国发生多起贸易壁垒事件，主要涉及知识产权、技术环保、新能源、产品质量安全标准等技术性贸易壁垒与进口限制等各类贸易壁垒。仅美国在2011年就对中国企业出口产品发起17起“337条款”调查，主要涉及电子信息与设备制造产品，也涉及光伏电池等新兴产业领域。未来一段时期，世界各国围绕市场、资源、品牌、技术等方面的竞争更趋激烈，世界经济进入相对低速增长期，对中国企业提升产品海外形象形成新的“倒逼机制”。

第三，中国企业实施走出去战略的产品，又面临发达国家跨国公司强势产品与国际知名品牌强大的技术壁垒、文化壁垒和贸易壁垒。可以说，中国提升产品海外形象与发展国际知名品牌面临严峻的国际挑战。

三、中国提升产品海外形象与发展国际知名品牌面临历史性的战略机遇

党中央、国务院非常重视提升中国企业产品海外形象与加快发展国际知名品牌的问题，并把其列入党和国家国民经济重点战略布局。邓小平同志发表“南方谈话”时就深刻指出，“我们应该有自己的拳头产品，创出我们中国自己的品牌，否则就要受人欺负”。1998年4月，江泽民同志在视察企业时也多次号召企业“要立民族志气，创世界名牌”“要实现现代化，我们的企业就要敢于参与国际市场竞争，在国际市场打响中华民族的优秀品牌”；他强调，“在我们具备比较优势的加工工业中，加快形成拥有国际知名品牌、具备国际竞争力，面向国际国内两个市场的大规模制造能力”。2002年1月，党的十六大报告明确指出，要尽快“形成一批有实力的跨国企业和著名品牌”，并作为实施我们“走出去”战略的重要举措。2005年8月，胡锦涛同志在江西调研时说，“我们中国的农业产品要走向世界，就要有好的品牌、好的质量、好的技术、好的包装”；同年10月，他在党的十六届五中全会讲话中明确把“形成一批拥有自主知识产权和知名品牌、国际竞争力较强的优势企业”作为国家“十一五”发展的重要目标。2007年7月，温家宝同志在全国质量工作会议上强调，中国企业“要全面加强质量管理，努力打造一批世界级的知名品牌，让‘中国制造’真正成为优质产品的标志”。2007年10月，胡锦涛同志在党的十七大报告中又强调，要“加快培育我国的跨国公司和国际知名品牌”。2010年10月中共中央关于制定“十二五”规划的建议提出，要“加快培育以技术、品牌、质量、服务为核心竞争力

的新优势”。2012 年 11 月 8 日，胡锦涛同志在党的十八大报告中再次强调，要“形成以技术、品牌、质量、服务为核心的出口竞争新优势”。可见，党和国家对我国企业提升产品海外形象与发展国际知名品牌的重大战略布局一贯给予坚决支持，这些都为我国企业加快提升产品海外形象与发展国际知名品牌提供了历史性的重大机遇。

党的十八大以来，习近平同志多次就品牌工作作出重要指示。2014 年 5 月，习近平同志在河南考察时明确提出推动“三个转变”，将品牌建设提升到新的高度。2017 年的《政府工作报告》强调，要培育众多“中国工匠”，打造更多享誉世界的“中国品牌”，推动中国经济发展进入质量时代。2020 年 5 月，李克强总理对“云上 2020 年中国品牌日”活动作出重要批示时提出，加强品牌建设，不断提升中国产品和服务的质量与影响力，是坚定实施扩大内需战略、推动高质量发展的重要方面。

为此，本章从以下角度展开研究：

1. 国内外各国提升产品海外形象与发展国际知名品牌的案例分析、经验总结及其对策建议，对中国加快提升产品海外形象与发展国际知名品牌战略具有较强的借鉴意义。

2. 针对影响中国提升产品海外形象的瓶颈，基于 ISO26000 构建提升我国产品海外形象路径创新及评价指标体系，对加快提升中国产品海外形象的核心竞争力提供新的战略思路、实施方案和对策措施。

3. 构建了一套中国企业加快提升产品海外形象的促进与保护体系，可为政府各级管理部门、社会和中介组织支持我国加快提升产品海外形象提供良好的政策环境。

4. 本章的研究成果，对各级政府、广大企业制订加快提升中国产品海外形象与发展国际知名品牌战略的规划与方案，具有重要的指导意义和应用前景。

第二节 产品海外形象促进实体经济发展研究的理论基础

目前，全球经济已进入产品海外形象及其国际知名品牌竞争时代。一个国家产品海外形象与品牌作为一种新的战略资源，集成了技术、质量、管理、服务诚信、文化等各种综合能力，是企业全球核心竞争力的具体体现。对于一家企业、一个民族、一个国家而言，产品及其品牌海外形象至关重要，意味着世界各国人民对国家或企业的信任与信心。但是，目前我国提升产品海外形象处于落后地位，且进展缓慢。目前，国内关于产品海外形象的研究主要集中在产品形象内容。曹阳（1998）、王兴元（2000）、贺立和孟沛欣（2000）、姚干勤等（2009）等学者认为，产品形象包括核心层、形式层以及附加层 3 个层次；刘钢（2005）、陈根（2013）等将产品形象分为核心产品形象与外围产品形象、产品形象设计。黄欣（2003）、徐江华和张敏（2007）等围绕产品设计进行系统设计，实现企业总体形象目标的细化，包括基本要素设计与应用要素设计、产品形象识别。罗庆（1998）、沈法等（2007）认为，产品形象识别系统由产品基础系统、产品应用基础系统和产品应用推广系统构成，可将产品形象视觉化、规范化和系统化。但是，围绕产品评价方面的研究还比较少。关于我国产品海外形象与国际知名品牌打造理论研究尚处于起步阶段；我国产品拥有世界领先水平的自主创新技术比较少，产品海外形象与国际知名品牌战略定位、策略、推广、延伸、保护、危机处理等各个环节均进展缓慢。后金融危机时代世界经济需求与增长的大调整、大转换、大变革，对我国产品海外形象提升形成了新的倒逼机制。发达国家强势产品与国际知名品牌强大的技术壁垒、文化壁垒、贸易壁垒等为我国提升产品海外形象、发展国际知名品牌形成严峻的国际挑战。为此，在国内外经济发展的新环境下研究我国产品海外形象构建成为当前提升我国产品海外形象相关研究的热点问题与难点问题，如何构建我国产品海外形象评价指标体系也成为当前我国“走出去”战略的重中之重。

一、产品形象的界定

要理解产品形象的概念，首先需要认识“形象”一词的内涵。Hayek Friedrich August（1954）认为它是宇宙以及人类社会“外在秩序”之形状与“内在秩序”之象征的统一，是人与人、国与国之间的沟通方式，具有超越地域、文化、语言的沟通能力以及强大的信息表达能力。国内学者罗长海（1985）概况了“形象”的 5 层含义：（1）个体形象与视角论，人之相貌，物之形状；（2）类形象与比较论，同类事物的与本质相一致的表觉表象；（3）组织形象与系统论，代表组织的象征；（4）艺术形象与形象思维论，符合理想或理念的感性表象；（5）“自为形象”与实践论，人的本质力量对象化为客观实在。

产品形象（Produer Identity，也翻译成 Product Image，PI），从广义来讲，是指人们对企业产品的总体认识和综合印象。它包括产品的品牌、功能、设计、工艺、质量、包装、展示、广告、营销、使用、维护、服务等各方面因素，应该说人们对产品的任何感知都构成了产品形象的一部分。狭义的产品形象，主要是指产品主体本身所呈现的形象。

目前，产品形象已经被越来越多的学者和消费者视作体现企业形象的重要内容，它和环境形象、经营形象和人员形象一起构成了企业形象的4大子系统。Hayek Friedrich August认为产品形象是人们观察到的产品形态、色彩、材质、人机界面等，以及依附在产品上非功能性的如企业的标识、图形和包装、广告、产品说明书、产品售后服务卡等内容的“外在秩序”和视觉无法辨认的，要通过操作、使用、体验后才能感受到的产品的功能、性能、加工工艺、技术水平等“内在秩序”的完整统一。按照上述理论，可以将产品形象进一步细分为产品品质形象、产品视觉形象和产品社会形象3个层次：一是核心层：产品品质形象。主要是指产品向消费者提供的核心价值或传达的主要信息，包括产品中所包含的企业理念、精神、远景、文化以及品牌的观念，它构成了产品形象的核心。二是认知层：产品视觉形象。即产品主体本身所呈现的特色视觉形象。为了与后面的界面识别层面形成区别，我们将视觉识别层面限定为产品的形态、色彩和质感，它们构成了产品视觉形象的主体。三是外化层：产品社会形象。它是产品视觉形象和产品品质形象从物质层面提升到精神层面，是非物质的，是物质形象的外化结果，最具有生命力。

PIS是Product Identity System的缩写，意思是产品形象识别系统，它由3大部分组成，即产品基础系统、产品应用基础系统和产品应用推广系统。它们构成了PIS完整的体系。一是产品基础系统：具体包括产品名称、产品标志、产品物化和产品文化4个子系统，是整个PIS系统的基础和关键。产品名称是能使某种产品有别于其他产品的一种称呼或概念，它在整个产品形象中占有非常重要的位置，是广告观众与消费者第一位受影响的因素；产品标志是产品的文字名称、图案记号或两者相结合的一种设计，是传达产品形象的主力符号；产品物化就是指产品的有形构成，是物质属性方面的形象，主要从原材料构成、生产工艺、产品功能以及造型等方面进行研究和开发；产品文化对产品在市场中起到极大作用，产品文化的开发应注意理念、产品主题和产品广告词3个方面。二是产品应用基础系统：具体包括产品专用色彩、产品象征图案、基础要素组合、商标策略和品牌形象5个子系统。三是产品应用推广系统：具体包括产品系列包装、产品说明书和产品广告3个子系统。

什么是产品形象？对此，国内外学者展开了一系列研究（详见表10-1），罗庆（1998）认为，产品形象识别系统（PIS）由产品基础系统、产品应用基础系统和产品应用推广系统构成，从而将产品形象予以视觉化、规范化和系统化，通过整合性宣传，使公众对该产品产生一致的认同感和价值观。王兴元（2000）认为，产品形象是指社会公众对某产品整体、全面地认识与评价，包括产品功能形象、规格品种形象、质量形象、技术水平形象、服务形象、商标形象、广告形象、包装形象、文化形象、价格形象以及企业综合形象等；另外，综合产品形象可以分解为核心产品形象、形式产品形象以及附加产品形象3大部分，从而形成产品的综合形象空间。刘钢（2005）认为，产品形象有广义与狭义之分。广义的产品形象是指人们对企业产品的总体认识和综合印象，它包括产品的品牌、功能设计、工艺、质量、包装、展示、广告、营销使用、维护服务等各方面因素；而狭义的产品形象主要是指产品主体本身所呈现的形象，即产品的视觉形象。陈根（2013）将产品形象定义为：为了将企业总体形象目标细化，以产品设计为核心所进行的系统形象设计。产品形象是企业形象的核心，由产品的视觉形象（认知层）、产品的品质形象（核心层）以及产品的社会形象（外化层）3方面构成。

表10－1　　国内外学者对产品形象的定义

研究内容	主要人物	主要观点
产品形象识别系统（PIS）	Aaker（1991）；Dodds, Monroe 和 Grewal（1991）；Perry 和 Wisnom（2002）；罗庆（1998）；黄欣（2003）；姚干勤等（2009）	将产品形象予以视觉化、规范化和系统化，通过整合性宣传，使公众对该产品产生一致的认同感和价值观
产品整体形象	Roth 和 Romeo（1992）；Samiee（1994）；Thakor 和 Katsanis（1997）；Lee 和 Ganesh（1999）；Kaynak 和 Kara（2002）；Usunier（2006）；易兵（1997）；王兴元（2000）；贺立和孟沛欣（2000）；黄欣（2003）；陈根（2013）	产品形象是一种整体组合，是产品整体概念中各层次形象的综合体现；来源国形象；品牌来源国效应；不涉及特定品牌与特定品牌的品牌形象对来源国形象的影响
产品形象构成要素	Aaker（1991，1996）；Roth（1995）；Biel（1992，1993）；Keller（1993，2003）；Davis（2002）；Martinez 等（2008）；梁幸平（1995）；王兴元（2000）；黄欣（2003）；刘钢（2005）；陈根（2013）	核心产品形象、形式产品形象以及附加产品形象；基本要素与应用要素；核心产品形象与外围产品形象；产品的视觉形象、产品的品质形象以及产品的社会形象

也有学者从产品整体形象的角度来定义产品形象，例如黄欣（2003）阐述了产品形象的统一性，认为产品形象是一种整体形象，是产品在设计、开发、研制、流通、使用中形成统一的形象特质，是产品内在的品质形象与产品外在的视觉形象形成统一性的结果。贺立和孟沛欣（2000）认为，产品形象指产品（核心产品、形式产品和附加产品）的整体形象，是表层形象与深层形象、理性形象与感性形象的统一。

二、产品形象研究

国内外学者对产品形象的研究主要从产品形象内容、产品形象设计、产品形象识别、产品形象评价以及产品国际形象等几个视角展开，代表性研究成果如表10－2所示。

表10－2　国内外有关产品形象的代表性研究成果

研究视角	主要作者	主要内容
产品形象内容	王兴元（2000）；Nha Nguyen 和 Gaston Lebanc（2001）；梁幸平（1995）；黄欣（2003）；刘钢（2005）；张春河和方芳（2007）；陈根（2013）	核心产品形象、形式产品形象以及附加产品形象；基本要素与应用要素；核心产品形象与外围产品形象；产品的视觉形象、品质形象以及社会形象
产品形象设计	Barich 和 Kotler（1991）；Dichter（1985）；黄欣（2003）；Firm（1961）；徐江华和张敏（2007）；孙冬梅和张慧（2007）；陈根（2013）	产品形象设计包括基本要素设计与应用要素设计；品牌战略影响下的产品形象设计
产品形象识别	罗庆（1998）；Aaker（1976）；Lewis（1991）；黄欣（2003）；张春河和方芳（2007）；沈法等（2007）；姚干勤等（2009）	产品形象识别系统（PIS）由基础系统、应用基础系统和应用推广系统构成；PIS是企业形象识别系统（CIS）的关键部分
产品形象评价	Mitchell（1987）；Levitt（1990）；王兴元（2000）；黄欣（2003）；张春河和方芳（2007）	核心产品形象系数、形式产品形象系数和附加产品形象系数；内部评价因素、企业形象评价、国家形象以及外部评价因素
产品国际形象	Raman（1981）；夏至（1993）；Quelch（2003）；吴坚和符国群（2000）；罗仲伟（1996）；Patrick Barwise（1992）；孙丽辉和郑红（1996）；王海忠（2002）	产品国际形象的评价标准；国家产品形象的基本特征；产品在国际市场上的认知质量的决定因素；产品来源地影响产品国际形象

（一）产品形象内容

部分学者认为，产品形象包括核心层、形式层以及附加层等 3 个层次（曹阳，1998；王兴元，2000；贺立、孟沛欣，2000；姚干勤等，2009），也有学者将产品形象分为核心产品形象与外围产品形象（刘钢，2005；陈根，2013）。王兴元（2000）认为，产品形象是一种综合形象，可以分解为核心产品形象、形式产品形象以及附加产品形象 3 大部分。贺立和孟沛欣（2000）认为，产品形象由核心产品、形式产品和附加产品的形象构成，是表层形象与深层形象、理性形象与感性形象的统一。而陈根（2013）将产品形象分为核心产品形象与外围产品形象，其中，核心产品形象包括理念识别层面、视觉识别层面以及界面识别层面。

（二）产品形象设计

产品形象设计是以产品设计为核心的系统形象设计，为实现企业总体形象目标的细化，包括基本要素设计与应用要素设计（黄欣，2003；徐江华、张敏，2007）。孙冬梅和张慧（2007）认为，品牌战略影响下的产品形象设计与单纯从产品形象本身出发研究设计过程存在很多不同之处，并从产品细分、理念层面细分和设计原则细分 3 方面探讨了品牌战略影响下的产品形象设计方法。

（三）产品形象识别

有学者认为，产品形象识别系统（PIS）由产品基础系统、产品应用基础系统和产品应用推广系统构成，将产品形象视觉化、规范化和系统化（罗庆，1998；沈法等，2007）。姚干勤等（2009）认为，产品形象与产品形象识别是不同的，产品形象的得到是被动的，而产品形象识别却是积极主动的。产品形象识别系统（PIS）与企业形象识别系统（CIS）有密切的联系，PIS 是 CIS 的一个关键部分。

（四）产品形象评价

王兴元（2000）通过构建综合产品形象系统来定量测定产品形象的大小，认为综合产品形象系数由核心产品形象系数、形式产品形象系数和附加产品形象系数加权得到。黄欣（2003）认为，产品形象的评价系统框架是以产品的内、外评价因素为基础，具体包括内部评价因素、企业形象评价、国家形象以及外部评价因素。

（五）产品国际形象

孙丽辉和郑红（1996）构建产品国际形象的评价标准，具体包括内在质量、式样、品牌（商标）、包装装潢和商品信誉等内容，并认为我国产品在国际市场上质次价低的产品形象仍没有得到根本改观。吴坚和符国群（2000）认为，产品在国际市场上的认知质量的形成有赖于原产地形象，其决定因素包括自然因素、文化因素、科技和管理水平以及经济发展水平。王海忠（2002）将来源地形象地定义为：消费者对来自某特定国家的产品所形成的总体认知，因此产品来源地最大限度地影响了产品的国际形象。罗仲伟（1996）认为，国家产品形象是国家形象的一种重要表现形式，具有明显的时代性、民族性、直观性和整体性。国家产品形象包含产品相关因素和非产品因素，其中，产品相关因素有产品特性、企业及品牌形象和产业形象。

第三节 中国产品海外形象促进实体经济发展现状及存在的问题

在1998—2012年推出的Interbrand的“全球品牌100强”排行榜中，中国企业的品牌一直榜上无名。而在2012年世界品牌实验室（World Brand Lab）的“世界品牌500强”排行榜中，中国有23个品牌入围，比2005年增加了19个，但相对而言中国的国际品牌仍较匮乏，尤其是我国自主品牌缺乏，贴牌和无牌加工现象普遍（郭占恒，2007）。熊胜绪、庞莉（2006）从企业和政府两个层面剖析了中国为什么没有国际知名品牌。与西方跨国公司的国际品牌相比，我国企业品牌存在品牌价值低、经营规模小、全球化程度低、获利能力弱的差距（郑佳，2006），而且品牌的科技含量低（熊胜绪、庞莉，2006），品牌的国际知名度和竞争力低（郭占恒，2007）。在国际市场上，中国企业在成本方面有相对优势，而在品牌方面存在相对劣势，建立自己的品牌优势也相对困难（张维迎，2002）；另外，我国企业在品牌国际营销方面也存在着一些问题（王生平，2007）。从中国企业的品牌管理实践来看，由于企业对品牌战略的认识不足，很难将品牌战略规划的组织构架上升到企业发展战略的高度。据调查显示，许多企业的年度规划中没有品牌战略规划这一项内容。袁胜军和符国群（2012）基于生物进化论分析中国企业品牌战略的选择问题，认为中国企业品牌建设缺乏明确的定位，品牌意识还停留在策略层面，对销售的重视远远超过了对品牌的重视，缺乏创新，品牌盲目延伸。

然而近几年，中国的品牌正在迅速成长。WPP集团下的市场研究和咨询公司明略行（2008）发布的第三年度BrandZ全球最有价值品牌百强榜中有4个中国品牌（中国移动、中国银行、中国建设银行和中国工商银行）入围。2012年华通名略（Millward Brown）发布的BrandZ最具价值全球品牌百强榜中，中国企业占据13席，比2008年增加了9家，其中，品牌价值上升最快的是科技类公司百度和腾讯，品牌价值分别劲升8%和19%，排名分别上升至第25位和第37位。中国移动蝉联中国品牌首位。中国酒类企业茅台首次进入百强榜，以118亿美元的品牌价值排名第69位。

第四节　产品海外形象评价促进实体经济发展的比较研究

由于目前国际上尚未有得到公认的产品海外形象评价模型和指标体系，但与产品形象密切相关的品牌形象和国家形象则存在较多可借鉴的模型与评价指标体系。例如，Interbrand、世界品牌实验室、WPP集团旗下的明略行、《金融世界》杂志、AC尼尔森公司、《福布斯》杂志等，形成各具特色的国际知名品牌形象评价机制。因此，本章基于ISO26000新国际社会责任标准，借鉴以上评价指标体系，探索与形成我国与国际接轨的产品海外形象评价模型与评价指标体系。

一、国外品牌评估机构的品牌价值评价模型

除了学术界对国际品牌问题进行了深入研究外，国外一些品牌评估机构或咨询公司在20世纪90年代开始推出国际知名品牌价值排行榜，在全球范围内引起了对国际品牌的关注。国外品牌评估机构比较有代表性的评价方法有：Interbrand评价法、世界品牌实验室评价法、BrandZ评价法、金融世界评价法、AC尼尔森评价法、福布斯评价法，具体如表10-3所示。

表10-3　　国外品牌评估机构的品牌评价方法

评估机构	品牌价值评价模型	测量步骤	特点	评价视角
Interbrand公司	Interbrand评价法	第一步，计算出当期品牌创造的净利润；第二步，计算品牌强度倍数，即“品牌强度的7个综合指标的分值×权重”；第三步，品牌价值=当期的品牌净利润额×品牌强度倍数	①以企业的市场表现为主要评价依据，每个品牌利润总额的1/3必须来自海外市场；②基于品牌未来收益的评价方法，并用S曲线将品牌强度和未来收益贴现率结合起来估计品牌未来收益的风险；③适用于发展较为稳定且著名的品牌，且公司有足够的财务数据	企业和财务视角

续表

评估机构	品牌价值评价模型	测量步骤	特点	评价视角
世界品牌实验室	世界品牌实验室评价法	第一步，运用经济附加值法 EVA，确定企业的盈利水平；第二步，通过 BVA 品牌附加值工具箱计算出品牌对收益的贡献程度；第三步，计算品牌强度系数；第四步，品牌价值 = E（调整后的年业务收益额）×BI（品牌附加值指数）×S（品牌强度系数）	①采用“经济适用法”对品牌进行评估；②独创了品牌附加值工具箱；③运用数理分析方法客观地预测企业的营利趋势以及品牌贡献在未来收入中的比例，确定品牌强度系数，并根据不同的行业特性建立行业性质权重，对品牌强度系数予以调整；④评价标准是系统的、动态的	企业和财务视角
WPP 集团旗下的名略行	BrandZ 评价法	第一步，确定一家公司的无形盈利，并把这些盈利分配到各个品牌和公司有运营的国家；第二步，确定“品牌贡献值”；第三步，根据市场估值、品牌的风险特性及品牌的成长潜力，测算品牌的价值	①该评价模型基于第一手调查数据，并以品牌财务价值为基础；②考虑了不同区域之间的差异性；③该评价模型包含了未来品牌表现力的预测性指标；④既包括成熟市场中的品牌，也包含新兴市场中的品牌；同时，既有商业品牌，也有消费者品牌	消费者和财务视角
《金融世界》杂志	金融世界评价法	第一步，计算与品牌相关的收益；第二步，采用 Interbrand 的品牌强度七因素模型计算品牌强度倍数；第三步，品牌价值 = 品牌收益 × 品牌强度。对公司品牌的评价则是通过为使用该品牌所愿意支付的特许权使用费来衡量	①对产品品牌和公司品牌评价基于不同视角采用不同的评价方法，对前者的评价借鉴了 Interbrand 评价法，对后者的评价借鉴了 TLA 公司的方法；②对产品品牌评价时强调品牌的市场业绩，并较多采用专家估测数据来确定品牌的财务收益等数据；③适用于发展较为稳定且著名的品牌	企业和财务视角
AC 尼尔森公司	AC 尼尔森评价法	①覆盖所调查的 50 多个国家/地区当中的至少 15 个以上；②该品牌的产品在至少 3 个地理区域内，在 3 个不同品类里以 1 个品牌名在市场上销售；③主要销售渠道为杂货店、大型购物渠道和医药商店	①该评价模型只针对快速消费品行业的 200 多个品牌；②利用 AC 尼尔森在全球范围监测的渠道进行实际检测；③主要根据品牌在全球市场的覆盖范围来评价	根据市场覆盖范围

续表

评估机构	品牌价值评价模型	测量步骤	特点	评价视角
《福布斯》杂志	福布斯评价法	主要是根据4项最重要的无形资产：知名度、管理水平、创新能力和人力资源综合计算得到，但尚未公布公司品牌评价的具体过程	①该评价模型以“软指标”为主要评价指标；②评价对象为美国公司；③同时参考公司的销售收入、利润水平等“硬指标”	软评价

注：此为AC尼尔森2003年的评价标准，其所调查的50多个国家和地区占据了全球国民生产总值的95%以上。

上述各大品牌评估机构由于研究目的、研究视角、评估的品牌范围和使用的信息源不同，因此其品牌评价模型和推出的品牌排行榜也存在很大差异。以2005年Interbrand和BrandZ的排行榜为例，在前者的排行榜上，可口可乐成为最有价值的品牌，估价为675亿美元；微软居次席，品牌估价599亿美元。而在BrandZ全球品牌100强排名榜上，尽管前者榜单上的不少品牌也同样榜上有名，但各大品牌的排名和价值却存在很大差异：微软排名第一，品牌价值高达620亿美元；BrandZ将IBM排在第8位，品牌估价仅为361亿美元，而Interbrand将IBM排在第3位，品牌估价却高达534亿美元；此外，BrandZ对万宝路品牌估价高达385亿美元，排名第5，而Interbrand将这个全球最大香烟品牌放在第10位，品牌估价212亿美元等。

二、国内品牌评估机构的品牌价值评价模型

国内学者对国际品牌形象的研究主要从以下几个主题展开：品牌形象的内涵、品牌形象的重要性与作用、品牌形象的构成与评价以及品牌并购与品牌形象（见表10-4）。罗子明（2001）认为，品牌形象是品牌构成要素在人们心中的综合反映，具有多维组合性、复杂多样性、相对稳定性以及可塑性和情境性。

范秀成和陈洁（2002）从品牌形象与品牌识别的关系出发，构建品牌形象综合测评模型，该模型将品牌形象分为4个维度：产品维度、企业维度、人性化维度和符号维度。关辉和董大海（2007）认为，品牌形象由品牌表现、品牌个性、公司形象3个维度构成，并且品牌形象影响并决定着人们的购买和消费行为，独特的品牌形象可以帮助企业确立品牌定位。

汪涛等（2011）运用案例研究法探究后进国家企业如何通过并购世界知名品

表 10-4　　国内有关品牌价值评价的代表性研究成果

研究视角	作者	研究成果	特点
对国内外研究品牌价值评价方法的比较分析	符国群（1999）	较早地对 Interbrand 品牌评价方法进行了剖析与评价，为我国品牌价值评价的发展提供了借鉴	提出 Interbrand 品牌评价方法是基于品牌的未来收益而对品牌进行评价的方法，对成熟且稳定的市场品牌而言是一种有效的品牌评价方法
	陆娟（2001）	对重置成本法、直接评估法、市场/顾客影响力评估法、Interbrand 公司评估法和北京名牌资产评估事务所评估法 5 种品牌资产价值评估方法进行比较评价	提出各种评估方法有各自的特点和适应目的，同时也有不同之处；品牌价值评估方法的选择应依评估目的而定
	卢泰宏（2002）	分析了由财务要素、市场要素和消费者要素构成的 4 类评估方法	比较归纳了 2 种国际上最有影响力的方法和 4 种基于消费者关系的评估模型
	赵平和裘晓东（2002）	比较分析国内的重置成本法、收益现值法与市场价格法以及国外的 Interbrand 品牌评价方法与 Kernin 模型评价法	对比我国通行的品牌价值评估方法和国外品牌价值评估方法，对我国品牌价值测评的现状进行了剖析，并提出了改革方法的建议
	苑泽明和马玉（2008）	对中外基于企业视角和基于消费者视角的品牌评估方法进行了比较分析与评价	对中外品牌评估模型的特点及局限性进行了比较分析，提出借鉴国外先进评估方法来完善我国品牌价值评估体系
基于消费者视角	范秀成和冷岩（2000）	品牌价值 = 忠诚因子 × 周期购买量 × 时限内的周期数 × 理论目标顾客基数 ×（单位产品价格 - 单位无品牌产品的价格）	该评价模型中忠诚因子是核心要素，反映了整个市场对品牌的忠诚度和品牌的吸引力
基于财务和消费者视角	赵平和于春玲（2003）	提出了基于财务视角的品牌资产财务价值评估方法和基于消费者视角的品牌权益测评法	该评价模型是在解释品牌资产、品牌权益和品牌这 3 个概念及相互关系的基础上提出 2 种不同的测量模型
基于多维视角	范秀成（2000）	提出基于财务权益、顾客权益和延伸权益的三维度品牌权益测评体系	将扩展品牌使用范围给企业带来潜在收益的延伸权益纳入品牌价值测评体系，扩大了品牌价值评价范围
基于品牌价值社会化视角	王成荣和李亚（2005）	提出一种适合中国品牌运行特点的评价方法：Sinobrand 品牌价值评价法	引入“品牌优势值”（BAV）的概念，从品牌状态、品牌历史和品牌趋势 3 个维度选取若干因子进行测度

牌来建立自有品牌，研究发现，后进国家企业建立国际品牌的方式有：收购比较健康的品牌；弱化原产地形象；在并购最初阶段维持被购品牌的品牌内涵；采取渐进式的品牌整合方式以及塑造与被购品牌相匹配的品牌形象等。王海忠等（2011）以中国企业并购海外知名品牌为背景，探讨了并购后品牌的重置策略、新产品定价以及产品产地形象对新产品评价的影响。

吴水龙、胡左浩和于春玲（2012）构建品牌全球化形象影响消费者品牌选择模型，实证研究发现，品牌全球化形象对消费者购买意向有直接影响，感知品牌质量对消费者购买意向有间接影响，品牌质量对消费者购买意向的影响程度最强。

三、国际知名品牌培育、促进实体经济发展实践

从品牌培育实践的角度看，国际知名品牌主要集中在西方发达国家。以 Interbrand 公司推出的 2007 年度全球品牌 100 强排行榜为例，其中，美国有 52 家企业，欧洲 9 国有 36 家，日韩有 11 家，显而易见，世界国际知名品牌主要集中在美国、欧洲和亚洲。立足于先进技术基础是世界级品牌产生的共同点，现实中的国际知名品牌的分布状况也证明了这一点，美国、英国、法国、德国等都是科技大国，雄厚的基础研究实力和实用技术开发能力为国际知名品牌提供了源泉和旺盛生命力；虽然日本的基础科学较薄弱，但它善于吸收和借鉴欧美的科研成果，也造就了一批国际知名品牌。由于各国国情不同，这些国家也根据本国不同特点摸索出了培育国际知名品牌的不同模式，可分为美国品牌模式、欧洲品牌模式和日本品牌模式（万力，2004）。

（一）以强大经济实力为基础的美国品牌模式

美国超强的经济实力、最发达的市场体系、企业高超的营销管理水平、商业才智和品牌运作实力等都为培育国际知名品牌创造了得天独厚的条件和坚实基础，先进的技术创新能力、世界第一大国形象和广阔的国内外市场为美国品牌认知度和知名度的传播奠定了基础，因此，美国企业生产的最具创意和富含美国文化的产品被输送到全球各地并获得巨大成功，出现了可口可乐、麦当劳、肯德基、微软、英特尔、通用、IBM 等一大批国际知名品牌，造就了美国世界第一品牌大国的地位。然而，美国政府在造就世界第一品牌大国中的重要作用不可忽视，美国政府在鼓励企业创造品牌、为企业品牌运营创造空间、建立完善的法律保障体系和监督体系加强对企业品牌的保护等方面给予了大力支持。

（二）以科技和文化为底蕴的欧洲品牌模式

在世界领先的雄厚的制造业基础上，欧洲企业非常注重打造和提升企业的内涵和产品品质。以“绿色制造”“信息技术”和“极端制造”为内涵的德国制造为欧洲制造的典型代表，欧洲品牌已成为高品质、高精确度和高信誉度的象征。因此，欧洲企业以领先的技术和高品质的质量为支撑，并在产品中融入了深厚底蕴的欧洲文化，造就了奔驰、宝马、壳牌、诺基亚等大批国际知名品牌。

（三）以严格质量控制为支撑、从贴牌到自主品牌的日本品牌模式

在 20 世纪 50 年代，日本的产品仍是一种质量低劣的形象，为了打破这种形象，日本企业通过严格的质量管理，提高质量，在国内外着力于“高品质、高技术和创新”的品牌形象塑造，奠定了日本企业发展国际知名品牌的坚实基础。在进入国际市场初期，日本企业主要以贴牌出口营销形式，争取了开拓海外市场必要的发展时间和空间；随后，将贴牌与自主创牌有机结合，减少贴牌，不断提升自主品牌的比例。另外，日本企业还通过向国外转移产业的方式，实施有意弱化民族形象的品牌战略。在这整个过程中，日本政府更是直接介入品牌培育和保护的各个环节。经过多年的残酷竞争和竞争实力的积累，日本企业逐步开拓出一条发展国际知名品牌的成功之路，造就了索尼、丰田、松下、东芝等一批国际知名品牌。

第五节　中国产品海外形象评价促进实体经济发展战略的动因及驱动因素

根据前期研究成果，从国家整体视角来看，3 种内生因素与 3 种外生因素成为我国产品海外形象评价指标体系构建的战略动因与驱动因素。3 种内生因素包括要素条件，产业及相关与支持产业转型升级，公司的战略、组织和竞争对手；3 种外生因素是需求条件、战略机遇和政府的作用。中国产品海外形象促进实体经济发展的驱动因素主要有如下几方面：（1）生产要素中关于中国产品研发和制造需要的人力资源、自然资源、知识资本、资本资源、基础设施等因素。（2）产业及相关和支持产业要素中关于中国主要产品领域的发展阶段、与国际同业相比的优势及劣势、产业集中度、区域集聚力，中国产品在全球价值链（网络）的位势，以及中国产品递送、交付和营销过程所需的全球供应链和全球营销网络的支持与匹配程度等因素。（3）企业战略、组织和竞争要素中关于重点企业的产品结

构、组织结构、技术结构、企业文化、营销活动、市场占有率等因素。(4) 需求要素中关于海外市场需求的多元化和异质性、需求随环境形势的变动趋势、需求层次提升、需求数量的季节或其他周期性波动等因素。(5) 国家机遇要素中，关于全球经济逐渐复苏和调整，中国在某些产品领域的后动优势，中国作为世界工厂的表现获得认可并积累大量经验，中国在国际舞台上的总体经济和政治形象声誉不断提升，中国文化的国际影响力和受欢迎程度增强。(6) 在政府要素方面，通过政策调节、政策支持和政策引导，发挥杠杆作用，形成有利于构建和提升中国产品的海外形象的内部环境，激发企业参与构建中国产品的海外形象的内部动力，创造构建和提升中国产品的海外形象的新契机；同时，重点研究中国政府现行的与规划中的战略，对中国产品海外形象的长短期影响和效果。

针对当今国际政治、经济、文化领域的变革和发展趋势，国内政府现行与拟订的政策和战略，中国主要产品领域行业的发展阶段、所具有的能力和面临的困境，中国企业的发展阶段、所具有的能力和面临的困境等对构建中国产品海外形象所带来的影响因素，依据研究背景、文献综述、案例分析的综合研究表明，中国产品海外形象评价指标体系构建的主要驱动因素为：(1) 质量驱动，即提升产品质量水平和质量一致性；(2) 创新驱动，即提升技术创新、设计创新、管理创新和营销创新的能力；(3) 服务驱动，即通过提供完善的售后服务和附加值服务、优化服务流程、提升服务人员的专业素质、强化服务响应，提升中国产品的海外形象；(4) 品牌驱动，即打造领导性品牌，并提升品牌资产，特别是品牌的社会性和象征性价值；(5) 定位和营销传播驱动，即通过整合营销传播改变中国产品整体低端的市场定位，逐渐向中、高市场发展；(6) 文化驱动，由于对一个国家产品的认同往往与对一个国家文化的认同相关，因此，应积极在海外市场宣传中国及中国文化，为中国产品走入海外市场创造良好的文化氛围。

第六节　中国产品海外形象评价促进实体经济发展体系的构建

中国产品海外形象评价指标体系驱动因素是产品海外形象评价指标体系构建的基本依据与出发点，而中国产品海外形象的评价指标是其战略行为效果的具体体现。目前，国际上尚未有得到公认的产品海外形象评价的模型和指标体系，但是与产品形象密切相关的品牌形象和国家形象则存在较多可借鉴的评价模型与评价指标体系。国外公认的国际知名品牌评价机构有 Interbrand、世界品牌实验室、WPP 集团旗下的明略行、《金融世界》杂志、AC 尼尔森公司、《福布斯》杂志等，它们形成了各具特色的国际知名品牌形象评价机制。这些机制对品牌形象模型和评价指标系统的评价条件、评价原则、评价内容、评价程序等内容进行比较分析。王兴元（2000）通过构建综合产品形象系统来定量测定产品形象的大小，认为综合产品形象系数由核心产品形象系数、形式产品形象系数和附加产品形象系数加权得到。黄欣（2003）认为，产品形象评价系统框架是以产品的内、外评价因素为基础，具体包括内部评价因素、企业形象评价、国家形象以及外部评价因素。针对我国产品海外形象的评价更少。本章在比较分析、互补融合的基础上，试图考察基于多种视角（如政府视角、企业视角、财务视角和消费者视角）的模型对构建中国产品海外形象评价指标体系具有的借鉴意义、应用潜力和管理启示，进而探索与形成我国与国际接轨的产品海外形象评价模型与评价指标体系（见图 10 - 1）。

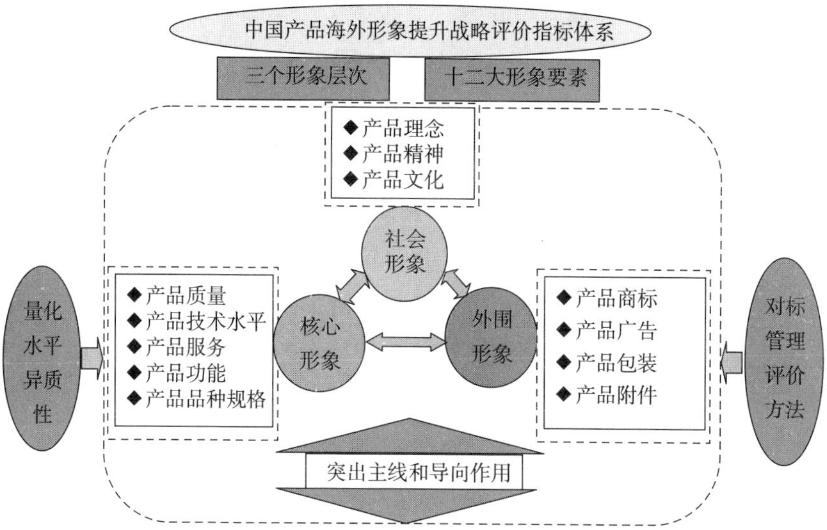

图 10 - 1 中国产品海外形象提升战略评价指标模型和评价指标体系的研究框架

一、中国产品海外形象评价指标体系的特征

构建中国产品海外形象评价指标体系，除应遵循科学性、全面性、合理性和可行性的原则，综合反映中国产品海外形象评价指标构建和提升的动因与要素目标，还应特别突出以下两个特点：一是突出主线。即以市场为基础，以政府引导、

推动、监督为保证，以企业为主体，以提升中国产品国际价值为远景，以全球用户满意为宗旨。中国产品海外形象评价指标体系构建应明确核心形象、外围形象和社会形象 3 个层次，并在相应 12 个形象要素的具体目标上突出主线。这些要素目标抓住了中国产品海外形象评价指标体系构建的关键环节。二是突出导向作用。指标体系的确定应充分考虑导向作用。如符合国家从产品“制造中心”向“研发、创新和设计”中心转化，促进中国产品向价值链高端推进的战略思路；同时，具体指标体系还充分考虑了这些指标的可统计性、可评估性，且尽量采取可量化指标，有助于企业进行中期评估和国家进行长期监测，促进其更加有效地得以执行。

二、中国产品海外市场形象评价指标体系构建的量化体系特征水平

量化体系是反映在一定时期内中国产品海外形象评价指标体系构建活动和努力所要达到的定量水平。本章认为，应分层次和分类别来研究：（1）基本的评价量化标准。中国产品在海外市场形象的各项指标，特别是核心形象要素，应高于所在的海外市场的法律和法规所要求的标准。这是最低水平的评价标准。（2）较高的评价量化标准。当某产品领域全面参与国际竞争时，与中国产品所在的海外市场最优秀的竞争产品或替代产品的各项量化的指标体系对比，进而比较、分析、判断，作为中国产品在未来一定时期内海外市场形象评价指标体系所要达到的水平。（3）差异化的评价量化标准。对于一个比较成熟的产品领域，中国产品海外形象评价应全面、系统，特别是应关注外围形象和社会形象的评价；而对不太成熟的产品领域的量化指标，有选择性地开展评价会更适宜些，特别是侧重核心形象构建的量化和评价，从核心形象入手，形成构建产品海外形象的阶梯。

第七节　基于 AHP 中国产品海外形象促进实体经济发展指标的权重

层次分析法能够在面对复杂决策问题本质的基础上对决策进行定性与定量分析，将影响因素及其内在关系等进行层层分解，形成一个递阶层次结构，然后进行两两比较判断矩阵，最后针对一定标准，确定权重。基于上述建立的指标体系以及模型，通过层次分析法对评价指标进行计算，最终确定各级指标的权重以及指标权重总排序，更加直观地体现指标权重系数。

一、构造两两比较判断矩阵

每一层次各因素相对重要性可用数值形式表示，并组成矩阵形式。假定评价目标为 T，评价指标集 F = {f1，f2，…，fn}，构成判断矩阵 P。

$$P = \begin{Bmatrix} f_{11}, & f_{12}, & \cdots, & f_{1n} \\ f_{21}, & f_{22}, & \cdots, & f_{2n} \\ \vdots & \vdots & \cdots & \vdots \\ f_{n1}, & f_{n2}, & \cdots, & f_{nn} \end{Bmatrix}$$

f_{ij}表示因素相对重要性数值（i = 1，2，…，n；j = 1，2，…，n），f_{ij}取值见表 10 - 5。

表 10 - 5　　A - F 判断矩阵及其含义

f_{ij}取值	含义
1	f_i 与 f_j 同等重要
3	f_i 与 f_j 稍微重要
5	f_i 与 f_j 明显重要
7	f_i 与 f_j 相当重要
9	f_i 与 f_j 及其重要
2，4，6，8	分别介于 1—3、3—5、5—7、7—9 之间
$f_{ji} = 1/f_{ij}$	表示 j 比 i 不重要程度

二、一致性检验

层次重要性排序是根据判断矩阵计算对于上一层次某目标而言，本层次相关因素权重，可以转换为计算相对判断矩阵的特征值与特征向量问题。对于判断矩阵 P，根据 PW = λW，计算出最大特征根 λ_{max}与对应的特征向量 W，并将正规化后的特征向量 W = {w1，w2，…，wn}T 作为本层次元素对上一层相对重要性权重。根据一致性检验内涵，需要进行一致性检验。常见检验判断矩阵一致性指标为 CR = CI/RI，即判断矩阵随机一致性比率，公式为：$CI = \frac{\lambda_{max} - n}{n - 1}$。详见表 10 - 6。

表 10 - 6　　平均随机一致性指标 RI 标准值

矩阵阶数	1	2	3	4	5	6	7	8	9	10
RI	0	0	0.58	0.90	1.12	1.24	1.32	1.41	1.45	1.49

三、中国产品海外形象评价指标权重的确定

根据层次分析法对模糊判断矩阵进行计算，通过有关专家对各个层次指标进行相对重要性比较，得出最终模糊判断矩阵群，进而进行一致性检验。具体运算过程如下：

（1）判断矩阵 T－A（见表 10－7）

表 10－7　　判断矩阵 T－A

T－A	A_1	A_2	A_3	W
A_1	1.0000	0.5322	0.9875	0.2640
A_2	1.8790	1.0000	1.1390	0.4215
A_3	1.1027	0.8780	1.000	0.3145

判断矩阵 T－A 的权重系数，W＝［0.2640　0.4215　0.3145］，λmax＝3.0265，CI＝0.01325，RI＝0.52，CR＝0.02548＜0.1，满足一致性检验。

（2）判断矩阵 A_1-A_{ij}（见表 10－8）

表 10－8　　判断矩阵 A_1-A_{ij}

A_1-A_{ij}	A_{11}	A_{12}	A_{13}
A_{11}	1.0000	1.1182	1.0465
A_{12}	0.8943	1.0000	0.7333
A_{13}	0.9556	1.3637	1.000
A_1-A_{ij}	A_{11}	A_{12}	A_{13}

判断矩阵 A_1-A_{ij} 的权重系数，W＝［0.3495　0.2882　0.3623］，λ_{max}＝3.0066，CI＝0.0033，RI＝0.52，CR＝0.00635＜0.1，满足一致性检验。

（3）判断矩阵 A_2-A_{ij}（见表 10－9）

表 10－9　　判断矩阵 A_2-A_{ij}

A_2-A_{ij}	A_{21}	A_{22}	A_{23}	A_{24}	A_{25}	W
A_{21}	1.0000	1.6320	1.4952	1.0125	1.9872	0.2691
A_{22}	0.6127	1.0000	1.0000	1.3541	1.4251	0.2024
A_{23}	0.6688	1.0000	1.0000	1.1080	1.3210	0.1949
A_{24}	0.9877	0.7385	0.9025	1.0000	1.4545	0.1941
A_{25}	0.5032	0.7017	0.7570	0.6875	1.0000	0.1395

判断矩阵 A_2-A_{ij} 的权重系数，W = [0.2691　0.2024　0.1949　0.1941　0.1395]，$\lambda_{max}=5.0468$，CI = 0.0117，RI = 1.12，CR = 0.01045 < 0.1，满足一致性检验。

（4）判断矩阵 A_3-A_{ij}（见表 10 - 10）

表 10 - 10　　判断矩阵 A_3-A_{ij}

A_3-A_{ij}	A_{31}	A_{32}	A_{33}	A_{34}	W
A_{31}	1.0000	1.0000	1.5433	1.0304	0.2772
A_{32}	1.0000	1.0000	1.0715	1.4321	0.2747
A_{33}	0.6480	0.9333	1.0000	2.1000	0.2620
A_{34}	0.9705	0.6983	0.4762	1.0000	0.1860

判断矩阵 A_3-A_{ij} 的权重系数，W = [0.2772　0.2747　0.2620　0.1860]，λmax = 4.1113，CI = 0.0371，RI = 0.89，CR = 0.04169 < 0.1，满足一致性检验。

四、最终权重的确定

层次总排序从上到下逐层展开。隶属于总目标 T 的 3 个一级指标 A_1、A_2、A_3 对 T 的排序数值向量为 $W_T=\{W_{TA_1}, W_{TA_2}, W_{TA_3}\}^T$，隶属于指标 A_1 的 4 个指标 A_{11}，A_{12}，A_{13}，A_{14} 对 A_1 的层次单排序向量为 $W_{A_1}=\{W_{A_{11}}, W_{A_{12}}, W_{A_{13}}\}^T$，那么二级指标 A_{11}，A_{12}，A_{13}，A_{14} 相对于中目标 T 的权重向量为 $W_{TA_1}=\{W_{TA_1}\times W_{A_{11}}, W_{TA_2}\times W_{A_{12}}, W_{TA_3}\times W_{A_{13}}\}^T$。依此类推，分别得出各二级指标三级指标相对于总目标的权重。

通过上一节对评价指标各级权重的计算且对其进行分层确定，把分层确定的权重通过计算进行层次总排序。以上各指标权重向量是我国产品海外形象评价指标权重，为我国产品海外形象评价指标的量化以及战略绩效评价实践提供了基础和条件。

五、简要分析与讨论

对于我国产品海外形象评价指标体系构建总目标而言，各指标所占权重大小依次为核心形象 A_2（0.4215）、外围形象 A_3（0.3145）、社会形象 A_1（0.2640）。由此可知，核心形象乃是我国产品海外形象评价指标体系构建的根本落脚点。对于核心形象，产品质量权重最高（0.1134）；对于外围形象，产品商标权重最高（0.0872）；对于社会形象，产品文化权重最高（0.0956）。在层次总排序中，对于我国产品海外形象评价指标体系构建总目标而言，二级指标权重位于前 5 位的依次是产品质量（0.1134）、产品文化（0.0956）、产品理念（0.0923）、产品商标（0.0872）、产品广告（0.0864）（见表 10－11）。

表 10－11　　　　　　　　　　指标权重的总排序

准则层		A_1	A_2	A_3	最终权重
		0.2640	0.4215	0.3145	
指标层	A_{11}	0.3495			0.0923
	A_{12}	0.2882			0.0761
	A_{13}	0.3623			0.0956
	A_{21}		0.2691		0.1134
	A_{22}		0.2024		0.0853
	A_{23}		0.1949		0.0822
	A_{24}		0.1941		0.0818
	A_{25}		0.1395		0.0588
	A_{31}			0.2772	0.0872
	A_{32}			0.2747	0.0864
	A_{33}			0.2620	0.0824
	A_{43}			0.1860	0.0585

第八节　对策与建议

根据本章构建的我国产品海外形象评价指标体系，对于权重的确定等提出以下对策：

一、加强海外沟通推广，提升中国产品海外形象

构建产品海外形象沟通推广系统，拓展产品海外形象沟通推广路径，基于ISO26000 新社会责任标准，增强社会责任意识，通过各种体现企业社会责任的活动提升企业公众形象，间接提高企业经济效益。加强产品海外形象提升中的政府推广作用，通过各国及其政府往往利用国事访问和国际会议等对本国产品形象进行推广宣传，并利用驻外商会、驻外使馆经济处等官方半官方机构在目标市场国家推介本国知名品牌。

二、完善企业政策体系，提升中国产品海外形象

企业采取的政策和战略对本企业产品有直接影响，根据竞争战略理论，企业可能采用成本领先、差异化和集中化 3 种战略在国际市场竞争，在不同国家进行具体商业活动时也需要符合当地政府和公众对企业的期望。

三、加强文化促进策略，提升中国产品海外形象

鉴于原产国文化影响中国产品海外形象，要加强产品原产国文化理念、结构要素与特征研究，将文化整合融于产品原产国形象中。加强与当地融合，强化风险评估与防范意识，建立科学的风险管理体系，有效地最大限度地降低跨国经营中文化冲突造成的各种风险。根据调查显示，海外民众最认同的十大中国元素是熊猫、长城、成龙、中国美食、故宫、龙、茶叶、中国功夫、扇子、瓷器，而对京剧、孔子、旗袍、奥运场馆、姚明、中医中药、天安门广场和汉字等中国元素的喜欢程度较低。通过强化对企业的引导和服务、建立评价体系和奖励机制、开展试点工作、加强和改进宣传工作等途径，选择符合海外消费者期望的文化元素，提升我国产品海外形象。

四、强化国家形象策略，提升中国海外产品形象

国家形象是一个国家对自己的认知以及国际体系中其他行为体对它的认知的结合。国家形象对于消费者产品评价的正向影响以及作用路径已经在很多文献中被验证（如 Han，1988；Roth，1995）。经过改革开放 40 多年的发展及时代的快速变迁，我国的国家形象已经有了巨大改变。国家形象构建并不完全是一种国际行为；相反，一个国家在国际社会中的形象更多的是一种国内政治和国内事务的延伸，提升国家形象是一个复杂的系统工程。为此，可通过出口、政府职能管理、文化、国民素质、旅游以及移民、投资环境等途径提升国家形象。另外，加强提升国家形象的媒体传播策略，可通过增强我国国际传播能力，提高国际传播话语权，通过积极外交公关，对外传播我国负责任大国的形象，通过策划全球性媒介事件，塑造和平、发展的国家形象等提高其国际地位，从而提升国家形象。

五、实施自主创新战略，提升中国产品海外形象

在当今经济全球化激烈竞争环境下，企业产品是否拥有核心竞争能力已成为该

企业产品或品牌能否在国际市场竞争中取胜，并成为国际知名品牌的决定性因素。发达国家国际知名品牌企业，为提升产品海外形象，拥有和保持该企业品牌的国际竞争力，就必须时刻通过增加企业品牌的技术含量和价值含量，来增强该企业品牌的自主创新动力与能力。中国企业品牌，包括一些大型“国家队”企业的品牌，普遍缺乏拥有国际竞争力的自主创新能力。为此，应实施自主创新战略，突破发达国家的低端锁定与发展国际知名品牌瓶颈，提升中国产品海外形象。

六、健全知识产权保护体系，提升中国产品海外形象

近几年来，我国与世界经济体的贸易纠纷主要围绕技术壁垒、商标侵权、专利费索取等展开。建立知识产权保护体系，从保护、维权、应对 3 个机制完善我国企业对于出口产品的知识产权保护。首先，建立综合企业、行业协会、政府三方主导的知识产权保护体系。加强政府、行业协会和企业在知识产权保护机制中的角色、职能和相互关联，对其进行清晰的设计和阐释。以市场细胞企业为基础，以保护消费者权益为核心，以行业协会为中介平台，将企业知识产权诉求通过行业协会向政府反映，共同建立健全企业知识产权保护机制。其次，建立健全知识产权保护体系中的维权机制。企业在国际市场上将不可避免地面对各种知识产权纠纷，政府通过政府间对话等构建集行政、司法、预警等于一体的维权机制，优化知识产权维权路径，减少企业维权成本，提高企业维权效率。最后，建立健全知识产权保护体系应对机制。通过对知识产权纠纷的利益相关者进行知识、技巧与方法等方面的培训与教育，增强知识产权保护体系应对机制建设。

七、建设危机应对机制，提升中国产品海外形象

全面分析、归纳当前企业突发事件的基本特征及其相应的基本情况，重点依托突发危机事件的概念、特征及分类，突发危机事件中媒体的作用和影响，分析危机事件的 4 个生命周期，加强突发危机事件应对机制建设。根据不同国家应对产品危机策略的经验教训，结合我国产品海外危机的特点，从预警体系建立、危机实时应对策略以及后期危机控制策略等方面，全面构建我国企业应对产品危机的完备机制。

参考文献

1. 卞崇道，2008. 融合与共生——东亚视域中的日本哲学［M］. 北京：人民出版社.

2. 蔡翔，2007. 国外促进微型企业发展的措施及启示［J］. 经济纵横（5）：74－75.

3. 曹凤岐，2012. 金融国际化、金融危机与金融监管［J］. 金融论坛（2）：10－15.

4. 曹阳，1998. 产品形象和企业形象［J］. 决策探讨（6）：40－42.

5. 曹英伟，2007. 创业者如何打造全球品牌［J］. 中外管理（1）：64－65.

6. 曾坤生，廖廷弼，1995. CI 战略：现代企业管理新潮流［J］. 社会科学家（2）：24－26.

7. 柴俊武，万迪防，2005. 品牌资产的界定及其评估模型评介［J］. 南开管理评论（1）：42－46.

8. 陈畴镛，吴国财，2007. 产业集群与第三方物流的共生模型及稳定性分析［J］. 杭州电子科技大学学报（社会科学版）（12）：16－19.

9. 陈刚，2010. 中心城市的商会经济功能及发展趋势——以南京为例［J］. 中国名城（1）：10－14.

10. 陈劲，柳卸林，2008. 自主创新与国家强盛［M］. 北京：科学出版社.

11. 陈俊毅，杨晓莉，2002. 企业品牌国际化的思考［J］. 商业研究（2）：90－92.

12. 陈清泰，1995. 商会发展与制度规范［M］. 北京：中国经济出版社.

13. 陈雨露，马勇，2013. 构建中国的"金融失衡指数"：方法及在宏观审慎中的应用［J］. 中国人民大学学报（1）：59－72.

14. 邓向荣，周密，2005. "麦克米伦"缺口及其经济学分析［J］. 南开经济研究（4）：63－68.

15. 段瑞春，2005. 创新型企业：知识产权与品牌战略［J］. 中国软科学（12）：91－95.

16. 范柏乃，段忠贤，江蕾，2012. 创新政策研究述评与展望［J］. 软科学（11）：43－47.

17. 范秀成，陈洁，2002. 品牌形象综合测评模型及其应用［J］. 南开学报（哲学社会科学版）（3）：65－71.

18. 范秀成，冷岩，2000. 品牌价值评估的忠诚因子法［J］. 科学管理研究（10）：50－56.

19. 范秀成，张辉，2012. 服务品牌形象提升策略研究——基于酒店业的实证研究［J］. 当代财经（3）：63－71.

20. 范秀成，郑秋莹，姚唐，等，2009. 顾客满意带来什么忠诚？［J］. 管理世界（2）：83－91.

21. 范秀成，2000. 品牌权益及其测评体系分析［J］. 南开管理评论（1）：9－15.

22. 范征，2000. 论企业形象与战略的互动［J］. 科学学研究（2）：50－56.

23. 方正，江明华，杨洋，等，2010. 产品伤害危机应对策略对品牌资产的影响研究——企业声誉与危机类型的调节作用［J］. 管理世界（12）：105－117.

24. 菲欧娜·吉尔摩，杜孟，2003. 中国品牌大赢家［M］. 北京：中信出版社.

25. 冯巨章，2012. 基于利益集团博弈的商会治理研究［J］. 中国经济问题（1）：75－83.

26. 符德军，2012. 房地产开发中绿色建筑应用探讨［J］. 工程建设与设计（12）：166－170.

27. 符国群，佟学英，2003. 品牌、价格和原产地如何影响消费者的购买选择［J］. 管理科学学报（6）：79－83.

28. 符国群，1999. Interbrand 品牌评估法评介［J］. 外国经济与管理（11）：37－41.

29. 高晨宇，2012. 绿色房地产项目环保要求实施的探讨［J］. 北方环境（6）：126－127.

30. 葛宝森，李昌，2011. 中国商会史研究新进展述评［J］. 理论月刊

(2): 54-56.

31. 龚建平, 2008. 绿色营销与房地产：博弈模型及应用 [J]. 求索 (7): 67-70.

32. 广州分行课题组, 2002. 从民间借贷到民营金融：产业组织与交易规则 [J]. 金融研究 (10): 101-109.

33. 郭斌, 刘曼路, 2002. 民间金融与中小企业发展：对温州的实证分析 [J]. 经济研究 (10): 40-46.

34. 郭继辉, 王涛, 李烨, 2007. 民营高科技企业融资创新研究 [J]. 特区经济 (1): 95-96.

35. 韩中和, 2009. 日本家电企业品牌国际化及其对我国企业的启示 [J]. 经济管理 (2): 97-102.

36. 何佳讯, 2000. 品牌形象策划——透视品牌经营 [M]. 上海：复旦大学出版社.

37. 何自力, 徐学军, 2006. 生物共生学说的发展与在其他领域的应用研究综述 [J]. 企业家天地（理论版）(11): 132-135.

38. 何自力, 徐学军, 2006. 一个银企关系共生界面测评模型的构建和分析：来自广东地区的实证 [J]. 南开管理评论 (9): 64-69.

39. 侯小辉, 2013. 基于全生命周期的绿色建筑评价体系研究 [D]. 长沙：中南大学.

40. 胡东兰, 陈凡, 2013. 我国结构性减税问题研究述评 [J]. 经济纵横 (3): 121-124.

41. 胡金焱, 卢立香, 2005. 中国非正规金融研究的理论综述 [J]. 教学与研究 (9): 75-83.

42. 黄琪英, 2005. 国内绿色建筑评价的研究 [D]. 成都：四川大学管理科学与工程系: 20-22.

43. 黄苏萍, 2012. 企业社会责任对企业形象影响的实证研究——来自中国银行业的经验证据 [J]. 经济与管理研究 (7): 121-128.

44. 黄欣, 2003. WTO 架构下企业产品形象的系统评价研究 [J]. 沿海企业与科技 (5): 9-11.

45. 黄志刚, 路春城, 2011. 基于包容性增长的结构性减税政策研究 [J]. 经济纵横 (5): 92-95.

46. 建设部，清华大学，2001. 中国生态住宅技术评估手册［M］. 北京：中国建筑工业出版社.

47. 江明华，董伟民，2003. 价格促销频率对品牌资产的影响研究［J］. 管理世界（7）：151－153.

48. 蒋春燕，2011. 高管团队要素对公司企业家精神的影响机制研究——基于长三角民营中小高科技企业的实证分析［J］. 南开管理评论（3）：72－84.

49. 金晓晨，2003. 英法德若干商会法律制度比较［J］. 当代法学（2）：125－127.

50. 黎秀芳，2011. 南京国民政府时期上海商会与国货运动研究（1928—1937）［D］. 武汉：华中师范大学.

51. 李菊，2012. 注重新内涵的“绿色房地产”［J］. 中国建筑装饰装修（6）：150－153.

52. 李凌颖，2010. 绿色建筑节能技术在房地产开发中的应用研究［J］. 中国市场（32）：63－64.

53. 李倩，2013. 绿色建筑全寿命周期评价研究［D］. 大连：大连理工大学.

54. 李心源，2009. 结构性减税与税收制度优化［J］. 涉外税务（7）：24－27.

55. 李扬，扬思群，2001. 中小企业融资与银行［M］. 上海：上海财经大学出版社.

56. 李勇军，2007. 南京国民政府后期上海市商会研究（1945～1949）［D］. 武汉：华中师范大学.

57. 李志辉，2014. 商业银行信息科技外包风险管理研究——基于Excel逻辑函数的应用［J］. 国际金融研究（3）：74－85.

58. 林汉川，夏敏仁，何杰，等，2003. 中小企业发展中所面临的问题——北京、辽宁、江苏、浙江、湖北、广东、云南问卷调查报告［J］. 中国社会科学（2）：84－94.

59. 林汉川，王分棉，管鸣东，2009. 我国民间的创新现状与支持体系［J］. 经济管理（1）：133－139.

60. 林毅夫，孙希芳，2005. 信息、非正规金融与中小企业融资［J］. 经济研究（7）：35－45.

61. 林肇宏，张锐，2013. 中国跨国企业人力资源管理模式及实践研究——基于深圳 5 家高科技企业的案例分析 [J]. 宏观经济研究（2）：97 – 104.

62. 刘凤军，2000. 品牌运营论 [M]. 北京：经济科学出版社.

63. 刘钢，2005. 产品形象（PI）的定义和构成 [J]. 南京艺术学院学报（1）：135 – 136.

64. 刘萍，雷俊红，2014. 我国绿色建筑评价体系与国外评价体系比较研究 [J]. 吉林建筑工程学院学报（4）：72 – 74.

65. 刘芹，张永庆，樊重俊，2008. 中日韩高科技园区发展的比较研究——以中国上海张江、日本筑波和韩国大德为例 [J]. 科技管理研究（8）：122 – 124 + 130.

66. 刘煜，2003. 国际绿色生态建筑评价方法介绍与分析 [J]. 建筑学报（3）：58 – 60.

67. 刘志新，2014. 基于模糊集的绿色建筑评价方法研究 [D]. 济南：山东建筑大学.

68. 路风，慕玲，2003. 本土创新、能力发展和竞争优势——中国激光视盘播放机工业的发展及其对政府作用的政策含义 [J]. 管理世界（12）：57 – 82.

69. 罗勇，2012. 论我国房地产绿色发展战略 [J]. 中国名城（9）：30 – 33.

70. 罗勇，2013. 美丽城市始于绿色房地产 [J]. 中国建设信息化（13）：54 – 55.

71. 吕冰洋，2008. 以居民部门为目标进行减税的原因和效果分析 [J]. 税务研究（11）：24 – 27.

72. 吕臣，林汉川，王建秀，2014. 中国企业出口动态：事实、评析及启示 [J]. 兰州学刊（2）：116 – 123.

73. 吕臣，林汉川，王玉燕，2014. 未来的新一轮减税让利政策应向中小实体经济倾斜 [J]. 经济纵横（3）：12 – 16.

74. 吕玉芹，2005. 中小高科技企业 R&D 融资问题探讨 [J]. 会计研究（4）：69 – 72 + 96.

75. 绿色奥运建筑研究课题组，2003. 绿色奥运建筑评估体系 [M]. 北京：中国建筑工业出版社.

76. 马方方，2008. 金融管制的经济学理论基础及启示 [J]. 首都经济贸易大学学报（1）：38.

77. 马宇，2010. 微型企业信贷违约风险的影响因素［J］. 金融论坛（11）：76－80.

78. 梅沁芳，2011. 微型企业与商业银行关系的现状、成因与新型关系的构建［J］. 浙江金融论坛（7）：77－80.

79. 美国绿色建筑委员会，2002. 绿色建筑评估体系（第二版）.［M］. 北京：中国建筑工业出版社.

80. 闵权凤，2010. 当前结构性减税与税制改革问题探讨［J］. 特区经济（5）：124－125.

81. 聂磊，2010. 发挥商会作用　培育商会经济［J］. 中国集体经济（11）：18－27.

82. 宁培中，解卫卫，韩雪，2012. 民间创新的社会效应评价［J］. 廊坊师范学院学报（社会科学版）（1）：84－87.

83. 潘海泽，陈梦捷，缪玮，等，2016. 美国 LEED 绿色建筑评价标准与我国绿色建筑评价标准的比较分析［J］. 建筑经济（1）：88－92.

84. 戚振强，刘长滨，樊瑜，2007. 房地产绿色营销探讨［J］. 建筑经济（5）：78－81.

85. 秦诗立，岑丞，2002. 商会：从交易成本视角的解释［J］. 上海经济研究（4）：52－60.

86. 史晋川，孙福国，严谷军，1997. 市场深化中民间金融业的兴起——以浙江路桥城市信用社为例［J］. 经济研究（12）：45－50.

87. 苏英，赵兰香，吴灼亮，等，2006. 美国创新政策的演变及其启示［J］. 科学学与科学技术管理（6）：70－74.

88. 谈萧，2011. 商会法变迁中的治理秩序［J］. 商业研究（4）：124－128.

89. 谭玉秀，范立君，2011. 现代化理论与中国商会史研究——20 世纪 80 年代以来中国商会史研究的回顾与展望［J］. 理论月刊（12）：73－77.

90. 汤临佳，池仁勇，骆秀娟，2013. 中小企业创新政策前沿［J］. 科学学与科学技术管理（8）：138－147.

91. 唐玉莉，2008. 鼓励民间创新的政策问题研究［J］. 中国民营科技与经济（10）：90－91.

92. 涂鼎新，王玉珍，1999. 商会与近代中国社会经济发展［J］. 上海经济研究（1）：3－5.

93. 汪涛，崔楠，夏鸿儒，2012. 跨国并购情境下东道国消费者对目标企业品牌态度研究——基于消费者民族中心主义视角［J］. 中国地质大学学报（社会科学版）(4)：66 - 74.

94. 汪涛，邓劲，2010. 国家营销、国家形象与国家软实力［J］. 武汉大学学报（哲学社会科学版）(2)：249 - 253.

95. 汪涛，刘继贤，崔楠，2011. 以品牌并购建立国际品牌：基于后进国家企业视角［J］. 中国地质大学学报（社会科学版）(1)：9 - 16.

96. 王国庆，2007. 品牌概念战中国式营销［M］. 南京：南京大学出版社.

97. 王海忠，陈增祥，司马博，2011. 跨国并购中品牌重置策略对新产品评价的影响机制研究［J］. 中国工业经济（11)：100 - 108.

98. 王名，李勇，黄浩明，2006. 德国非营利组织［M］. 北京：清华大学出版社.

99. 王小琴，2007. 高科技企业科技人才评价与激励［J］. 科研管理（S1)：45 - 51.

100. 王兴元，陈勇，2006. 高科技品牌企业形象塑造策略［J］. 科技管理研究（8)：93 - 96.

101. 王兴元，孙国翠，2005. 品牌忠诚度测度及策略导向模型［J］. 经济管理（2)：57 - 63.

102. 王兴元，王连森，石岩，2010. 基于符号学整体品牌模型的品牌创新分析［J］. 华东经济管理（2)：99 - 102.

103. 王兴元，张鹏，2012. 公共品牌创建与治理研究：意义、现状及趋势［J］. 山东社会科学（11)：146 - 149.

104. 王兴元，2000. 产品形象（PI）要素构成、评价及其塑造研究［J］. 商业研究（8)：52 - 55.

105. 王兴元，2000. 高科技品牌企业形象塑造策略［J］. 科技管理研究（8)：93 - 96.

106. 王宣喻，储小平，2002. 信息披露机制对私营企业融资决策的影响［J］. 经济研究（10)：31 - 39.

107. 王玉珍，2005. 商会的生成机制及有效性理论综述［J］. 南开经济研究（5)：108 - 112 + 115.

108. 王兆星，2000. 严格实施审慎监管　有效防范金融风险［J］. 金融研究

(11)：20 – 26.

109. 王振，2002. 上海微型企业的发展现状与扶持政策［J］. 上海经济研究（1）：73 – 79.

110. 王子龙，谭清美，许萧迪，2006. 企业集群共生演化模型及实证研究［J］. 中国管理科学（2）：141 – 148.

111. 乌云其格，2007. 发达国家高科技人才培养、使用与引进政策述要［J］. 中国科技论坛（10）：122 – 127.

112. 吴春波，高中华，洪如玲，2010. 民营高科技企业成长过程中人力资源管理角色演化模式研究——基于 H 公司的案例研究［J］. 管理世界（2）：127 – 140 + 188.

113. 吴飞同，2007. 我国高科技企业技术人员激励机制研究［J］. 特区经济（3）：278 – 279.

114. 吴琴水，2014. 全寿命周期绿色商品房评价研究［D］. 杭州：浙江大学.

115. 吴文华，汪华，2009. 高科技企业家社会资本影响企业绩效的途径及作用机理［J］. 科技进步与对策（15）：157 – 160.

116. 夏远君，2013. 绿色节能技术在房地产开发中的发展应用［J］. 工业建筑（S1）：68 – 69.

117. 夏芸，唐清泉，2008. 我国高科技企业的股权激励与研发支出分析［J］. 证券市场导报（2008）：29 – 34.

118. 肖久灵，汪建康，2013. 新加坡政府支持中小微企业科技创新政策研究［J］. 中国科技论坛（11）：155 – 160.

119. 萧灼基，2002. 金融共生理论与城市商业银行改革序言［M］. 北京：商务印书馆.

120. 谢平，周传伟，2012. 互联网金融模式研究［J］. 金融研究（12）：11 – 32.

121. 谢毅，彭泗清，2012. 品牌个性对品牌态度和购买意向的影响研究：中外品牌的跨行业比较［J］. 管理评论（12）：84 – 92.

122. 徐建中，王莉静，2009. 基于博弈论的房地产企业实施绿色管理动力分析［J］. 华东经济管理（3）：55 – 59.

123. 徐越倩，2005. 民间商会与地方治理：理论基础与国外经验［J］. 中共浙江省委党校学报（5）：19－24.

124. 薛镭，杨艳，朱恒源，2011. 战略导向对我国企业产品创新绩效的影响——一个高科技行业—非高科技行业企业的比较［J］. 科研管理（12）：1－8＋16.

125. 薛薇，2015. 发达国家支持企业创新税收政策的特点及启示［J］. 经济纵横（5）：106－110.

126. 严谷军，2007. 社区银行在美国银行体系中的市场地位分析［J］. 金融经济（理论版）（9）：144－146.

127. 杨华基，李鸿阶，2007. 世界各国（地区）加快自主创新政策及其借鉴意义［J］. 福建论坛人文社会科学版（10）：10－13.

128. 杨敏行，白钰，曾辉，2011. 中国生态住宅区评价体系优化策略——基于 LEED－ND 体系、BREEAM－Communities 体系的对比研究［J］. 城市发展研究（12）：27－31.

129. 杨文，2008. 我国绿色建筑评估体系的探索研究［D］. 重庆：重庆大学.

130. 姚小霞，2002. 国外行业协会发展特点及其启示［J］. 世界经济与政治论坛（5）：26－28.

131. 姚耀军，2011. 温州民间金融危局之根源解读［J］. 浙江社会科学（12）：35－37.

132. 叶祖达，2013. 我国绿色建筑的设计技术选择分析［J］. 现代城市研究（10）：60－69.

133. 尹双权，2014. 国内外绿色公共建筑评价标准对比研究［D］. 长春：吉林大学.

134. 于天远，吴能全，2012. 组织文化变革路径与政商关系——基于珠三角民营高科技企业的多案例研究［J］. 管理世界（8）：129－146＋188.

135. 余晖，2002. 行业协会及其在中国的发展：理论与案例［M］. 北京：经济管理出版社.

136. 虞和平，1993. 商会与中国早期现代化［M］. 上海：上海人民出版社.

137. 郁建兴，2005. 民间商会的发展与政府职能转变［J］. 中国行政管理（9）：82－85.

138. 郁建兴，吕明再，2004. 温州商会的兴起：温州模式研究的政治社会学范式转型［J］. 学术月刊（5）：30－36＋42.

139. 郁建兴，2006. 民间商会与地方政府——基于浙江省温州市的研究［M］. 北京：经济科学出版社.

140. 袁纯清，1998. 共生理论——兼论小型经济［M］. 北京：经济科学出版社.

141. 岳树民，刘方，2011. 新形势下的结构性减税与税制改革［J］. 税务研究（1）：28－32.

142. 张赤东，2013. 中国企业技术创新现状调查：特征、倾向与对策［J］. 科研管理（2）：10－18.

143. 张德霖，2000. 西方国家商会制度［J］. 中国经贸导刊（7）：38－39.

144. 张亨明，2013. 后发达地区中小企业技术创新的障碍及对策［J］. 经济纵横（12）：48－52.

145. 张慧丽，2013. 绿色建筑与绿色施工评价研究［J］. 中国科技投资（26）：31.

146. 张建中，2011. 绿色房地产开发建设方案研究［D］. 南京：南京农业大学.

147. 张杰，吴迪，2013. 银行与企业的关系：共生抑或掠夺［J］. 经济理论与经济管理（6）：77－91.

148. 张杰军，张赤东，2008. 中国创新型试点企业规模与技术创新投入关系研究［J］. 科学学与科学技术管理（1）：52 －57.

149. 张倩影，2008. 绿色建筑全生命周期评价研究［D］. 天津：天津理工大学.

150. 张守文，2013. “结构性减税”中的减税权问题［J］. 中国法学（5）：52－64.

151. 张伟，2011. 国际绿色建筑评估体系及与我国评估体系的对比研究［D］. 天津：天津大学.

152. 张新民，林汉川，2013. 中国企业海外发展报告 2013［M］. 北京：对外经济贸易大学出版社.

153. 张永岳，陈伯庚，2011. 房地产经济学［M］. 北京：高等教育出版社.

154. 张于喆，2015. 发达国家提升自主创新能力的共性经验及启示［J］. 经济纵横（4）：103－109.

155. 张运生，2009. 高科技产业创新生态系统耦合战略研究 [J]. 中国软科学（1）：134－143.

156. 章向劼，2009. 我国绿色房地产发展前景初探 [J]. 民营科技（2）：44－45.

157. 赵惠敏，蔺大勇，2012. 结构性减税与小微企业发展 [J]. 当代经济研究（9）：48－52.

158. 赵睿，2011. 长株潭房地产企业实施绿色营销的困境与对策 [J]. 中南林业科技大学学报（社会科学版）（1）：78－80.

159. 赵永亮，张捷，2009. 商会服务功能研究——公共品还是俱乐部品供给 [J]. 管理世界（12）：48－56＋66.

160. 郑燕鸣，李启明，2001. 基于生命周期评价的绿色房地产开发 [J]. 东南大学学报（自然科学版）（1）：78－82.

161. 支家强，赵靖，辛亚娟，2010. 国内外绿色建筑评价体系及其理论分析 [J]. 城市环境与城市生态（2）：44－47.

162. 中华人民共和国商务部，2007. 中国品牌发展报告 2006 [M]. 北京：中国商务出版社.

163. 周朝霞，2006. 国际品牌危机产生的商业环境因素剖析 [J]. 商业时代（9）：42－43.

164. 周明磊，任荣明，2010. 正规金融与民间借贷利率间相互关系的时间序列分析 [J]. 统计与决策（1）：126－129.

165. 周庭锐，周静，2006. 跨国企业在中国市场的品牌命名策略 [J]. 经济导刊（9）：73－75.

166. 朱德林，胡海鸥，1997. 中国的灰黑色金融——市场风云与理论思考 [M]. 上海：立信会计出版社.

167. 朱文敏，陈小愚，2004. 企业社会责任：企业战略性公关的基点 [J]. 当代财经（8）：65－68.

168. 朱英，2010. 商民运动期间国民党对待商会政策的发展变化 [J]. 江苏社会科学（1）：205－216.

169. 朱英，2002. 近代中国商人与社会 [M]. 武汉：湖北教育出版社.

170. 朱兆文，2011. 金融支持微型企业发展的制约因素 [J]. 中国金融（23）：94.

171. 庄贵军，周南，周连喜，2007. 品牌原产地困惑对于消费者喜爱与购买本土品牌和境外品牌的影响［J］. 财贸经济（2）：98－104.

172. Lambert, Boons, 2002. Eco－industrial parks: Stimulating Sustainable Development in Mixed Industrial Parks [J]. Technovation (22): 471－484.

173. AKERLOF GEORGE A, 1970. The Market for "Lemons": Quality Uncertainty and the Market Mechanism [J]. Quarterly Journal of Economies, 84: 488－500.

174. ALLEN F, QIAN J, QIAN M, 2005. Law, Finance and Economic Growth in China [J]. Journal of Financial Economics, 1: 57－116.

175. BESANKO D, THAKOR A V, 1987. Collateral and Rationing: Sorting Equilibrium in Monopolistic and Competitive Credit Markets [J]. International Economic Review, 3: 671－689.

176. CALOMIRIS D L, 1998. The Role of ROSCAs: Lumpy Durables or Event Insurance? [J]. Journal of Development Economics, 56: 415－571.

177. EHRENFELD J, 2004. Industrial Ecology: a New Field or only a Metaphor [J]. Journal of Cleaner Production, 12: 825－831.

178. GHATAK M, GUINNANE T W, 1999. The Economics of Lending with Joint Liability: Theory and Practice [J]. Journal of Development Economics, 1: 195－228.

179. GINE X, 2011. Access to Capital in Rural Thailand: An Estimated Model of Formal vs. Informal Credit [J]. Journal of Development Economics, 1: 16－29.

180. KELLER K L, 1993. Conceptualizing, Measuring, and Managing Customer－Based Brand Equity [J]. Journal of Marketing, 1: 1－23.

181. KRISHNAN H S, 1996. Characteristics of Memory Associations: A Consumer－Based Brand Equity Perspective [J]. International Journal of Research in Marketing, 13: 389－405.

182. LEE D, GANESH G, 1999. Effects of Partstioned Country Image in the Context of Brand Image and Familiarity: A Categorization Theory Perspective [J]. International Marketing Review, 1: 18－39.

183. LEVITT T, 1983. The globalization of markets [J]. Harvard Business Review, 3: 92－102.

184. MARTINEZ EVA, POLO YOLANDA, CHERNATONY LESLIE, 2008. Effect of Brand Extension Strategies on Brand Image: A Comparative Study of the UK

and Spanish markets [J]. International Marketing Review, 1: 107 – 137.

185. MICHEL L, NICOLAS P, LOUISE A H, 2005. The Influence of Country Image Structure on Consumer Evaluations of Foreign Products [J]. International Marketing Review, 1: 96 – 116.

186. NAGASHIMA A, 1970. A Comparison of Japanese and US Attitudes toward Foreign Product [J]. Journal of Marketing, 34: 68 – 74.

187. SCHUILING I, KAPFERER J N, 2004. Real Differences between Local and International Brands: Strategic Implications for International Marketers [J]. Journal of International Marketing, 4: 97 – 112.

188. SHULTZ C J, BILL S, 1996. Protecting Intellectual Property: Strategies and Recommendations to Deter Counterfeiting and Brand Piracy in Global Markets [J]. Columbia Journal of World Business, 1: 18 – 28.

189. SICCO V G, 2005. Global Brand strategy: Unlocking Brand Potential Across Countries [M]. Kogan Page: Cultures & Markets.

190. SIMON ANHOLT, 2005. Brand New Justice: How Branding Places and Products can help the Developing World [J]. Butterworth – Heinemann , 6: 342 – 356.

191. SIMON C J, SULLIVAN, 1993. Measurement and Determinants of Brand Equity: A Financial Approach [J]. Marketing Science, 1: 28 – 52.

192. STIGLITZ J E, WEISS A, 1981. Credit Rationing in Market with Imperfect Information [J]. American Economic Review, 3: 393 – 410.

193. TIROLE J A, 1996. Theory of Collective Reputation [J]. Review of Economic Studies, 1: 1 – 22.

194. ZHANG YONG, 1996. Chinese Consumers' Evaluation of Foreign products: The influence of culture, product types and product presentation format [J]. European Journal of Marketing, 12: 50.